GESTÃO AMBIENTAL
NA EMPRESA
Fundamentos e Aplicações

O GEN | Grupo Editorial Nacional – maior plataforma editorial brasileira no segmento científico, técnico e profissional – publica conteúdos nas áreas de ciências sociais aplicadas, exatas, humanas, jurídicas e da saúde, além de prover serviços direcionados à educação continuada e à preparação para concursos.

As editoras que integram o GEN, das mais respeitadas no mercado editorial, construíram catálogos inigualáveis, com obras decisivas para a formação acadêmica e o aperfeiçoamento de várias gerações de profissionais e estudantes, tendo se tornado sinônimo de qualidade e seriedade.

A missão do GEN e dos núcleos de conteúdo que o compõem é prover a melhor informação científica e distribuí-la de maneira flexível e conveniente, a preços justos, gerando benefícios e servindo a autores, docentes, livreiros, funcionários, colaboradores e acionistas.

Nosso comportamento ético incondicional e nossa responsabilidade social e ambiental são reforçados pela natureza educacional de nossa atividade e dão sustentabilidade ao crescimento contínuo e à rentabilidade do grupo.

DENIS DONAIRE
EDENIS CESAR DE OLIVEIRA

GESTÃO AMBIENTAL NA EMPRESA
Fundamentos e Aplicações

3ª Edição

gen | atlas

Os autores e a editora empenharam-se para citar adequadamente e dar o devido crédito a todos os detentores dos direitos autorais de qualquer material utilizado neste livro, dispondo-se a possíveis acertos caso, inadvertidamente, a identificação de algum deles tenha sido omitida.

Não é responsabilidade da editora nem dos autores a ocorrência de eventuais perdas ou danos a pessoas ou bens que tenham origem no uso desta publicação.

Apesar dos melhores esforços dos autores, do editor e dos revisores, é inevitável que surjam erros no texto. Assim, são bem-vindas as comunicações de usuários sobre correções ou sugestões referentes ao conteúdo ou ao nível pedagógico que auxiliem o aprimoramento de edições futuras. Os comentários dos leitores podem ser encaminhados à **Editora Atlas Ltda.** pelo e-mail faleconosco@grupogen.com.br.

Direitos exclusivos para a língua portuguesa
Copyright © 2018 by
Editora Atlas Ltda.
Uma editora integrante do GEN | Grupo Editorial Nacional

Reservados todos os direitos. É proibida a duplicação ou reprodução deste volume, no todo ou em parte, sob quaisquer formas ou por quaisquer meios (eletrônico, mecânico, gravação, fotocópia, distribuição na internet ou outros), sem permissão expressa da editora.

Rua Conselheiro Nébias, 1384
Campos Elíseos, São Paulo, SP — CEP 01203-904
Tels.: 21-3543-0770/11-5080-0770
faleconosco@grupogen.com.br
www.grupogen.com.br

Designer de capa: Fabricio Vale
Imagem de capa: peshkov | iStockphoto
Editoração Eletrônica: Caixa Alta Editoração | Ronaldo Alexandre

CIP-Brasil. Catalogação na Publicação
Sindicato Nacional dos Editores de Livros, RJ

D727g

Donaire, Denis, 1945-
Gestão ambiental na empresa / Denis Donaire, Edenis Cesar de Oliveira. – 3. ed, rev. e atual. – São Paulo: Atlas, 2018.

Inclui bibliografia
ISBN 978-85-97-01707-6

1. Administração de empresas - Aspectos ambientais. 2. Desenvolvimento sustentável. 3. Gestão ambiental. 4. Responsabilidade social da empresa. I. Oliveira, Edenis Cesar de. II. Título.

18-48639   CDD: 658.4083
                         CDU: 005.35:502

Meri Gleice Rodrigues de Souza – Bibliotecária CRB-7/6439

"É preciso entender que nós não herdamos as terras de nossos pais, mas as tomamos emprestadas de nossos filhos."

(Provérbio Amish)

"Mais do que em qualquer outra época, a humanidade está numa encruzilhada. Um caminho leva ao desespero absoluto. O outro, à total extinção. Tenhamos sabedoria e discernimento para saber escolher."

(Parafraseado de Woody Allen)

Aos meus filhos: Larissa Donaire
Cleber Donaire
Denis Donaire Junior
na expectativa de que as gerações futuras
possam ter um mundo melhor.

Aos meus filhos: Ana Julia Oliveira e
Rafael Benjamim de Oliveira, com profunda
esperança de que sejam agentes de mudanças
em qualquer parte deste planeta!

Prefácio

A primeira edição do livro do Prof. Dr. Denis Donaire, titulado *Gestão Ambiental na Empresa*, em 1999, foi um marco pioneiro da bibliografia brasileira que trata da gestão socioambiental corporativa. A nova edição da obra, que hoje tenho a honra e o privilégio de prefaciar, demonstra sua aceitação e seu sucesso editorial. O livro, em sua primeira edição, baseou-se nos resultados de uma competente pesquisa empírica que o autor realizou na época para a obtenção do seu título de Professor Livre-Docente da Universidade de São Paulo (USP). A pesquisa realizada pelo Professor Donaire e sua monografia, que posteriormente se transformou em um livro, nos inspirou para criarmos, na época, no Departamento de Administração da Faculdade de Economia, Administração e Contabilidade (FEA), a primeira disciplina do Programa de Pós-Graduação em Administração da USP-PPGA/USP em 1995, que tratava da Gestão da Sustentabilidade Corporativa, um tema, então, emergente no Brasil.

Esta nova edição do livro *Gestão Ambiental na Empresa* atualiza e complementa os conceitos e ferramentas propiciados pelos avanços teóricos e práticos da temática da gestão socioambiental corporativa, sem se afastar do propósito original da primeira edição, que sempre foi oferecer aos leitores conhecimentos úteis tanto para os executivos que queiram implementar ou aprimorar a gestão da sustentabilidade em suas organizações como para estudiosos e pesquisadores do assunto. Os autores selecionaram conteúdos relevantes, embasados na prática e teoria disponível, apresentados de forma acessível para leitores que não são especialistas e com riqueza de conhecimentos que certamente contribuem para o aprofundamento dos conhecimentos dos leitores em uma temática complexa, transversal e transdisciplinar. É uma obra que não pode deixar de ser lida tanto por iniciantes como por aqueles que já estão familiarizados com o tema. Parabenizo os autores e recomendo fortemente a leitura da obra.

Prof. Dr. Isak Kruglianskas

Material Suplementar

Este livro conta com o seguinte material suplementar:

- Respostas das questões (restrito a docentes).

O acesso aos materiais suplementares é gratuito. Basta que o leitor se cadastre em nosso *site* (www.grupogen.com.br), faça seu *login* e clique em GEN-IO, no menu superior do lado direito.

É rápido e fácil. Caso haja dificuldade de acesso, entre em contato conosco (gendigital@grupogen.com.br).

genio
GEN | Informação Online

GEN-IO (GEN | Informação Online) é o repositório de materiais suplementares e de serviços relacionados com livros publicados pelo GEN | Grupo Editorial Nacional, maior conglomerado brasileiro de editoras do ramo científico-técnico-profissional, composto por Guanabara Koogan, Santos, Roca, AC Farmacêutica, Forense, Método, Atlas, LTC, E.P.U. e Forense Universitária. Os materiais suplementares ficam disponíveis para acesso durante a vigência das edições atuais dos livros a que eles correspondem.

Sumário

1 A Mudança no Ambiente dos Negócios, 1
   1.1 Introdução, 1
   1.2 A empresa como instituição sociopolítica, 1
   1.3 A natureza da responsabilidade social, 7
   1.4 Da responsabilidade para a conscientização social, 11
   Referências, 16
   Questões para discussão, 17

2 A Variável Ecológica no Ambiente dos Negócios, 19
   2.1 Introdução, 19
   2.2 A mola propulsora, 19
   2.3 A situação na América Latina, 21
   2.4 Evolução da política ambiental no Brasil, 23
   2.5 Repercussões no ambiente industrial, 29
   Referências, 34
   Questões para discussão, 35

3 A Questão Ambiental sob o Enfoque Econômico, 37
   3.1 Introdução, 37
   3.2 Principais correntes, 39
      3.2.1 Os ecodesenvolvimentistas, 39
      3.2.2 Os pigouvianos, 42
      3.2.3 Os neoclássicos, 45
      3.2.4 Os economistas ecológicos, 46
   Referências, 49
   Questões para discussão, 50

4 A Questão Ambiental na Empresa, 51
   4.1 Introdução, 51
   4.2 Posicionamento da empresa, 53
   4.3 Por que se integrar na causa ambiental?, 58
   4.4 Princípios de gestão ambiental, 61
   4.5 Aspectos práticos da gestão ambiental na empresa, 64
      4.5.1 Por onde começar?, 64
      4.5.2 A organização da atividade/função ecológica, 66
      4.5.3 O responsável pela área de meio ambiente, 88

Referências, 92
Questões para discussão, 93

5 A Repercussão da Questão Ambiental na Organização, 95
5.1 Introdução, 95
5.2 Impacto na estratégia, 95
5.3 Influência nas demais unidades administrativas, 98
5.4 Conclusão, 113
Questões para discussão, 114

6 Programas de Gestão Ambiental, 115
6.1 O Modelo Winter, 115
   6.1.1 *Módulos para gestão ambiental*, 116
6.2 Os planos de ação e a estratégia ecológica, 117
6.3 O programa atuação responsável da Abiquim, 119
   6.3.1 *A Estrutura do Programa Atuação Responsável*, 119
6.4 As normas da série ISO 14000, 123
   6.4.1 *Sistemas de Gestão Ambiental (ISO 14001 e 14004)*, 124
6.5 A Norma ISO 26000, 128
Referências, 131
Questões para discussão, 132

7 Noções de Auditoria Ambiental, 133
7.1 Introdução, 133
7.2 Auditoria Ambiental (AA), 134
7.3 Metodologia da auditoria ambiental, 135
7.4 Atividades pré-auditoria, 136
7.5 Atividades de campo, 137
7.6 Atividades pós-auditoria, 139
7.7 As diretrizes da ISO 14010, 14011 e 14012, 139
Referências, 141
Questões para discussão, 142

Anexo I, 143

Anexo II, 159

Anexo III, 181

Anexo IV, 183

Índice de Quadros e Figuras

Figura 1.1 – A empresa como instituição econômica, 2

Figura 1.2 – A empresa como instituição sociopolítica, 3

Figura 1.3 – O contrato entre as organizações e a sociedade, 9

Quadro 1.1 – Fases do envolvimento organizacional no processo de conscientização social das organizações, 12

Figura 1.4 – Abordagem de Lawrence e Lorsch, 14

Quadro 2.1 – Ordenamento jurídico ambiental brasileiro, 25

Figura 3.1 – Custos sociais no mercado competitivo, 43

Figura 3.2 – Custos sociais no monopólio/oligopólio, 44

Quadro 3.1 – Diferenças entre a Economia Ecológica e a Economia Ambiental Tradicional, 47

Quadro 4.1 – Dez passos necessários para a excelência ambiental, 52

Quadro 4.2 – Posicionamento da empresa em relação à questão ambiental, 54

Figura 4.1 – Motivação para a proteção ambiental na empresa, 59

Quadro 4.3 – Benefícios da gestão ambiental, 61

Figura 4.2 – Localização da variável ecológica na estrutura organizacional, 69

Quadro 4.4 – As 100 corporações globais mais sustentáveis, 71

Quadro 4.5 – Visão e crenças corporativas da Natura Cosméticos, 77

Figura 4.3 – Modelo de negócios da Natura Cosméticos, 78

Figura 4.4 – Estrutura de governança da responsabilidade socioambiental do Banco do Brasil, 81

Figura 4.5 – Esquema ilustrativo da estratégia empresarial da Braskem, 83

Figura 4.6 – Diagrama da "materialidade da sustentabilidade" da Braskem, 84

Figura 4.7 – Os 10 macro-objetivos da Braskem, 85

Figura 4.8 – Contatos do responsável pela área de meio ambiente, 91

Figura 5.1 – Influência da variável ecológica nos planos estratégicos, 97

Figura 5.2 – Áreas funcionais afetadas diferentemente em relação à questão ambiental (em %), 98

Figura 5.3 – Ligação da área de meio ambiente com as demais áreas funcionais, 99

Figura 5.4 – Exemplos de selos ambientais, 107

Figura 6.1 – O Modelo Winter, 116

Figura 6.2 – Os planos de ação de Backer, 118

Figura 6.3 – O Programa Atuação Responsável, 123

Figura 6.4 – Modelo de Sistema de Gestão Ambiental, 125

Quadro 6.1 – Temas centrais e questões de responsabilidade social, 129

1
A Mudança no Ambiente dos Negócios

1.1 INTRODUÇÃO

Nas últimas décadas tem ocorrido uma mudança muito grande no ambiente em que as empresas operam: as empresas que eram vistas apenas como instituições econômicas com atuação e responsabilidades inerentes ao âmbito econômico (decisões sobre o que produzir, como produzir, para quem produzir, o quanto produzir) têm sido fortemente influenciadas pela emergência de novos paradigmas que exigem respostas diferenciadas, além de papéis que devem ser desempenhados, como resultado das alterações no ambiente em que operam.

Essa mudança baseia-se na assertiva de que, segundo Ashen (1970), apesar do visível sucesso obtido pelo sistema capitalista, em consequência de uma eficiente combinação de ciência e tecnologia e de uma eficaz administração dos recursos, quando confrontamos seus resultados econômicos e monetários com resultados sociais, tais como redução da pobreza, degradação de áreas urbanas, controle da poluição, diminuição das iniquidades sociais, justiça social, entre outros, verifica-se que ainda há muito a ser conseguido e que a utilização do PIB (Produto Interno Bruto) para aferir o crescimento de uma nação tem se tornado inexoravelmente um indicador cada vez mais ineficaz, sobretudo no que diz respeito à avaliação da *performance* social.

1.2 A EMPRESA COMO INSTITUIÇÃO SOCIOPOLÍTICA

Assim sendo, as organizações têm se voltado para problemas que vão além das questões meramente econômicas, atingindo um espectro muito mais amplo, envolvendo preocupações de caráter político-social, tais como direitos do consumidor, controle da poluição, segurança e qualidade de produtos, assistência médica e social, defesa de grupos minoritários etc. Como resultado da ampliação desse contexto, tem ocorrido uma proliferação de novas pressões por parte da sociedade, através de movimentos sociais reivindicatórios, pela atuação de grupos organizados ou de indivíduos, que resultam em novas leis e regulamentações que acabam de certa forma provocando mudanças nas regras do jogo. Essas mudanças afetam de forma intensa o ambiente social e político em que a empresa atua, criando novas diretrizes e limitações para que a empresa possa operar de forma eficaz, segundo uma ótica que leve em conta apenas a maximização do retorno financeiro a seus proprietários (BUCHHOLZ, 1989).

A mudança no ambiente dos negócios, obedecendo ao esquema descrito por Buchholz et al. (1989), pode ser verificada nas Figuras 1.1 e 1.2; ela compara a visão tradicional da empresa dentro de uma concepção meramente econômica com uma visão mais moderna e atualizada do ambiente de negócios que tem um espectro muito mais complexo, exigindo por parte da empresa acompanhamento e atenção mais intensa. Essas modificações têm influenciado a habilidade das organizações de desenvolverem sua missão econômica, pelo fato de provocarem maior instabilidade e turbulência no ambiente em que as empresas operam.

Figura 1.1 – A empresa como instituição econômica.

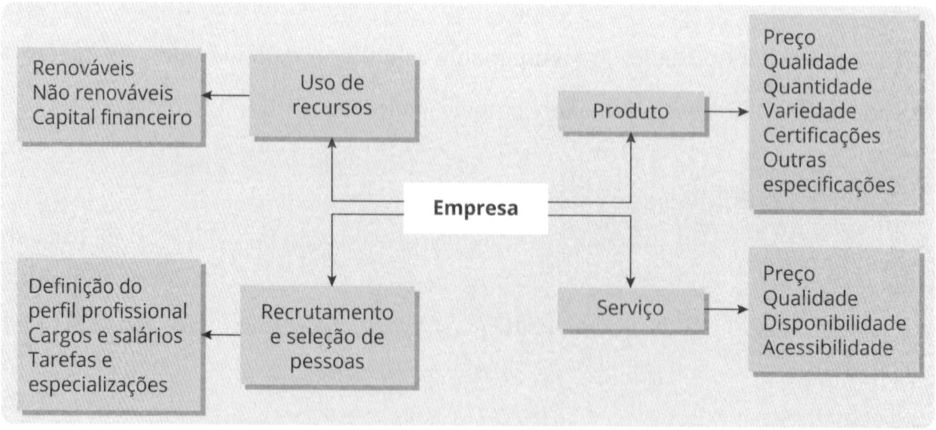

Fonte: Adaptado de Buchholz et al. (1989).

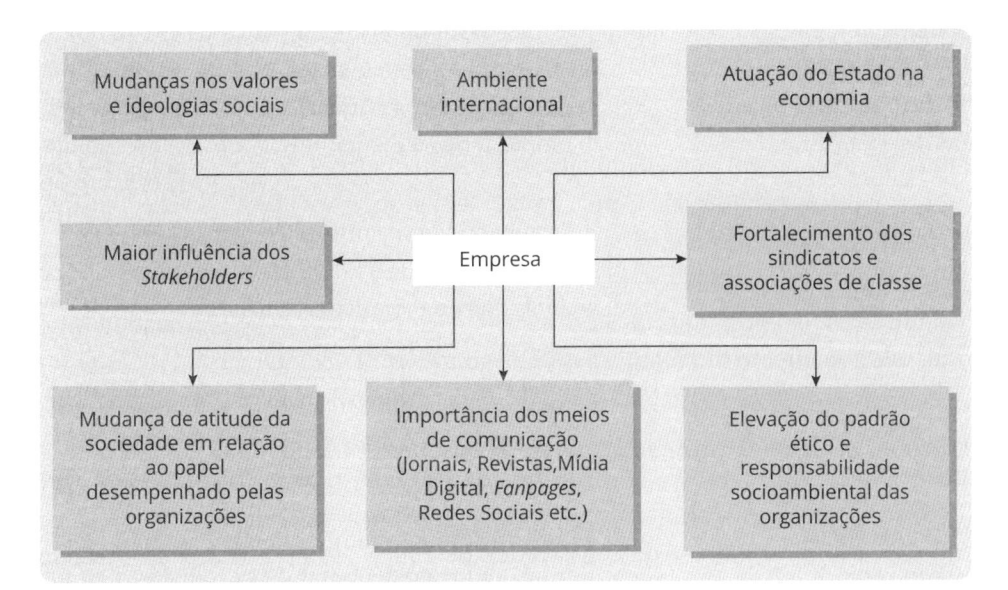

Figura 1.2 – A empresa como instituição sociopolítica.

```
┌─────────────────────┐   ┌──────────────┐   ┌──────────────────┐
│ Mudanças nos valores│   │  Ambiente    │   │ Atuação do Estado│
│ e ideologias sociais│   │ internacional│   │   na economia    │
└──────────┬──────────┘   └──────┬───────┘   └────────┬─────────┘
           │                     │                    │
           ▼                     ▼                    ▼
┌──────────────────────┐    ┌─────────┐    ┌────────────────────┐
│ Maior influência dos │◄──►│ Empresa │◄──►│ Fortalecimento dos │
│   Stakeholders       │    │         │    │  sindicatos e      │
│                      │    │         │    │ associações de     │
│                      │    │         │    │      classe        │
└──────────────────────┘    └────┬────┘    └────────────────────┘
           │                     │                    │
           ▼                     ▼                    ▼
┌──────────────────────┐ ┌──────────────────┐ ┌──────────────────┐
│ Mudança de atitude da│ │ Importância dos  │ │ Elevação do padrão│
│ sociedade em relação │ │ meios de         │ │ ético e          │
│ ao papel desempenhado│ │ comunicação      │ │ responsabilidade │
│ pelas organizações   │ │ (Jornais,        │ │ socioambiental   │
│                      │ │ Revistas, Mídia  │ │ das organizações │
│                      │ │ Digital,         │ │                  │
│                      │ │ Fanpages,        │ │                  │
│                      │ │ Redes Sociais etc.)│                  │
└──────────────────────┘ └──────────────────┘ └──────────────────┘
```

Fonte: Adaptado de Buchholz et al. (1989).

Na visão tradicional da empresa como instituição apenas econômica, sua responsabilidade consubstancia-se, basicamente, na busca da maximização dos lucros e na minimização dos custos. Os aspectos sociais e políticos que influenciam o ambiente dos negócios não são considerados variáveis significativas e relevantes na tomada de decisões dos administradores, e as repercussões que as decisões internas possam acarretar no contexto sociopolítico tem pouco significado para a cúpula das empresas. É comum considerar dentro desse enfoque que "o que é bom para as empresas é bom para a sociedade de forma geral".

Essa visão que prevalecia antigamente e, às vezes, é requisitada por alguns setores empresariais conservadores, assenta-se dentro de um ambiente previsível e estável. Nesse contexto, nas leis e regulamentações emanadas do poder público, que geralmente é composto por parcela representativa da classe dominante, onde existe um número significativo de empresários ou de políticos fortemente influenciados por essa classe, busca-se apenas dar sustentação para que as empresas atinjam seus objetivos econômicos ou, no mínimo, não se criem entraves para que esses objetivos sejam alcançados. Dessa forma, os administradores podem concentrar-se apenas nos aspectos econômicos que digam respeito ao funcionamento da empresa de forma eficiente e eficaz e não se preocupar com os aspectos mais amplos do contexto sociopolítico.

A visão moderna da empresa em relação a seu ambiente é muito mais complexa, pois ela é vista como uma instituição sociopolítica. A linha de demarcação entre empresa e seu ambiente é vaga e ambígua. Não há consenso de quais seriam as verdadeiras responsabilidades sociais de uma empresa. Muitos conceitos sociais, que eram comuns nas décadas de 1960 e 1970, foram reformulados nos últimos anos e deram origem a novas regulamentações e leis emanadas do poder público. Esse estado de coisas tem tornado o atual ambiente dos negócios imprevisível e mutável.

Essa visão é o resultado de uma mudança de enfoque que está ocorrendo no pensamento da sociedade e mudando sua ênfase do econômico para o social, valorizando aspectos sociais que incluem distribuição mais justa da renda, qualidade de vida, relacionamento humano, redes de cooperação, realização pessoal etc.

Portanto, muitas das decisões internas da organização hoje requerem considerações explícitas das influências provindas do ambiente externo, e seu contexto inclui considerações de caráter social e político que se somam às tradicionais considerações econômicas. Hoje, a sociedade tem preocupações ecológicas, de segurança, de proteção e defesa do consumidor, de defesa dos grupos minoritários, de qualidade dos produtos, entre outros, que não existiam de forma tão pronunciada nas últimas décadas. Isso tem pressionado as organizações a incorporarem esses valores em seus procedimentos administrativos e operacionais.

Além disso, a sociedade tem ficado mais atenta ao comportamento ético das empresas, bem como sobre a atuação de seu corpo de executivos, o que tem resultado em novas leis e regulamentações que tentam melhorar o padrão ético das corporações, além de provocar o surgimento de novas posturas estratégicas em face das mudanças provocadas nas regras do jogo.

Os veículos de comunicação têm enfatizado sua vigilância nos comportamentos não éticos das corporações, sejam públicas ou privadas, o que, por um lado, tem sujeitado as empresas a um maior comprometimento e responsabilidade social em sua atuação e, por outro, criando complexos desafios para a melhoria de seu desempenho econômico.

A leitura diária dos jornais brasileiros, noticiando posicionamentos pouco éticos por parte das empresas, reforçada pelo comportamento dos inúmeros cartéis existentes, tem demonstrado que a credibilidade das organizações tem caído junto aos olhos do grande público, o mesmo acontecendo em outros países. Lipset e Schneider (1978) enfatizaram, através de pesquisas realizadas, que a confiança da sociedade nas organizações tem diminuído porque se tem observado um crescimento da interferência e do poder das organizações, o que tem resultado em abuso de poder e multiplicação de manobras visando exclusivamente a interesses corporativos, em muitos casos com visível prejuízo da coletividade. Tal posição tem exigido da classe política e do governo uma atitude de maior fiscalização sobre a atuação das organizações.

Essa constatação acaba gerando um clima de relativa hostilidade para com as empresas, sendo reforçada pela crença da comunidade empresarial de que existe por parte dos jornalistas e repórteres um viés antiempresarial em seus posicionamentos. Não é raro, em nosso país, verificarmos empresários culparem os veículos de comunicação pela distorção do que disseram ou reclamarem o interesse da imprensa em divulgar apenas os aspectos negativos das organizações. Também nos EUA isso se evidencia, pois, segundo pesquisa realizada por Lou Harris (1982), verifica-se que 73% dos executivos consultados (de uma amostra de 600), acreditam que a cobertura jornalística da TV não favorece, de forma geral, as empresas.

Por outro lado, o número e a influência de grupos na sociedade têm aumentado de forma significativa nas duas últimas décadas. Esses grupos de interesse pluralista que se formam para combater a poluição, a existência de cartéis, para proteger o consumidor, as mulheres e minorias contra a discriminação etc., têm aprimorado o uso de sua influência junto ao poder público e governamental, no sentido de que a legislação possa atender e privilegiar seus interesses.

Em nosso país, a mais importante influência no ambiente dos negócios é derivada do próprio governo. Devido ao histórico de alta inflacionária que nos acompanhou ao longo de um bom tempo – muito embora, ela ainda se mostre presente –, e à necessidade da interferência do poder público no sentido de minimizá-la ou eliminá-la, para proteger os grupos econômicos menos favorecidos, a atuação governamental tem resultado numa parafernália de planos de intervenção na economia que têm, por seu turno, originado uma miríade de leis, decretos, medidas provisórias, regulamentações e outras, com consequências nem sempre saudáveis. Desde pequenos ajustes até exigências de mudanças estruturais têm provocado um verdadeiro pânico no ambiente empresarial em que as empresas atuam.

Complementando, com o alargamento dos mercados internacionais: união dos países europeus, mercado comum entre EUA, Canadá e México, integração latino-americana e outros nomes que evidenciam o surgimento de um mercado mundial, todas as empresas, mesmo aquelas que atuam no mercado doméstico, acabam sendo afetadas, quer pela competição existente com as multinacionais domiciliadas no país, quer pela importação de bens dos países que possuem vantagens comparativas e, consequentemente, competitivas.

Dessa forma, a lucratividade e a rentabilidade das empresas são fortemente influenciadas pela sua capacidade de antecipar e reagir frente às mudanças sociais e políticas que ocorrem em seu ambiente de negócios. Ignorar essas tendências tem custado a muitas companhias altas somas em dinheiro e embaraços em sua imagem institucional.

Um artigo publicado na *Business Week*, de outubro de 1979, intitulado *Capitalizing on Social Change*, cita alguns exemplos que incluem empresas do porte da General Motors Corp. e Nestlé Company. Em nosso país, é emblemático o exemplo sobre o problema da contaminação atmosférica, que resultou no fechamento da Borregard e deu origem à formação da Rio-Cell em Porto Alegre, e aos constantes noticiários da poluição das praias paulistas, envolvendo a nossa Petrobrás no derramamento de petróleo no terminal de São Sebastião.

É lógico que o atendimento dessas expectativas interfere nos objetivos econômicos das organizações, mas se tais expectativas são importantes para a sociedade e para o mundo moderno, as instituições não têm outra escolha senão a de prover recursos para atender a essas reivindicações.

Essa mudança no ambiente dos negócios, do ponto de vista social e político, e o resultado de seu impacto na administração das empresas têm mudado a forma pela qual os administradores gerem seus negócios e provocado uma modificação no sentido de redefinir qual é o verdadeiro papel que a sociedade espera que administradores desempenhem na gerência das organizações. Nesse sentido, Anderson (1982) cita:

> "A principal alteração que se verifica atualmente é a percepção das corporações sobre o papel que desempenham na sociedade. A corporação não é mais vista como uma instituição com propósitos simplesmente econômicos, voltada apenas para o desenvolvimento e venda de seus produtos e serviços. Em face de seu tamanho, recursos e impacto na sociedade, a empresa tem grande envolvimento no acompanhamento e na participação de muitas tarefas sociais, desde a limpeza das águas até o aprimoramento cultural e espera-se que ocorra um alargamento de seu envolvimento com esses conceitos 'não econômicos' no futuro, entre eles proteção dos consumidores e dos recursos naturais, saúde, segurança e qualidade de vida nas comunidades em que estão localizadas e onde fazem seus negócios."

É claro que muitos participantes do mundo dos negócios não concordam com essa filosofia ou com a visão da forte influência do ambiente político-social no desempenho das empresas. A influência do ambiente afeta de forma diferente as pequenas, médias e grandes empresas e isso acarreta diferenças de percepção por parte das organizações. A verdade é que, mesmo não concordando e até se rebelando contra isso, as empresas estão sendo compelidas a assumir essas novas responsabilidades e com a agravante de que a tendência futura é uma ampliação de seu espectro, além de seu nível de complexidade.

Essa mudança tem afetado a tarefa de administração das organizações, como descreve Steiner (1979):

"Os executivos das corporações despendem uma parte significativa de seu tempo lidando com problemas do ambiente empresarial. Entre eles se incluem a adaptação e a proposição da estratégia e dos objetivos da empresa face ao surgimento de novas leis e regulamentações; o encontro e a participação em várias reuniões com diferentes grupos sociais discutindo seus interesses e necessidades, a comunicação com políticos e legisladores e a administração de sua empresa no sentido de responder de forma proativa a essas mudanças. Esta atitude contrasta de forma significativa com o comportamento dos executivos de 20 anos atrás, pois, diferentemente do que ocorria com os antigos executivos, os atuais administradores estão cada vez mais envolvidos com questões de cunho social e político e, o que é significativo, sua *performance* e desempenho estão sendo medidos pela sua habilidade de lidar com essas áreas."

Assim, em adição às suas habilidades técnicas, administrativas e de relacionamento humano, o administrador das corporações modernas deve desenvolver habilidades que se evidenciem importantes para o entendimento do contexto social e político do ambiente externo que envolve a tarefa de administrar. Na verdade, não estão definidas de forma precisa quais devem ser essas habilidades, mas devem incluir, no mínimo, a sensibilidade da importância do acompanhamento da política executada pelo poder público, o entendimento do processo através do qual ela é formulada e dos fatores relevantes de suas diretrizes, bem como qual é seu impacto no desempenho das organizações.

1.3
A NATUREZA DA RESPONSABILIDADE SOCIAL

A função tradicional e historicamente reconhecida da empresa limita-se à criação de valor para seus proprietários. De forma mais geral, considera-se, também, os demais grupos e indivíduos envolvidos ou atingidos pelas atividades empresariais, aqui compreendidos os funcionários, os fornecedores, os clientes e outros grupos, considerados "meios instrumentais" para o alcance dos objetivos da organização ou, ainda, como "ameaças aos seus interesses" (QUINN; JONES, 1995, p. 23).

Essa propositura nos remete ao conceito de *stakeholders* definido por Freeman (1984, p. 24) como "qualquer grupo ou indivíduo que pode afetar ou ser afetado pelo êxito da empresa ao atingir seus objetivos".

A contribuição precípua da abordagem dos *stakeholders* consiste na contribuição propiciada aos gestores no sentido de os ajudarem a ampliar a visão do desenvolvimento da empresa. No âmbito teórico, proporciona à empresa um novo patamar como "ator social", fundamentando a necessidade de uma nova dimensão estratégica da empresa: a gestão das questões sociais e políticas dentro dos marcos das finalidades tradicionais da corporação (DIAS, 2012).

Segundo Longenecker (1981), a empresa deve reconhecer que sua responsabilidade para com a sociedade e para com o público em geral vai muito além de suas responsabilidades com seus clientes.

A definição dada pela ISO 26000 de responsabilidade social diz respeito à responsabilidade de uma organização pelos impactos gerados por suas decisões e consequentes atividades na sociedade e no meio ambiente, através de um comportamento transparente e ético.

A responsabilidade social, como é chamada com frequência, implica um sentido de obrigação para com a sociedade. Essa responsabilidade assume diversas formas, entre as quais se incluem proteção ambiental, projetos filantrópicos e educacionais, planejamento da comunidade, equidade nas oportunidades de emprego, serviços sociais em geral, de conformidade com o interesse público.

Essa responsabilidade social das corporações, que excede a produção de bens e serviços, tem-se intensificado nas últimas décadas, notadamente a partir dos anos 1960, em resposta às mudanças ocorridas nos valores de nossa sociedade. Mudanças essas que incluem a responsabilidade de ajudar a sociedade a resolver alguns de seus problemas sociais, muitos dos quais as próprias organizações têm parcela significativa de responsabilidade pelo seu surgimento.

A justificativa para o sentido de responsabilidade social por parte da empresa fundamenta-se na liberdade que a sociedade concede à empresa para existir. Podemos considerar a existência de um contrato social. Uma empresa, como outras organizações legítimas, tem a liberdade de existir e trabalhar por um objetivo legítimo. O preço dessa liberdade deve, obrigatoriamente, ser a absorção do ônus social, além do máximo esforço na mitigação dos impactos sociais.

Além disso, os termos desse contrato não são permanentes, mudam com a tempo. Hoje está claro que os termos do contrato entre as organizações e a sociedade estão de fato sofrendo substanciais e importantes modificações. Os novos termos desse contrato baseiam-se na visão de que as empresas que têm finalidade unicamente econômica acabam acarretando alguns efeitos à sociedade ou à parte dela que representam um custo social para todos. Nesse sentido, o crescimento econômico não está ligado, como antigamente se apregoava, ao progresso social. Em muitos casos, o crescimento está afeto à deterioração física do ambiente, a condições insalubres de trabalho, exposição a substâncias tóxicas, discriminação a certos grupos sociais, deterioração urbana e outros problemas sociais.

Assim, esse novo conceito, embora não invalidando os conceitos anteriores, adiciona novos termos ao contrato entre a sociedade e as organizações, os quais envolvem a redução desses custos sociais e a responsabilidade destas últimas de contribuir tanto para o desenvolvimento econômico como para a melhoria das condições sociais, como pode ser verificado na Figura 1.3.

Essa responsabilidade social é fundamentalmente um conceito ético que envolve mudanças nas condições de bem-estar e está ligada às dimensões sociais das atividades produtivas e suas ligações com a qualidade de vida na sociedade. Portanto, consubstancia-se na relação entre a empresa e seu ambiente de negócios.

Considerando as relações entre a empresa e o ambiente, existem dois pontos importantes que devem ser aclarados. Um é o fato da mútua interação. O ambiente ajuda a determinar as alternativas que influirão nas decisões organizacionais e, ao mesmo tempo, afeta o sistema de valores que fornece os parâmetros para a avaliação das alternativas. Concomitantemente, as organizações, seja no nível individual, seja no nível coletivo, estão atuando e alterando o ambiente dos negócios. Esse fato é que torna tão importante para o administrador a posse de um aguçado senso de responsabilidade social, visto que suas decisões extrapolam as considerações meramente econômicas. As atividades das organizações afetam as condições da comunidade onde se localizam e a espécie de civilização urbana que ela possui.

Figura 1.3 – O contrato entre as organizações e a sociedade.

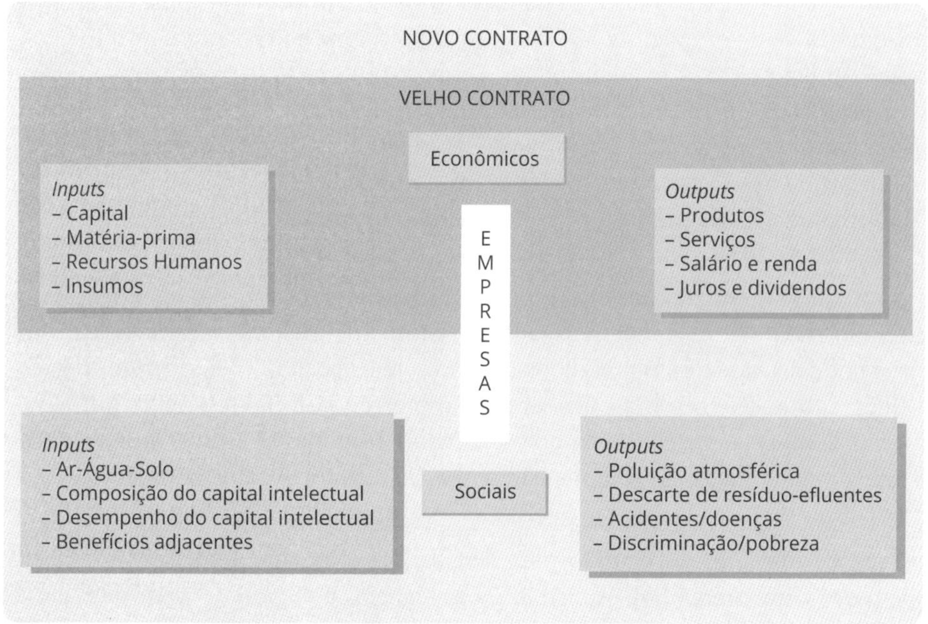

NOVO CONTRATO

VELHO CONTRATO

Econômicos

Inputs
- Capital
- Matéria-prima
- Recursos Humanos
- Insumos

EMPRESAS

Outputs
- Produtos
- Serviços
- Salário e renda
- Juros e dividendos

Inputs
- Ar-Água-Solo
- Composição do capital intelectual
- Desempenho do capital intelectual
- Benefícios adjacentes

Sociais

Outputs
- Poluição atmosférica
- Descarte de resíduo-efluentes
- Acidentes/doenças
- Discriminação/pobreza

Fonte: Adaptado de Buchholz et al. (1989).

O debate sobre a responsabilidade social das organizações tem de simpatizantes até adeptos e adversários, refletindo dimensões éticas e morais que excedem os limites da organização e acabam espelhando o comportamento e os valores da própria sociedade em que essas organizações estão inseridas.

Antes de discutirmos os argumentos favoráveis e contrários, convém definir de forma explícita o que significa responsabilidade social. Para tanto, usaremos a conceituação expressa por Carrol (1979):

> "A responsabilidade social das organizações diz respeito às expectativas econômicas, legais, éticas e sociais que a sociedade espera que as empresas atendam num determinado período de tempo."

Seus adeptos alertam que as expectativas da sociedade mudaram e as empresas devem adaptar-se a essas mudanças. Uma organização só tem razão de existir se desempenhar um papel socialmente útil e o contrato social existente entre empresas e sociedade puder ser refeito ou revogado, caso elas falhem em atender às expectativas da sociedade. Se as organizações pretendem sobreviver a longo prazo, elas devem atender a esses anseios que emergem do âmbito social.

Nesse sentido, a maximização do lucro deve ser vista em um contexto de longo prazo, pois, se é verdade que a curto prazo o comprometimento com problemas sociais pode resultar num lucro menor, também pode se transformar em condições mais favoráveis no futuro para a continuidade da lucratividade e da sobrevivência da empresa. Na verdade, não pode haver nenhuma esperança de existir uma organização viável economicamente em uma sociedade deteriorada socialmente. Os exemplos de insegurança, sequestro, aumento da marginalidade, entre outros malefícios em nosso país, são claros indícios dessa assertiva.

Outro argumento favorável à responsabilidade social das organizações é que, assumindo essa postura, as empresas acabam ganhando melhor imagem institucional e isso pode se traduzir em mais consumidores, mais vendas, melhores empregados, melhores fornecedores, mais fácil acesso ao mercado de capitais, entre outras coisas. Uma empresa que é vista como socialmente responsável possui uma vantagem estratégica em relação àquela que não tem essa imagem perante o público.

As organizações devem colaborar para a solução das questões sociais, não só porque podem ter contribuído para seu surgimento, mas também porque dispõem de talento gerencial, especializações técnicas e disponibilidade de recursos e de materiais que poderão ser extremamente úteis no melhor equacionamento de tais problemas.

Portanto, pode-se afirmar que o envolvimento das organizações com as questões sociais pode transformar-se numa oportunidade de negócios. A preocupação de muitas organizações com o problema da poluição, por exemplo, tem feito com que elas reavaliem o processo produtivo, buscando a obtenção de tecnologias limpas, o reaproveitamento dos resíduos, além da busca pela melhoria contínua da eficiência de seus processos. Isso tem propiciado vultosas economias, que não teriam sido obtidas se elas não tivessem enfocado esse problema.

1.4 DA RESPONSABILIDADE PARA A CONSCIENTIZAÇÃO SOCIAL

Na década de 1970, esse conceito de responsabilidade social, medido apenas dentro da especificação legal, começou a ser reorientado dentro das organizações e resultou em maior percepção e consciência do que está ocorrendo no ambiente dos negócios em que a organização opera. Esse novo enfoque foi denominado CONSCIENTIZAÇÃO SOCIAL (*Social Responsiveness*) e tem-se consolidado cada vez mais no âmbito corporativo.

A Conscientização Social refere-se à capacidade de uma organização de responder às expectativas e pressões da sociedade. A consciência social empresarial reflete a consciência da organização quanto ao seu posicionamento, bem como sua contribuição para o sistema maior no qual ela existe e dele é parte, demonstrada, efetivamente, por meio da maneira como estabelece sua conduta social, ética, cultural, seus valores corporativos, tendo em vista, acima de tudo, os interesses e expectativas dos seus *stakeholders*.

Nesse sentido, a busca de procedimentos, mecanismos, arranjos e padrões comportamentais desenvolvidos pelas empresas marcam aquelas que estão mais aptas a responder aos anseios da sociedade.

Esse conceito de conscientização social sobrepuja o conceito de responsabilidade social, medido através de valores morais de obediência aos preceitos da lei, para um posicionamento mais técnico e abrangente que envolve a identificação e a antecipação (ação proativa) dos mecanismos internos que estão sendo implementados pelas organizações para responder a essas pressões sociais. Além disso, torna-se vital a importância da interação entre a competência ambiental e a consciência social das organizações no sentido de melhorar a capacidade de inovação organizacional, considerado um antecedente potencial de vantagem competitiva em muitos segmentos de mercado, sob influência crescente das partes interessadas, mormente do público externo (DIBRELL et al., 2015).

Butterfield et al. (2000, p. 982) propõem uma perspectiva ainda mais direta para a conscientização social das organizações, o que chamam de "consciência moral" corporativa. Organizações socialmente conscientes são proativas na identificação de problemas sociais, notadamente ao alinharem os seus interesses com os demais atores sociais, além de considerarem a integração do valor social na concepção e desenvolvimento de seus processos que culminam na entrega de produtos e/ou serviços ao mercado.

Além disso, uma sólida base de conscientização social organizacional propicia condições singulares para que as empresas garantam vantagem competitiva no âmbito social, ao incorporarem, com exclusividade, importantes recursos ou, ainda, ao estabelecerem conjuntamente com os demais atores sociais, um arcabouço constituído de regras, regulamentos ou normativas que, estrategicamente adicionadas à estratégia corporativa, aumentam a capacidade de atuação da empresa no mercado.

Esse posicionamento, segundo Drucker (1974), impõe à Alta Administração a obrigatoriedade de direcionar as ações essenciais no campo social, que se devem originar no topo das organizações.

Para atender a esse novo posicionamento de conscientização social, Ackerman e Bauer (1976) desenvolveram um modelo conceitual que foi adaptado e que identifica três fases para situar os mecanismos internos desenvolvidos pelas organizações para lidar com as mudanças ocorridas no ambiente dos negócios: PERCEPÇÃO, COMPROMISSO e AÇÃO.

A configuração dessas três fases está definida no Quadro 1.1 a seguir.

Quadro 1.1 – Fases do envolvimento organizacional no processo de conscientização social das organizações.

NÍVEL ORGANIZACIONAL	FASE 1	FASE 2	FASE 3
ALTA ADMINISTRAÇÃO	– Reconhece importância na política organizacional – Escreve e comunica essa importância aos grupos externos – Desenvolve projetos especiais internos	– Obtém conhecimento – Contrata assessoria especializada	– Obtém compromissos organizacionais – Modifica padrões de desempenho organizacional

Continua

NÍVEL ORGANIZACIONAL	FASE 1	FASE 2	FASE 3
ASSESSORIA ESPECIALIZADA		– Soluciona problemas técnicos – Desenvolve sistema de aprendizado nos níveis técnicos/administrativos – Desenvolve sistema de interpretação do ambiente externo – Representa a organização externamente	– Provoca alterações nas unidades operacionais – Aplica os dados desenvolvidos na avaliação do desempenho organizacional
UNIDADE ADMINISTRATIVA			– Incorpora função na atividade linha da estrutura organizacional – Modifica os processos e investe recursos – Dissemina a responsabilidade por toda a organização (insere na Cultura)

FASE 1: Preocupação social existe, mas não está especificamente ligada com a organização (PERCEPÇÃO).

FASE 2: Fica clara a implicação da organização, mas a obrigatoriedade da ação é reduzida (COMPROMISSO).

FASE 3: Exige ações específicas da organização e torna-se possível a ocorrência de sanções (AÇÃO).

Fonte: Adaptado de Ackerman e Bauer (1976, p. 128).

Assim, o papel das organizações tem-se expandido para maior abrangência e valorização das questões de caráter social e político, fazendo com que a tarefa do administrador se torne mais complexa. Essa mudança, que também têm influenciado o processo de formação dos novos administradores e o treinamento dos atuais, promete intensificar-se para o futuro e exigir, por parte das organizações, a existência de mecanismos internos em sua organização, que permitam não só um ajustamento rápido às modificações que possam estar ocorrendo em seu ambiente, mas também que possibilitem uma postura estratégica de antecipação às mudanças que irão surgir.

Cumpre assinalar, também, que essa preocupação da influência do ambiente não é nova: vários autores procuraram estudar o processo e as reações que ocorrem no ambiente como um todo, no sentido de classificar a natureza e as características do ambiente que circunda a empresa e as consequências disso sobre a estrutura e o comportamento organizacional da empresa.

Emery e Trist (1965) identificaram tipos de "textura ambiental" gerados externamente, que proporcionam determinado comportamento empresarial. Gerada externamente, a textura ambiental circundante estabelece uma mútua reciprocidade com o comportamento organizacional, influindo e sendo influenciada por ele. Enfatizam que cada tipo de textura existente desenvolve condições externas que se ajustam para um adequado tipo de organização empresarial.

Corroborando esse posicionamento, Lawrence e Lorsch (1972) afirmam enfaticamente que as características organizacionais dependem das características ambientais. Em outros termos, as características ambientais constituem variáveis independentes, enquanto as características organizacionais constituem variáveis dependentes. Essa tese de dependência constitui a base da Teoria da Contingência, que surgiu a partir dos resultados de uma pesquisa desenvolvida por estes autores, obedecendo à seguinte abordagem:

Figura 1.4 – Abordagem de Lawrence e Lorsch.

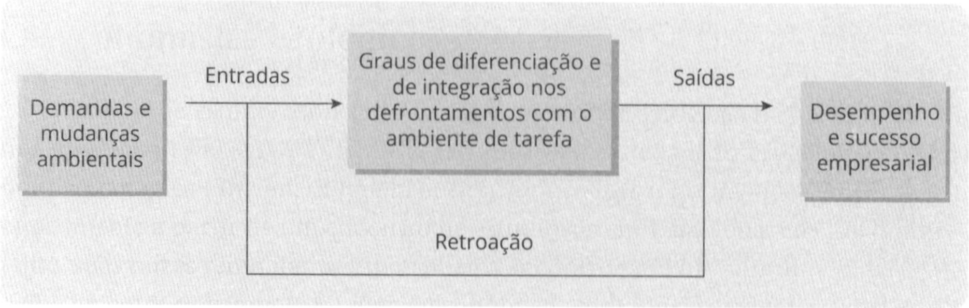

```
                        Graus de diferenciação e
          Entradas      de integração nos           Saídas
Demandas e ─────────▶   defrontamentos com o    ─────────▶   Desempenho
mudanças                ambiente de tarefa                   e sucesso
ambientais                                                   empresarial

                            Retroação
```

Fonte: Lawrence e Lorsch (1972).

Segundo esses autores, que compararam empresas em diferentes mercados, existem dois problemas organizacionais básicos: a diferenciação e a integração empresarial. A diferenciação caracteriza-se pela divisão da organização em subsistemas, áreas funcionais ou departamentos, cada qual desempenhando uma tarefa especializada em um contexto ambiental também especializado. Cada subsistema assim concebido diferencia-se dos demais e tende a reagir unicamente àquela parte do ambiente que é relevante para sua própria tarefa especializada. Se houver algum tipo de diferenciação ambiental, aparecerá igualmente diferenciação na estrutura e na abordagem e comportamento dos subsistemas, áreas funcionais e departamentos.

Por outro lado, quanto mais diferenciada é uma empresa, mais difícil se torna a integração empresarial, no equacionamento dos diferentes pontos de vista existentes nos diversos departamentos e na conjugação de esforços e unidade de ação.

Ao se defrontar com as forças ambientais, a empresa vai segmentando-se em unidades departamentais, cada qual com a tarefa de lidar com uma parte das condições existentes fora da empresa. Cada um dos departamentos lida especificamente com um recurso ou com um segmento do universo exterior à empresa. Essa divisão do trabalho entre as unidades departamentais conduz à diferenciação. Os diversos subsistemas ou departamentos precisam, porém, de um esforço convergente e unificado para atingir os objetivos empresariais especificados. Como consequência, surge o processo de integração. Como o ambiente caracteriza-se por uma incessante mudança, a adaptação e a flexibilidade da empresa são vitais para seu sucesso.

Assim, tendo em mente esses dois aspectos, a empresa que mais se aproxima das características requeridas pelo ambiente está mais sujeita ao sucesso se comparada àquela que se afasta delas. Como a empresa representa um sistema aberto, as variáveis organizacionais apresentam um complexo inter-relacionamento entre si com o ambiente. Isso explica a íntima relação entre as variáveis externas e os estados internos da organização empresarial.

O arcabouço legal consiste numa importante variável externa que exerce significativa influência na tomada de decisão por parte dos gestores. Além disso, como resposta às demandas sociais, tem-se criado certos padrões regulamentadores de conduta empresarial nos mais diversos aspectos. A *International Organization for Standartization*, ou Organização Internacional para a Padronização, em português, publicou, em 2010, a Norma ISO 26000, que cria as diretrizes para a responsabilidade social.

A Norma ISO 26000 estabelece sete princípios norteadores da responsabilidade social empresarial:

1. Prestação de contas (*Accountability*).
2. Transparência.
3. Comportamento ético.
4. Respeito pelos interesses das partes interessadas (*Stakeholders*).

5. Respeito pelo Estado de direito.
6. Respeito pelas normas internacionais de comportamento.
7. Respeito aos direitos humanos.

Consideramos que as diretrizes mencionadas pela norma oficial constituem-se num passo fundamental para a conscientização ambiental. Visto de outra forma, a conscientização ambiental pode ser entendida não como um "nível" mais avançado da responsabilidade social, mas, sim, uma condição *sine qua nom* para o estabelecimento e concretização da responsabilidade social corporativa que se estabelece para além da mera formalidade e cumprimento de normas. Além do mais, demonstra, concretamente, que a empresa tende a trilhar o caminho da sustentabilidade, considerando, sobretudo, o aspecto da tridimensionalidade (econômico-ambiental-social), característica imprescindível para a construção dessa trajetória.

Referências

ACKERMAN, R.; BAUER, R. *Corporate social responsiveness*: the modern dilemma. New York: Reston, 1976.

ANDERSON, R. O. *Foreword in the public affairs handbook*. New York: Anacon, 1982.

ASHEN, M. Changing the social contract: a role for business. *Journal of World Business*, Columbia, v. 5, p. 6-10, Nov./Dec. 1970.

BUCHHOLZ, R. *Business environment and public policy*: implications for management and strategy formulation. New Jersey: Prentice Hall, 1989.

BUCCHOLZ, R. A.; EVANS, W. D.; WAGLEY, R. A. *Management response to public issues*: concepts and cases in strategy formulation. 2. ed. Michigan: Prentice Hall, 1989.

_____; EVANS, W D.; WAGLEY, R. A. *Management response to public issues*: concepts and cases in strategy formulation. New Jersey: Prentice Hall, 1985.

BUTTERFIELD, K. D.; TREVIÑO, L. K.; WEAVER, G. R. Moral awareness in business organizations: influences of issue-related and social context factors. *Human Relations*, v. 53, n. 7, p. 981-1018, 2000.

CAPITALIZING on social change. *Business Week*, v. 29, p. 105, Oct. 1979.

CARROL, A. B. *A conceptual model of corporate social performance*. Georgia: College of Business Administration, 1979. Working paper 79055, p. 9.

DIBRELL, C.; CRAIG, J. B.; KIM, J.; JOHNSON, A. J. Establishing How Natural Environmental Competency, Organizational Social Consciousness, and Innovativeness Relate. *Journal Business Ethics*, v. 127, n. 1, p. 591-605, 2015.

DRUCKER, P. F. *Management*: tasks responsibilities, practices. New York: Harper & Row, 1974.

EMERY, F. E.; TRIST, E. L. The casual texture of organizational environments. *Human relations*, v. 18, p. 21-32, Feb. 1965.

HARRIS, L. Business thinks TV distorts its image. *Business Week*, v. 18, p. 26, Oct. 1982.

LAWRENCE, P. R. LORSCH, J. W. *O desenvolvimento de organizações*: diagnóstico e ação. São Paulo: Edgard Blucher, 1972.

LIPSET, S. M.; SCHNEIDER, W. How's business? What the public thinks. *Public Opinion*, p. 41, Jul./Aug. 1978.

LONGENECKER, J. G. *Introdução à administração*: uma abordagem comportamental. São Paulo: Atlas, 1981.

STEINER, G. A. *An overview of the changing business environment and its impact on business*. Paper presented at the AACSB Conference on Business Environment/Public Policy. St. Louis, M: Washington University, 1979.

Questões para discussão

1. Cite e comente as principais mudanças no ambiente dos negócios.
2. Descreva as principais características de uma empresa vista sob a perspectiva de uma instituição sociopolítica.
3. No que se diferencia o contrato entre organizações e a sociedade no tocante ao "velho contrato" e o "novo contrato"?
4. Cite os princípios norteadores da responsabilidade social empresarial segundo a Norma ISO 26000.

2
A Variável Ecológica no Ambiente dos Negócios

2.1
INTRODUÇÃO

Entre as diferentes variáveis que afetam o ambiente dos negócios, a preocupação ecológica da sociedade tem ganhado um destaque significativo em virtude de sua relevância para a qualidade de vida das populações.

De forma geral, os países começam a entender que as medidas de proteção ambiental não foram inventadas para impedir o desenvolvimento econômico. Muitos países têm inserido, em seus estudos de desenvolvimento, modelos de avaliação de impacto e custos/benefícios ambientais na análise dos projetos econômicos, que têm resultado em novas diretrizes, regulamentações e leis na formulação de suas políticas e na execução de seus projetos de governo.

Tal iniciativa acarreta nova visão na gestão dos recursos naturais a qual possibilita, ao mesmo tempo, eficácia e eficiência na atividade econômica, além de manter a diversidade e a estabilidade do meio ambiente.

2.2
A MOLA PROPULSORA

O conceito de desenvolvimento sustentável, que atende às necessidades do presente sem comprometer a capacidade de as futuras gerações atenderem às suas, é a nova palavra de ordem desde que a Comissão Mundial sobre Meio Ambiente da Organização das Nações Unidas (ONU) publicou seu relatório, em abril de 1987, sob a denominação de "Nosso Futuro Comum", que teve sua inspiração na 1ª Conferência das Nações Unidas sobre o Meio Ambiente, realizada em 1972, em Estocolmo, na Suécia, onde o Brasil rejeitou firmemente o propósito de adoção de padrões internacionais para proteção ambiental.

De acordo com a obra *Nosso Futuro Comum*, publicada pela *Oxford University Press* e traduzida, em 1989, pelo Instituto de Documentação da Fundação Getulio Vargas, vimos nosso Planeta do espaço pela primeira vez em meados do século XX, e o que se viu foi uma bola frágil e pequena, dominada não pela ação e obra do homem (ações antrópicas), mas por uma disposição ordenada de nuvens, oceanos, vegetação e solos. O fato de a humanidade ser incapaz de agir conforme essa ordenação está alterando fundamentalmente os sistemas planetários. Muitas dessas alterações acarretam ameaças à vida. Essa realidade nova, da qual não há como fugir, tem de ser reconhecida e enfrentada.

Oliveira (2015, p. 60) conceitua desenvolvimento sustentável como um

> "desenvolvimento integrado, interdependente e intrinsicamente relacionado às dimensões econômica, social e ambiental, sem distinção alguma da sua individualidade ou corporatividade, quanto às ações e reflexos dessa combinação, além da abrangência e os efeitos oriundos dessa relação que deve ser, necessariamente, harmoniosa, salutar e prospectiva, tanto para a atual quanto para as futuras gerações."

Felizmente, essa realidade nova coincide com os fatos mais positivos e também novos neste novo século. É possível fazer informações e bens circularem por todo o Planeta com uma rapidez sem precedentes; é possível produzir mais alimentos e mais bens com um investimento menor de recursos; a tecnologia e a ciência de que dispomos nos permitem, ao menos potencialmente, examinar com mais profundidade e compreender os sistemas naturais. Temos o poder de reconciliar as atividades humanas com as leis naturais e de nos enriquecermos com isso. E, nesse processo, nossa herança cultural e espiritual pode fortalecer nossos interesses econômicos e imperativos de sobrevivência.

O relatório produzido pela Comissão Mundial sobre Meio Ambiente e Desenvolvimento da Organização das Nações Unidas (ONU) não é uma previsão de decadência, pobreza e dificuldades ambientais cada vez maiores num mundo cada vez mais carente de recursos. Deve ser entendido como a possibilidade do surgimento de uma nova era de crescimento econômico, que se apoie na combinação de políticas públicas e corporativas que promovam a gestão dos recursos naturais sobre novas bases.

Nesse documento, a expectativa da Comissão está condicionada a uma ação política decisiva que deve ser empreendida já por todos os povos, para que se comece a administrar os recursos do meio ambiente no sentido de assegurar o progresso humano continuado e a sobrevivência da humanidade.

2.3
A SITUAÇÃO NA AMÉRICA LATINA

A publicação desse documento com o aval da Organização das Nações Unidas (ONU) teve o grande mérito de fazer com que todas as nações, tanto as desenvolvidas quanto as subdesenvolvidas e, mais recentemente, as chamadas emergentes, passassem a encarar o problema ecológico, ainda que de forma assistemática, como um problema de significativa relevância, tanto no nível interno, quanto no nível externo.

Esse novo conceito, segundo Leal (1989), economista do Instituto Latinoamericano de Planificación Económica y Social (ILPES) da Cepal, encontra dificuldades de implementação na América Latina, visto que, em função dos inúmeros problemas que incidem sobre a região como a dívida externa, o prolongado processo de estagnação que tem alargado a brecha entre a América Latina e o mundo desenvolvido, provocando a deterioração dos níveis de bem-estar de vastas camadas da população e a degradação de seus aparelhos produtivos, e a crônica existência de altos índices inflacionários, a questão ambiental foi relegada a um segundo plano, limitando-se a algumas ações isoladas.

É extremamente difícil, atualmente, diante da magnitude dos problemas que afligem a América Latina e do ímpeto da dinâmica econômica e da política internacional, convencer os que se encontram no poder de que a questão ambiental exige prioridade.

Algo tem sido feito. Alguns exemplos podem ser citados, mas ainda é insuficiente diante do muito que deve ser realizado. Frequentemente tem-se recorrido à retórica de pouco conteúdo, sem apoio em ações concretas e eficazes. São abundantes os exemplos de políticas ambientais formais e inúteis que, tendo muitas vezes comprometido recursos da Nação, dormem nas gavetas dos encarregados de sua implementação. E isso se dá por falta tanto de decisão política para torná-las válidas, como de recursos para implementá-las. E, precisamente por essa conjunção de fatores, a questão do meio ambiente é vista como de importância secundária.

Na América Latina, as prioridades dizem respeito às políticas de desenvolvimento e à luta contra o subdesenvolvimento e suas manifestações. Tudo o que se relaciona com os recursos naturais e a qualidade do meio ambiente é considerado como mero dado, epifenômeno da realidade socioeconômica. Esse erro de enfoque tem agravado os problemas ambientais no Novo Mundo e comprometido seriamente o próprio processo de desenvolvimento econômico e social.

Os problemas no Novo Mundo são essencialmente diferentes daqueles que afligem os países da Europa e do mundo desenvolvido em geral. Nossos problemas estão basicamente ligados à pobreza, agravada pela assimetria na distribuição da renda, à marginalidade, ao subdesenvolvimento, à desigualdade social, à corrupção, embora outros possam aparecer como de maior importância, especialmente por sua sofisticação ou pelo espaço que ocupam nos meios de comunicação.

A pobreza significa, entre outras coisas, importante processo de deterioração do meio ambiente, pois ele é virtualmente saqueado em função das necessidades básicas dos mais carentes. Os assentamentos humanos precários e/ou espontâneos, nascidos de ocupações provocadas por tragédias sociais maiores, como a migração para as cidades, causadas, por sua vez, pelo desenvolvimento desigual, pelas secas ou inundações, pelas guerrilhas entre facções criminosas, pela atração que significa a urbe em termos de oportunidade, caracterizam-se precisamente por suas deploráveis condições ambientais e sanitárias. Essa "poluição dos pobres" é elemento chave na deterioração ambiental da América Latina e constitui componente inédito das preocupações ambientais, por sua magnitude e características, em relação à problemática ambiental no mundo desenvolvido.

Entre os problemas ambientais mais comuns definidos universalmente, o da poluição – em sua expressão mais tradicional ligada à industrialização, à mecanização da agricultura e ao crescimento urbano – não é precisamente o mais dramático nos países da América Latina, apesar de haver adquirido dimensões apreciáveis, principalmente em países que mais avançaram no processo de industrialização, como o Brasil ou a Argentina.

O problema ambiental latino-americano não se reduz à deterioração dos recursos ar, água e solo, embora não deixe de ser expressivo. O problema prioritário é a depredação passada e presente dos recursos da região. Esses recursos têm sido sobreutilizados por uma exploração extremamente irracional e geralmente em benefício de grupos poderosos, sob o olhar complacente dos governantes e, em muitos casos, com pouco proveito para impulsionar o desenvolvimento interno.

Diante desse quadro, as possibilidades de ação dos países latino-americanos devem-se voltar para três aspectos:

- recuperação do meio ambiente degradado;
- avaliação da degradação futura do meio ambiente;
- potencialização dos recursos ambientais.

Tendo em vista os níveis atingidos pela degradação ambiental, é tarefa prioritária a recuperação desses meios danificados, antes que se transformem em processos irreversíveis. Entre esses, cabe destacar:

- a degradação do solo em virtude de processos de erosão e desertificação;
- a destruição de florestas, cerrados e outros tipos de vegetação, com todas suas consequências;
- a poluição das águas continentais (superficiais e subterrâneas);
- a poluição do solo como resultado do inadequado manejo dos resíduos e do uso indiscriminado de agrotóxicos;
- outras formas de poluição (atmosférica, marinha, sonora, nuclear etc.).

O segundo nível das preocupações não diz respeito ao dano passado, mas à prevenção de degradações futuras do meio ambiente. Trata-se, sobretudo, de implementar processo de planejamento e avaliações do impacto ambiental das ações humanas presentes nos projetos de desenvolvimento nacionais, regionais e locais, a fim de conservar os recursos ambientais existentes, considerando todo o ecossistema.

O terceiro nível das preocupações deve ser constituído pela utilização positiva do meio ambiente no processo de desenvolvimento. Trata-se da valorização de recursos que nunca foram incorporados à atividade econômica, aqueles tradicionalmente considerados inúteis. Essa potencialização deve ser feita naturalmente, sem colocar em perigo a própria disponibilidade do recurso ao submetê-lo a uma superexploração indiscriminada.

2.4
EVOLUÇÃO DA POLÍTICA AMBIENTAL NO BRASIL

No Brasil, a gestão do meio ambiente caracteriza-se pela desarticulação dos diferentes organismos envolvidos, pela falta de coordenação e pela escassez de recursos financeiros e humanos para gerenciamento das questões relativas ao meio ambiente. Essa situação é o resultado de diferentes estratégias adotadas em relação à questão ambiental no contexto do desenvolvimento econômico do Brasil, como enfatiza Monteiro (1981) ao afirmar que a economia brasileira, desde os tempos coloniais, caracterizou-se historicamente por ciclos que enfatizavam a exploração de determinados recursos naturais.

De acordo com Monosowski (1989), as estratégias de desenvolvimento adotadas desde os anos 1950 também assumem essas mesmas características, ao privilegiar o crescimento econômico de curto prazo, via modernização maciça e acelerada dos meios de produção. A industrialização, a implantação de grandes projetos de infraestrutura e a exploração de recursos minerais e agropecuários para fins de exportação fazem parte das estratégias que têm produzido importantes impactos negativos no meio ambiente. Isso tudo, aliado ao acelerado processo de urbanização que ocorreu nas grandes cidades, causou profunda degradação do ambiente urbano.

Especificamente em relação à poluição industrial, inspirada pela 1ª Conferência das Nações Unidas sobre Meio Ambiente, a criação da Secretaria Especial de Meio Ambiente inaugurou nova fase em nosso país, onde se manifesta uma vontade política no tratamento explícito da problemática ambiental enquanto suporte à vida e não apenas fonte de recursos (MONOSOWSKI, 1989).

Essa vontade política, que é fundamental na problemática ambiental, como afirma Capobianco (1990), se manifestou num quadro conjuntural particular:

> "Primeiro, o modelo de desenvolvimento adotado no Brasil, baseado em uma industrialização rápida e concentrada, criou suas primeiras deseconomias de escala. Estas se manifestaram pelo agravamento de certos problemas urbanos, em especial o crescimento da poluição industrial, a falta de saneamento e os problemas de abastecimento de água que afetam as populações das principais cidades do país."

Em consequência, esse período conhece também uma sensibilização e uma organização do movimento social sobre as questões ambientais, em razão da degradação das condições de vida do meio urbano, como indicaram os resultados de pesquisas realizadas em São Paulo, em 1975, que enfatizavam como prioritário o problema da poluição ambiental, até mesmo em relação às questões econômicas.

Ficava evidente que a posição sustentada pelo Brasil na Conferência de Estocolmo de que a proteção do meio ambiente seria um objetivo secundário e não prioritário para os países em vias de desenvolvimento não encontrava sustentação nem mesmo diante dos próprios brasileiros.

Diante disso, o Segundo Plano Nacional de Desenvolvimento (PND) para o período de 1975/79, em seu capítulo sobre desenvolvimento urbano, controle da poluição e preservação do meio ambiente, define uma prioridade para o controle da poluição industrial através de normas antipoluição e de uma política de localização industrial nas regiões densamente urbanizadas.

Privilegiaram-se, assim, um problema (a poluição industrial), um agente (a indústria) e uma responsabilidade de controle (o Estado), que afeta áreas limitadas, em especial as regiões metropolitanas. Essa escolha está, sem dúvida, ligada à existência de uma concentração populacional importante, afetada pelo problema e dispondo de meios de pressão política.

Embora o arcabouço jurídico da legislação ambiental brasileira seja bastante robusto e tenha evoluído ao longo do tempo, haja vista o fato de que as atuais representações constitucionais têm proporcionado à tutela ambiental condições necessárias e suficientes para alcançar o patamar de direito fundamental, a sua operacionalização e consequente fiscalização está longe de serem convenientemente equacionadas.

O Quadro 2.1 apresenta uma síntese do ordenamento jurídico ambiental brasileiro.

Quadro 2.1 – Ordenamento jurídico ambiental brasileiro.

	Constituição Federal
Capítulo VI	- Do Meio Ambiente
Política Nacional do Meio Ambiente	
Lei nº 6.938, de 31 de agosto de 1981	- Dispõe sobre a Política Nacional do Meio Ambiente, seus fins e mecanismos de formulação e aplicação, e dá outras providências.
Lei nº 7.797, de 10 de julho de 1989	- Cria o Fundo Nacional de Meio Ambiente e dá outras providências.
Decreto nº 99.274, de 6 de junho de 1990	- Regulamenta a Lei nº 6.902, de 27 de abril de 1981, e a Lei nº 6.938, de 31 de agosto de 1981, que dispõem, respectivamente, sobre a criação de Estações Ecológicas e Áreas de Proteção Ambiental e sobre a Política Nacional do Meio Ambiente, e dá outras providências.
Decreto nº 4.297, de 10 de julho de 2002	- Regulamenta o art. 9º, inciso II, da Lei nº 6.938, de 31 de agosto de 1981, estabelecendo critérios para o Zoneamento Ecológico/Econômico do Brasil-ZEE, e dá outras providências.
Resolução CONAMA nº 1, de 23 de janeiro de 1986	- Dispõe sobre critérios básicos e diretrizes gerais para o Relatório de Impacto Ambiental (RIMA).
Resolução CONAMA nº 9, de 3 de dezembro de 1987	- Dispõe sobre a questão de audiências públicas.
Resolução CONAMA nº 237, de 19 de dezembro de 1997	- Regulamenta os aspectos de licenciamento ambiental estabelecidos na Política Nacional do Meio Ambiente.
Flora	
Lei nº 4.771, de 15 de setembro de 1965	- Institui o Código Florestal.

Continua

Lei nº 11.284, de 2 de março de 2006	- Dispõe sobre a gestão de florestas públicas para a produção sustentável; institui, na estrutura do Ministério do Meio Ambiente, o Serviço Florestal Brasileiro-SFB; cria o Fundo Nacional de Desenvolvimento Florestal-FNDF; altera as Leis nº 10.683, de 28 de maio de 2003, 5.868, de 12 de dezembro de 1972, 9.605, de 12 de fevereiro de 1998, 4.771, de 15 de setembro de 1965, 6.938, de 31 de agosto de 1981, e 6.015, de 31 de dezembro de 1973; e dá outras providências.
Decreto nº 5.975, de 30 de novembro de 2006	- Regulamenta os art. 12, parte final, 15, 16, 19, 20 e 21 da Lei nº 4.771, de 15 de setembro de 1965, o art. 4º, inciso III, da Lei nº 6.938, de 31 de agosto de 1981, o art. 2º da Lei nº 10.650, de 16 de abril de 2003, altera e acrescenta dispositivos aos Decretos nº 3.179, de 21 de setembro de 1999, e 3.420, de 20 de abril de 2000, e dá outras providências.
Lei nº 12.651, de 25 de maio de 2012	- Institui o Novo Código Florestal.
Decreto nº 6.063, de 20 de março de 2007	- Regulamenta, no âmbito federal, dispositivos da Lei nº 11.284, de 2 de março de 2006, que dispõe sobre a gestão de florestas públicas para a produção sustentável, e dá outras providências.
Resolução CONAMA nº 302, de 20 de março de 2002	- Dispõe sobre os parâmetros, definições e limites de Áreas de Preservação Permanente de reservatórios artificiais e o regime de uso do entorno.
Resolução CONAMA nº 303, de 20 de março de 2002	- Dispõe sobre parâmetros, definições e limites de Áreas de Preservação Permanente.
Resolução CONAMA nº 369, de 28 de março de 2006	- Dispõe sobre os casos excepcionais, de utilidade pública, interesse social ou baixo impacto ambiental, que possibilitam a intervenção ou supressão de vegetação em Área de Preservação Permanente (APP).
Resolução do CONAMA nº 378, de 19 de outubro de 2006	- Define os empreendimentos potencialmente causadores de impacto ambiental nacional ou regional para fins do disposto no inciso III, § 1º, art. 19 da Lei nº 4.771, de 15 de setembro de 1965, e dá outras providências.
Resolução do CONAMA nº 379, de 19 de outubro de 2006	- Cria e regulamenta sistema de dados e informações sobre a gestão florestal no âmbito do Sistema Nacional do Meio Ambiente (SISNAMA).

Continua

	Recursos Hídricos
Lei nº 9.433, de 8 de janeiro de 1997	- Institui a Política Nacional de Recursos Hídricos, cria o Sistema Nacional de Gerenciamento de Recursos Hídricos, regulamenta o inciso XIX do art. 21 da Constituição Federal, e altera o art. 1º da Lei nº 8.001, de 13 de março de 1990, que modificou a Lei nº 7.990, de 28 de dezembro de 1989.
Lei nº 9.984, de 17 de julho de 2000	- Dispõe sobre a criação da Agência Nacional de Águas-ANA, entidade federal de implementação da Política Nacional de Recursos Hídricos e de coordenação do Sistema Nacional de Gerenciamento de Recursos Hídricos, e dá outras providências.
Lei nº 11.445, de 5 de janeiro de 2007	- Estabelece diretrizes nacionais para o saneamento básico.
Decreto nº 4.613, de 11 de março de 2003	- Regulamenta o Conselho Nacional de Recursos Hídricos, e dá outras providências.
Resolução CONAMA nº 357, de 17 de março de 2005	- Dispõe sobre a classificação dos corpos de água e diretrizes ambientais para o seu enquadramento, bem como estabelece as condições e padrões de lançamento de efluentes, e dá outras providências.
	Resíduos Sólidos
Lei º 12.305, de 2 de agosto de 2010	- Institui a Política Nacional de Resíduos Sólidos.
	Fauna
Decreto nº 5.197, de 3 de janeiro de 1967	- Dispõe sobre a proteção à fauna e dá outras providências.
	Educação Ambiental
Lei nº 9.795, de 27 de abril de 1999	- Dispõe sobre a educação ambiental, institui a Política Nacional de Educação Ambiental e dá outras providências.
Decreto nº 4.281, de 25 de junho de 2002	- Regulamenta a Lei nº 9.795, de 27 de abril de 1999, que institui a Política Nacional de Educação Ambiental, e dá outras providências.
	Unidades de Conservação
Lei nº 9.985, de 18 de julho de 2000	- Regulamenta o art. 225, § 1º, incisos I, II, III e VII da Constituição Federal, institui o Sistema Nacional de Unidades de Conservação da Natureza e dá outras providências.
Decreto nº 4.340, de 22 de agosto de 2002	- Regulamenta Artigos da Lei nº 9.985, de 18 de julho de 2000, que dispõe sobre o Sistema Nacional de Unidades de Conservação da Natureza-SNUC, e dá outras providências.

Continua

Resolução CONAMA nº 371, de 5 de abril de 2006	- Estabelece diretrizes aos órgãos ambientais para o cálculo, cobrança, aplicação, aprovação e controle de gastos de recursos advindos de compensação ambiental, conforme a Lei nº 9.985, de 18 de julho de 2000, que institui o Sistema Nacional de Unidades de Conservação da Natureza-SNUC e dá outras providências.
Crimes e Infrações Administrativas Ambientais	
Lei nº 9.605, de 12 de fevereiro de 1998	- Dispõe sobre as sanções penais e administrativas derivadas de condutas e atividades lesivas ao meio ambiente, e dá outras providências.
Decreto nº 3.179, de 21 de setembro de 1999	- Dispõe sobre a especificação das sanções aplicáveis às condutas e atividades lesivas ao meio ambiente, e dá outras providências.
Patrimônio Genético, a Proteção e o Acesso ao Conhecimento Tradicional Associado, a Repartição de Benefícios	
Medida Provisória nº 2.186-16, de 23 de agosto de 2001	- Regulamenta o inciso II do § 1º e o § 4º do art. 225 da Constituição, os arts. 1º, 8º, alínea "j", 10, alínea "c", 15 e 16, alíneas 3 e 4 da Convenção sobre Diversidade Biológica, dispõe sobre o acesso ao patrimônio genético, a proteção e o acesso ao conhecimento tradicional associado, a repartição de benefícios e o acesso à tecnologia e transferência de tecnologia para sua conservação e utilização, e dá outras providências.
Decreto nº 3.945, de 28 de setembro de 2001	- Define a composição do Conselho de Gestão do Patrimônio Genético e estabelece as normas para o seu funcionamento, mediante a regulamentação dos arts. 10, 11, 12, 14, 15, 16, 18 e 19 da Medida Provisória nº 2.186-16, de 23 de agosto de 2001, que dispõe sobre o acesso ao patrimônio genético, a proteção e o acesso ao conhecimento tradicional associado, a repartição de benefícios e o acesso à tecnologia e transferência de tecnologia para sua conservação e utilização, e dá outras providências.
Decreto nº 5.459, de 7 de junho de 2005	- Regulamenta o art. 30 da Medida Provisória nº 2.186-16, de 23 de agosto de 2001, disciplinando as sanções aplicáveis às condutas e atividades lesivas ao patrimônio genético ou ao conhecimento tradicional associado e dá outras providências.

Continua

Organismos Geneticamente Modificados	
Lei nº 11.105, de 24 de março de 2005	- Regulamenta os incisos II, IV e V do § 1º do art. 225 da Constituição Federal, estabelece normas de segurança e mecanismos de fiscalização de atividades que envolvam organismos geneticamente modificados (OGM) e seus derivados, cria o Conselho Nacional de Biossegurança (CNBS), reestrutura a Comissão Técnica Nacional de Biossegurança (CT-NBio), dispõe sobre a Política Nacional de Biossegurança (PNB), revoga a Lei nº 8.974, de 5 de janeiro de 1995, e a Medida Provisória nº 2.191-9, de 23 de agosto de 2001, e os arta. 5º, 6º, 7º, 8º, 9º, 10 e 16 da Lei nº 10.814, de 15 de dezembro de 2003, e dá outras providências.
Decreto nº 5.591, de 22 de novembro de 2005	- Regulamenta dispositivos da Lei nº 11.105, de 24 de março de 2005, que regulamenta os incisos II, IV e V do § 1º do art. 225 da Constituição, e dá outras providências.
Povos e Comunidades Tradicionais	
Decreto nº 6.040, de 7 de fevereiro de 2007	- Institui a Política Nacional de Desenvolvimento Sustentável dos Povos e Comunidades Tradicionais.

Fonte: Adaptado de Brasil (2008); Brenny (2013).

O estabelecimento tardio de normas ambientais e agências reguladoras especializadas no controle da poluição ambiental traduz-se num indicativo de que a questão ambiental não era efetivamente representada no âmbito de prioridades das políticas públicas. Até a década de 1970, não havia sequer um órgão voltado exclusivamente ao controle ambiental. As legislações até então existentes, tratavam da exploração de alguns recursos naturais via medidas isoladas (LUSTOSA et al., 2010).

2.5
REPERCUSSÕES NO AMBIENTE INDUSTRIAL

Essa mudança de orientação governamental, segundo Pimenta (1987), se consubstancia através da publicação de várias leis, entre as quais a Lei Federal nº 6.803 de 1980, a Lei nº 6.938 de 1981 e o Decreto do Executivo nº 88.351, que resultam na criação de diversos agentes de controle ambiental, tanto em nível federal, quanto no nível estadual e municipal. Contudo, há de se apontar que o ordenamento jurídico sistematizado no Quadro 2.1, se, por um lado, aponta uma reorientação positiva nas decisões governamentais no sentido pró meio ambiente, por outro, aumenta a dificuldade da gestão ambiental empresarial, em função de sua complexidade e, em grande parte, dos "desencontros" e contradições causadas pelo excesso de legislação.

Isso tem exigido que grande parte das organizações empresariais, notadamente aquelas com maior solidez financeira, disponha de um setor/departamento jurídico altamente capacitado e exclusivamente dedicado aos aspectos jurídicos da legislação ambiental.

Como consequência, iniciou-se uma mudança no ambiente dos negócios em que as organizações atuam, através de regulamentações e discriminações que limitam suas possibilidades de atuação e localização, além de provocar modificações em sua própria organização produtiva. É fato que, para que haja materialidade e concretude nas ações, faz-se necessário que estas sejam economicamente viáveis (SACHS, 2009). Todavia, a viabilidade econômica, embora seja uma condição necessária, não o é, certamente, suficiente para o desenvolvimento. O econômico não é um objetivo em si; constitui-se apenas no instrumental pelo qual se avança no caminho da sustentabilidade (OLIVEIRA, 2015).

Em adendo a isso, urge alertar as empresas quanto à necessidade de rever e reformular suas diretrizes e planos referentes ao meio ambiente. Atitudes e medidas racionais para proteger e conservar o meio ambiente tornam-se rapidamente condição *sine qua non* para a efetividade dos negócios e, num nível mais estratégico, para a própria sobrevivência da empresa no mercado.

Diante dos protestos crescentes da população contra os riscos de desastres ecológicos ou da deterioração da qualidade de vida, os governos locais e nacionais são pressionados a implantar normas cada vez mais severas de proteção e conservação.

As janelas de oportunidades se abrem cada vez mais para as empresas que não poluem, poluem menos ou deixam de poluir – e não para as empresas que desprezam as questões ambientais na tentativa de maximizar seus lucros e socializar o prejuízo (NOVAES, 1991).

Essa perspectiva pode ser verificada em vários exemplos: em Belo Horizonte, a Coordenadoria de Meio Ambiente pediu o fechamento da Concretex e a abertura de inquérito criminal contra seus diretores, pela emissão excessiva e descontrolada de poluentes atmosféricos; em Brasília já se pensa na criação de um cadastro de empresas poluentes e na cobrança de um imposto proporcional às emissões; em Minas Gerais, a Magnesita S.A, maior produtora brasileira de tijolos refratários, informou que está aumentando seus rendimentos com um programa de substituição de matérias-primas, treinamento da mão de obra, manutenção preventiva etc., que lhe permitiu baixar de 40 para 10 toneladas a quantidade diária de rejeitos.

Em São Paulo, foi lançado o Fundo Ecológico Crefisul-Ação Verde, que só negociará ações de empresas aprovadas por um comitê formado conjuntamente com ambientalistas e que tenham rentabilidade. Em Buenos Aires, numa reunião de empresários do Mercosul, discutiu-se a preocupação dos industriais sul-americanos com a implantação progressiva, na Europa, do selo verde que distingue mercadorias produzidas por empresas que minimizam prejuízos ambientais. É fato indiscutível o advento de medidas legais restritivas, cada vez mais severas, contra produtos contaminados ou provenientes de países que não consideram de forma adequada as questões ambientais. As normas vigentes na ex-Alemanha Ocidental e na Holanda, se estendidas à Comunidade Econômica Europeia (CEE) representarão um desafio muito grande para produtores e exportadores de países sul-americanos.

Todas essas notícias demonstram o avanço da questão ambiental exatamente onde ela é mais difícil: no setor privado.

Tradicionalmente, as exigências referentes à proteção ambiental eram consideradas um freio ao crescimento da produção, um obstáculo jurídico-legal e demandante de grandes investimentos de difícil recuperação e, portanto, fator de aumento dos custos de produção. Começa a ficar patente que a despreocupação com os aspectos ambientais pode traduzir-se no oposto: em aumento de custos, em redução de lucros, perda de posição no mercado e, até, em privação da liberdade ou cessação de atividades. Meio ambiente e sua proteção estão se tornando oportunidades para abrir mercados e prevenir-se contra restrições futuras quanto ao acesso a mercados internacionais.

A cotação de um país, para receber investimentos estrangeiros, está cada vez mais relacionada com sua imagem internacional associada com seus cuidados com o meio ambiente. Por outro lado, fica demonstrado crescentemente que os custos, monetários e sociais, impingidos por uma poluição descontrolada e crescente, são muito maiores do que os investimentos necessários para evitar ou eliminá-la.

Recentemente, num seminário sobre meio ambiente e desenvolvimento no Rio de Janeiro, o empresário Erling Lorentzen, presidente do Conselho de Administração da Aracruz Celulose e membro do Conselho Empresarial Mundial sobre Desenvolvimento Sustentável, lembrou que as respostas da indústria ao "desafio ambiental" vêm-se alterando rápida e profundamente. Passaram do simples controle das emissões poluentes à prevenção da poluição. Na compra, fusão ou incorporação de empresas, sua situação ambiental torna-se cada vez mais importante para a avaliação de seu ativo/passivo – chega-se a uma situação que avalia a indústria, não só por seu desempenho produtivo e econômico, mas também por seu desempenho em relação ao meio ambiente.

Segundo Carlos Alberto Roxo (1991), gerente geral de meio ambiente da Aracruz Celulose, a Carta de Princípios sobre Desenvolvimento Sustentável, elaborada pela Câmara de Comércio Internacional, lançada no dia 10 de abril de 1991 em Roterdã (Holanda), marca uma notável evolução no gerenciamento ambiental na indústria desde os primórdios da industrialização.

As primeiras indústrias surgiram em uma época em que os problemas ambientais eram de pequena expressão, em virtude das reduzidas escalas de produção e das populações comparativamente menores e pouco concentradas. As exigências ambientais eram poucas e a fumaça das chaminés era, emblematicamente, um símbolo de progresso, apregoada com orgulho em propagandas de diversas indústrias.

O agravamento dos problemas ambientais alterou profundamente esse quadro, gerando um nível crescente de exigências. A nova consciência ambiental, surgida no bojo das transformações culturais que ocorreram nas décadas de 1960 e 1970, ganhou dimensão e situou a proteção do meio ambiente como um dos princípios mais fundamentais do homem moderno. Na nova cultura, a fumaça passou a ser vista como anomalia e não mais como uma vantagem.

Assim, as respostas da indústria ao novo desafio ocorrem em três fases, muitas vezes superpostas, dependendo do grau de conscientização da questão ambiental dentro da empresa: controle ambiental nas saídas; integração do controle ambiental nas práticas e processos industriais; e integração do controle ambiental na gestão administrativa. Algumas organizações perfilam-se na primeira fase, enquanto a maioria se encontra na segunda fase e apenas uma minoria na já amadurecida terceira fase.

A primeira fase constitui-se na instalação de equipamentos de controle da poluição nas saídas, como chaminés e redes de esgotos, mantendo a estrutura produtiva existente. A despeito de seu alto custo e da elevada eficiência dos equipamentos instalados, essa solução nem sempre se mostra eficaz, tendo seus benefícios sido frequentemente questionados pelo público externo e pela própria indústria.

Essa insatisfação conduziu a uma segunda geração de respostas, em que o controle ambiental é integrado nas práticas e processos produtivos, deixando de ser uma atividade de controle da poluição e passando a ser uma função da produção. O princípio básico passa a ser o da prevenção da poluição, envolvendo a seleção das matérias-primas, o desenvolvimento de novos processos e produtos, o reaproveitamento da energia, a reciclagem de resíduos e a integração com o meio ambiente.

Mas as preocupações com o meio ambiente não pararam de crescer e acabaram atingindo o próprio mercado, redesenhando-o com o estabelecimento de um verdadeiro "mercado verde", que torna os consumidores tão temíveis quanto os órgãos de meio ambiente. Surgido inicialmente nos países desenvolvidos, esse mercado tem origem em consumidores já satisfeitos em suas necessidades quantitativas, e que passam a preocupar-se com o conteúdo dos produtos e a forma como são feitos, rejeitando os que lhes pareçam mais agressivos ao meio ambiente – nem sempre com fundamentação e muitas vezes na esteira de campanhas idealizadas por empresas e setores concorrentes.

Com isso, a proteção ao meio ambiente deixa de ser uma exigência punida com multas e sanções e inscreve-se em um quadro de ameaças e oportunidades, em que as consequências passam a poder significar posições na concorrência e a própria permanência ou saída do mercado.

Nesse quadro, firma-se o conceito de excelência ambiental, que avalia a indústria não só por seu desempenho produtivo e econômico, mas também por sua *performance* em relação ao meio ambiente. Embora não suficiente, a excelência ambiental passa a ser considerada necessária para o sucesso da empresa: quando inatingida, capaz de ser ruinosa e irrecuperável; quando alcançada no momento adequado e bem explorada, passível de se converter em oportunidades de novos ganhos e crescimento. O mercado de capitais também captou prontamente essa tendência e passou a levar crescentemente em consideração o aspecto ambiental em suas decisões de investimento.

Essa evolução levou algumas organizações a integrar o controle ambiental em sua gestão administrativa, projetando-o nas mais altas esferas de decisão. Atender ao presente e gerar respostas setoriais e estanques passou a não ser suficiente; olhar o futuro, horizontalizar a análise e planejar corporativamente passou a ser o caminho natural.

A proteção ambiental deslocou-se uma vez mais, deixando de ser uma função exclusiva de produção para tornar-se também uma função da administração. Contemplada na estrutura organizacional, interferindo no planejamento estratégico, passou a ser uma atividade importante na organização da empresa, seja no desenvolvimento das atividades de rotina, seja na discussão dos cenários alternativos e a consequente análise de sua evolução, gerando políticas, metas e planos de ação. Essa atividade dentro da organização passou a ocupar o interesse dos presidentes e diretores e a exigir nova função administrativa na estrutura administrativa que pudesse abrigar um corpo técnico específico e um sistema gerencial especializado, com a finalidade de propiciar à empresa uma integração articulada e bem conduzida de todos seus setores e a realização de um trabalho de comunicação social eficaz e consciente. Assim, a preocupação com o aspecto ambiental torna-se, enfim, um valor da empresa, internalizado em sua estratégia corporativa e explicitado publicamente como um dos objetivos principais a ser perseguido.

As empresas que se caracterizam pelo conceito moderno de gerenciamento ambiental integram esses três níveis de respostas e projetam a indústria para a sociedade do futuro, pois, como enfatizou Jean Charles Rouher, secretário geral da Câmara do Comércio Internacional, o *status* e a liberdade das empresas para este século dependerão de uma aceitação em assumir e bem conduzir suas responsabilidades ambientais.

Referências

BRASIL. MINISTÉRIO DO MEIO AMBIENTE. Consultoria Jurídica. *Legislação Ambiental Básica*. Brasília-DF: MMA, UNESCO, 2008.

BRENNY, G. *Legislação ambiental*. Principais legislações ambientais brasileiras atualizadas até abril de 2013. Disponível em: <https://intranet.ifs.ifsuldeminas.edu.br/~eder.clementino/GEST%C3%83O%20AMBIENTAL/LEGISLA%C3%87%-C3%83O%20AMBIENTAL/PRINCIPAIS%20LEIS%20AMBIENTAIS.pdf>. Acesso em: 9 set. 2016.

CAPOBIANCO, J. P. Meio ambiente: educação ambiental por decreto. *Folha de S.Paulo*, 6 abr. 1990. Caderno C, p. 3.

COMISSÃO MUNDIAL SOBRE MEIO AMBIENTE E DESENVOLVIMENTO. *Nosso futuro comum*. Rio de Janeiro: FGV, 1989.

DIAS, R. *Responsabilidade social*: fundamentos e gestão. São Paulo: Atlas, 2012.

FREEMAN, R. E. *Strategic management*: a stakeholder approach. Boston: Pitman, 1984.

LEAL, J. A gestão do meio ambiente na América Latina: problemas e possibilidades: planejamento e gerenciamento ambiental. *Cadernos FUNDAP* v. 9, nº 16, p. 7-14, jun. 1989.

LUSTOSA, M. C. J.; CÁNEPA, E. M.; YOUNG, C. E. F. Política ambiental. In: MAY, P. H. (Org.). *Economia do meio ambiente*: teoria e prática. 2. ed. Rio de Janeiro, Elsevier, 2010.

MONOSOWSKI, E. Políticas ambientais e desenvolvimento no Brasil: planejamento e gerenciamento ambiental. *Cadernos FUNDAP*, v. 9, nº 16, p. 15-32, jun. 1989.

MONTEIRO, C. A. F. *A questão ambiental no Brasil: 1960-1980*. São Paulo: IGBOG/USP, 1981 (Teses e Monografias, 42).

NOVAES, W. Mercado para quem não polui. *Visão*, São Paulo, 16 out. 1991, p. 46.

OLIVEIRA. E. C. *Influência do Protocolo Agroambiental na gestão ambiental de indústrias do setor sucroenergético da microrregião de Assis/SP: Um estudo de múltiplos casos*. 356 f. Tese (Doutorado). Programa de Pós-Graduação em Administração da Universidade Municipal de São Caetano do Sul – PPGA-USCS. São Caetano do Sul, 2015.

PIMENTA, J. C. P. Multinacional corporations and industrial pollution control in São Paulo. In: PEARSON, C. (Ed.). *Multinational corporations, environment and the third world*: business matters. Durkan: Duke University Press, 1987.

QUINN, D. P.; JONES, T. M. An agente morality view of business policy. *The Academy of Management Review*, v. 20, n. 1, p. 22-41, 1995.

ROXO, C. A. O conceito moderno de gerenciamento ambiental na indústria. *Gazeta Mercantil*, São Paulo, p. 5, 14 maio 1991.

SACHS, I. Primeiras intervenções. In: NASCIMENTO, E. P.; VIANNA, J. N. (Orgs.). *Dilemas e desafios do desenvolvimento sustentável no Brasil*. Rio de Janeiro: Garamound, 2009.

Questões para discussão

1. Ao utilizarem a expressão "poluição dos pobres", o que os autores querem afirmar? Pode-se dizer que existe "poluição dos ricos"? Fundamente seu entendimento.
2. Descreva a postura do Brasil na Conferência de Estocolmo. Partindo desse ponto, elabore uma análise crítica do país na atualidade com relação às questões ambientais.
3. De que forma o arcabouço jurídico ambiental brasileiro afeta as organizações atuantes nos mais diversos setores?
4. Cite e caracterize as três fases em que se deram as respostas das indústrias ao desafio das demandas ambientais.

3
A Questão Ambiental sob o Enfoque Econômico

3.1
INTRODUÇÃO

O fato de o meio ambiente sempre ter sido considerado um recurso abundante e classificado na categoria de bens livres, ou seja, daqueles bens para os quais não há necessidade de trabalho para sua obtenção, dificultou a possibilidade de estabelecimento de certo critério em sua utilização e tornou disseminada a poluição ambiental, passando a afetar a totalidade da população, por meio de uma apropriação socialmente indevida do ar, da água ou do solo.

A ciência econômica só recentemente se interessou pela questão ambiental ligada à poluição, pois até então suas preocupações diziam respeito apenas às relações existentes entre o meio ambiente, considerado sob a ótica dos recursos naturais (natureza) e o processo de desenvolvimento. Maimon (1992), a respeito disso, coloca que os economistas, em particular Malthus, constituíram a exceção. Se Adam Smith considera os recursos naturais como importante pré-requisito no processo de desenvolvimento, Malthus incorpora o meio ambiente, questionando o crescimento demográfico exponencial em face da limitação dos recursos naturais, pois considerava que a capacidade de produção de recursos para a subsistência era inferior ao crescimento da população.

Os economistas neoclássicos, ao abandonarem as preocupações com o curto prazo, limitaram a análise à alocação de bens e serviços no curto prazo. Somente em 1920, com o trabalho de Pigou "The Economics of Welfare" é que a Economia se refere ao aspecto da externalidade. Esse conceito só foi associado à questão ambiental em anos recentes, quando a poluição ambiental se agravou e quando os custos de despoluição começaram a assumir valores significativos.

Segundo a autora, Keynes contribuiu negativamente para a questão ambiental, pois, por um lado, estimulava o desperdício e por outro não se preocupava com o longo prazo, visto que no "longo prazo estaremos todos mortos". Por outro lado, Marx em sua teoria entendia que o progresso era um processo natural de desenvolvimento intrínseco à história da humanidade. Por assim dizer, entendia a situação social (*political state*) distanciada da natureza, uma alternativa ao meio ambiente natural. Por conseguinte, postulava que a natureza existia para ser "humanizada" por meio da ciência.

Foi somente a partir de 1950, quando, reavaliando os resultados do crescimento econômico, começaram a ser feitas análises sobre a questão ambiental e suas relações com o desenvolvimento econômico. Uma das grandes barreiras na adoção de uma atitude que seja mais proativa no sentido de buscar a estabilização do nível de consumo de recursos naturais pressupõe, via de regra, que tal estabilização exige uma mudança paradigmática de atitude, com um posicionamento totalmente oposto à lógica do processo de acumulação de capital, vigente desde a ascensão do capitalismo.

De acordo com Libanori (1990), na década de 1970, a Economia se debruça de forma significativa sobre as relações entre desenvolvimento econômico e o meio ambiente, em resultado da publicação, em 1972, do Relatório do Clube de Roma, denominado Limites do Crescimento e da declaração sobre Meio Ambiente aprovada, em 1972, na Conferência de Estocolmo que cria o PNUMA (Programa das Nações Unidas para Meio Ambiente).

Em abril de 1987, o Relatório de Comissão Mundial sobre Meio Ambiente e Desenvolvimento, posteriormente denominado "Nosso Futuro Comum", dissemina a expressão *desenvolvimento ecologicamente sustentado*, que define o desenvolvimento sustentado como aquele que responde à necessidade do presente sem comprometer a capacidade das gerações futuras de responder às suas necessidades.

O conceito de desenvolvimento sustentado tem três vertentes principais: crescimento econômico, equidade social e equilíbrio ecológico. Induz um espírito de responsabilidade comum como processo de mudança no qual a exploração de recursos materiais, os investimentos financeiros e as rotas do desenvolvimento tecnológico deverão adquirir sentido harmonioso. Nesse sentido, o desenvolvimento da tecnologia deverá ser orientado para metas de equilíbrio com a natureza e de incremento da capacidade de inovação dos países em desenvolvimento e o progresso será entendido como fruto de maior riqueza, maior benefício social equitativo e equilíbrio ecológico.

Sob essa ótica, o conceito de desenvolvimento apresenta pontos básicos que devem considerar de maneira harmônica crescimento econômico, maior percepção com os resultados sociais decorrentes e equilíbrio ecológico na utilização dos recursos naturais.

3.2
PRINCIPAIS CORRENTES

Na atualidade, as principais correntes econômicas, relativamente à questão do meio ambiente, incluem:

1. Os ecodesenvolvimentistas.
2. Os pigouvianos.
3. Os neoclássicos.
4. Os economistas ecológicos.

3.2.1
Os ecodesenvolvimentistas

O termo *ecodesenvolvimento* foi pronunciado pela primeira vez na Conferência sobre Meio Ambiente, em 1972, e em sua forma mais elementar significa transformar o desenvolvimento numa soma positiva com a natureza, propondo que tenha por base o tripé: justiça social, eficiência econômica e prudência ecológica.

A qualidade social é medida pela melhoria do bem-estar das populações despossuídas e a qualidade ecológica, pela solidariedade com as futuras gerações.

Nesse sentido é um estilo de desenvolvimento que exige uma ação sobre todos os atores sociais, um reequilíbrio entre os poderes e os papéis da sociedade civil local, regional e nacional. Assim, a definição e a implementação das estratégias redundam no planejamento participativo, em que a participação da população é fundamental para o sucesso da estratégia escolhida.

Os partidários dessa corrente consideram que a poluição é uma consequência do estilo de desenvolvimento econômico que tem sido o paradigma da nossa sociedade, principalmente implementado pelas empresas multinacionais e que há necessidade de que se estabeleça uma relação harmônica e interativa entre desenvolvimento econômico e meio ambiente, sob pena de comprometermos os recursos não renováveis do Planeta.

Não há a mínima possibilidade de que o atual *"Way of life"* dos países desenvolvidos seja estendido aos países em desenvolvimento sem causar um colapso ecológico em nosso planeta. Isso pode ser corroborado pelo fato de que um quarto da população mundial, localizado nos países desenvolvidos, demanda algo em torno de três quartos dos recursos naturais do planeta, restringindo assim a capacidade dos países em desenvolvimento para aumentar de forma sustentável seus níveis de bem-estar (PORTILHO, 2005).

Por conseguinte, o questionamento, sobre formas de combater o excesso de consumo nos países ricos, resulta num conjunto que se constitui de novos conceitos, elaborados com o objetivo de buscar compreender melhor as causas do excesso de consumo, bem como contribuir no desenvolvimento de estratégias que levem a um debate sobre as mudanças possíveis e os processos que as acompanham (JACOBI, 2006).

A proposta ecodesenvolvimentista, segundo Sunkel (1980), refuta a ideia de desenvolvimento, ditada pelo avanço das empresas multinacionais, em sua maioria norte-americanas, que procuraram estabelecer a existência de certo estilo de desenvolvimento capitalista cuja obediência resultaria na obtenção de padrões de consumo, estruturas econômicas e níveis de renda semelhantes aos países industrializados, como um processo único para todas as sociedades, independentemente de quais fossem suas características próprias.

O estilo de desenvolvimento, resultante do avanço das empresas multinacionais nas sociedades, seja pela sua inserção em economias menos desenvolvidas, seja pela assimilação de hábitos de consumo de economias industrializadas, caracterizaram-se, conforme coloca Sunkel (1980), por apresentar os seguintes aspectos:

- substituição dos mecanismos de mercado ou outros mecanismos quaisquer, na decisão do que, como e para quem produzir, por mecanismos convenientes às estratégias destas empresas, que visam à obtenção de lucros em escala mundial, com a consequente diminuição das opções que se abrem aos governos, para implantação de estilos autônomos de desenvolvimento;
- homogeneização em escala mundial de padrões de produção e de consumo, independentemente da dotação de recursos de cada país;
- intensificação da exploração de recursos naturais e a dependência crescente em torno de uma só fonte de energia, o petróleo;
- geração sem precedentes de substâncias poluidoras das águas, da atmosfera e do solo;
- crescente utilização do automóvel, que gera necessidade de aumento da produção de aço, que utiliza intensamente o meio ambiente, sendo que o automóvel ainda leva a poluição do ar a todos os pontos do espaço aonde chega;
- substituição da cultura nacional pela cultura dos países exportadores do estilo multinacional, por intermédio dos meios de comunicação visando à padronização dos hábitos de consumo.

As soluções propostas pelos ecodesenvolvimentistas para lidar com a temática ambiental inserem-se na correção do rumo do desenvolvimento atual. Eles chamam a atenção para a redefinição dos objetivos do desenvolvimento econômico e social em consonância com os recursos disponíveis. Nesse sentido, a reconsideração prescrita deve considerar os seguintes tópicos:

- revigorar o crescimento;
- alterar a qualidade do desenvolvimento;
- encontrar uma adequação para necessidade de trabalho, comida, energia, água e saneamento;
- assegurar um nível de população sustentável;
- conservar e ampliar a base dos recursos;
- reorientar a tecnologia e a gestão dos riscos; e
- ponderar o retorno econômico e o meio ambiente na tomada de decisão.

Estas considerações implicam que deve haver uma mudança na estrutura industrial; assim, os setores industriais, cujos produtos ou processos industriais tenham consequências poluidoras, deverão restringir suas atividades ou arcar com altos custos pelos danos causados (Princípio do poluidor pagador).

Esses setores deverão declinar sua produção se não forem capazes de se renovar, mas se o forem, poderão se tornar setores de grande crescimento. As empresas químicas e petroquímicas são exemplos positivos a esse respeito, pois graças a investimentos feitos na área de Pesquisa, Desenvolvimento e Inovação (P, D&I) novos segmentos industriais estão emergindo, vendendo tecnologias limpas e economizadoras de energia e relacionadas com purificação das águas, estações portáteis e mini usinas de tratamento, manejo e reaproveitamento de resíduos, de lodo tóxico etc.

O ajustamento ao desenvolvimento ecossustentável não pode estar dissociado de um ajustamento estrutural que deve ser realizado pelos países interessados em adaptar suas economias às condições de mercado e ao aumento da competição entre as organizações. Assim, políticas industriais para o desenvolvimento sustentável e os diferentes padrões ambientais existentes nos países são um importante fator para a realocação da capacidade produtiva, especialmente para indústrias com alto índice de poluição.

Dessa forma, países em desenvolvimento, com regulamentações mais brandas na área ambiental ainda poderão obter uma vantagem comparativa na produção de produtos de poluição-intensiva, à custa de uma degradação maior de seu ambiente, porém só atrairão indústrias em declínio, cuja competitividade é muito mais determinada pela produção direta e baixos custos do que pela posse de uma vantagem tecnológica.

Essa realocação de empresas atingirá os aglomerados urbanos onde se situam muitas cidades, hoje envolvidas com problemas de poluição, tais como México City, Los Angeles, Tóquio, São Paulo etc. Alguns países já começaram um programa de desconcentração industrial das áreas urbanas como forma de aliviar o problema de poluição urbana, que na verdade não resolve, mas apenas redistribui a poluição.

As empresas estão lidando com outro tipo de barreira comercial. Políticas em favor do desenvolvimento sustentável têm criado barreiras de importação para produtos provenientes de países que não protegem seu meio ambiente. Exigências de reciclagem ou materiais de embalagem podem provocar tal elevação dos custos que a vantagem comparativa de produzi-lo num país em desenvolvimento se perde.

A mudança de estrutura industrial trará também mudanças importantes no mercado de trabalho, pois a obrigatoriedade de menos poluição pode gerar perda de postos de trabalho em algumas indústrias como resultado do aumento dos custos.

A produção e a introdução de novas gerações de tecnologia limpa podem criar empregos em outros setores. Atividades de tratamento de águas e esgotos, reaproveitamento de resíduos, reciclagem etc. têm criado uma variedade de novas especialidades no mercado de trabalho. Embora tais impactos só sejam sentidos a médio e longo prazos, as empresas necessitam se programar para buscar ou desenvolver mão de obra nessas tarefas especializadas.

Estas exigências deverão ampliar-se a médio e longo prazos, à medida que mais e mais empresas forem aderindo ao conceito de proteção ambiental, reforçando ainda mais as exigências dos consumidores, grupos ambientalistas e intervenções governamentais. Isso provocará o surgimento de novas regras sobre a gestão ambiental no seio das organizações e na inter-relação entre ciência econômica e meio ambiente.

Finalizando, verifica-se então que as soluções propostas pelos ecodesenvolvimentistas, em relação ao meio ambiente, dizem respeito à necessidade de correção do estilo de desenvolvimento que requer soluções específicas em cada região, à luz dos dados culturais e ecológicos, bem como das necessidades de curto e longo prazos.

3.2.2
Os pigouvianos

Pigou e seus seguidores entendem que a questão da poluição ambiental se origina de uma falha do sistema de preços, que não reflete de forma correta os danos causados a terceiros e ao meio ambiente, quando da implantação de uma indústria ou do aumento da quantidade produzida, que deveria ser resolvida por meio da introdução de um mecanismo que possibilitasse a internalização monetária dessa externalidade.

Esse posicionamento decorre da constatação de que quando se verifica a utilização de recursos, pode ocorrer divergência entre o valor do produto líquido marginal social e o valor do produto líquido marginal privado, pela não incorporação das externalidades que se manifestam quando os preços de mercado não incorporam completamente os custos dos agentes econômicos, como é o caso da deterioração ambiental e do esgotamento dos recursos que são considerados bens públicos. Assim, a otimização econômica convencional implica na maximização dos lucros privados e na socialização dos problemas ecológicos e sociais.

A questão da divergência entre o nível ótimo de produção privado e social pode ser visualizada nas Figuras 3.1 e 3.2 a seguir.

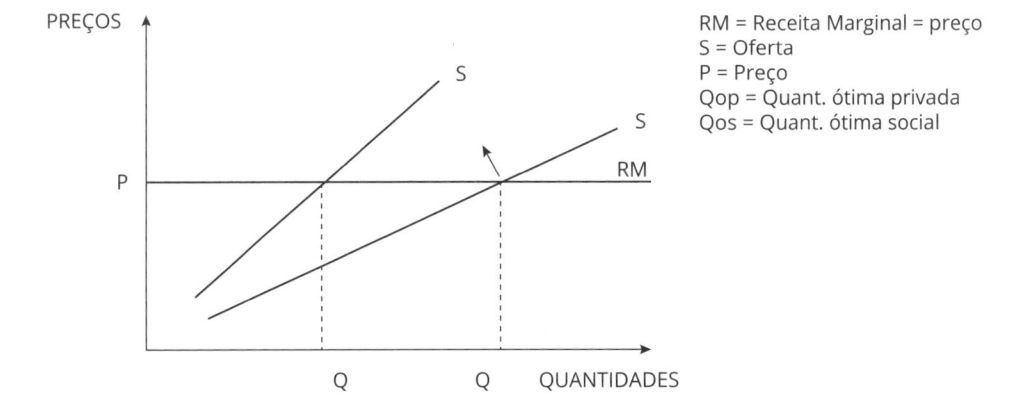

Figura 3.1 – Custos sociais no mercado competitivo.

RM = Receita Marginal = preço
S = Oferta
P = Preço
Qop = Quant. ótima privada
Qos = Quant. ótima social

A Figura 3.1 mostra as duas situações de equilíbrio. Quando os custos de poluição não estão sendo levados em conta, então o custo marginal privado é menor que o custo marginal social e, portanto, o ponto de equilíbrio se dá em um nível de produção (Qop) superior ao socialmente desejado. Essa é a situação convencional. Na segunda, se o produtor incorpora no custo as externalidades que causa, há um deslocamento da curva da oferta, fazendo com que o equilíbrio se dê em um nível de produção (Qos) menor do que o anterior. Nesse caso, a quantidade de poluição é menor do que no caso anterior.

Como o meio ambiente é considerado um bem livre, não se deve esperar que os produtores espontaneamente venham internalizar essa externalidade. É necessária a criação de uma taxa que viabilize a interiorização dos efeitos de poluição para que ocorra o deslocamento da curva da oferta para a esquerda.

Assim, a aplicação de taxas aos poluidores teria a finalidade de reduzir a diferença existente entre o produto marginal social e privado, induzindo a uma redução na quantidade produzida do produto e a realocação dos investimentos, reduzindo-os nos setores que poluem o meio ambiente e forçando os investidores a internalizar em seu custo os danos que estão provocando ao meio ambiente.

Se a empresa estiver operando numa situação de monopólio ou oligopólio, a situação seria a mesma, conforme pode ser verificado no gráfico, pois a internalização das externalidades provoca deslocamento para esquerda da oferta, dando-se o equilíbrio num nível de produção inferior ao nível privado e a um preço mais elevado (P1).

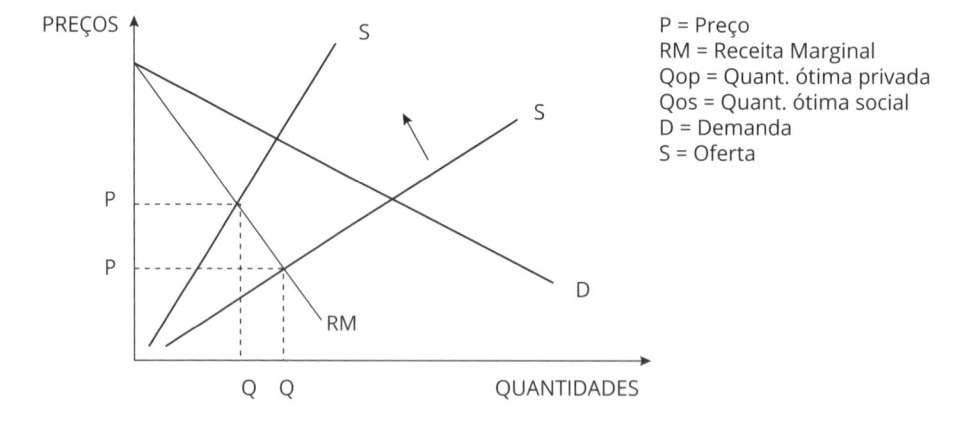

Figura 3.2 – Custos sociais no monopólio/oligopólio.

P = Preço
RM = Receita Marginal
Qop = Quant. ótima privada
Qos = Quant. ótima social
D = Demanda
S = Oferta

Esse princípio do poluidor pagador entende que aos danos causados ao meio ambiente a empresa deve pagar pelos recursos ambientais que utiliza da mesma forma que ela paga pelos demais recursos (mão de obra, capital etc.), cobrindo a diferença entre os custos privados e sociais.

A existência dessas taxas não significa que a poluição será reduzida a zero, pois a empresa irá tratar seus efluentes até o ponto em que o custo de tratamento de uma unidade a mais de poluente exceda a taxa de efluente que está sendo paga por uma unidade de poluente lançada ao meio ambiente sem tratamento.

3.2.3
Os neoclássicos

Nota-se que o campo de estudo das ciências econômicas que tem se ocupado em entender as implicações entre os recursos naturais e o sistema econômico tem adquirido crescente importância, sendo, no entendimento de Enríquez (2010), a abordagem dominante a da economia neoclássica (economia convencional). O autor complementa afirmando que "esse domínio se deve aos pressupostos simplificadores, além de aos instrumentos matemáticos e aos recursos da modelagem que adota" (p. 49).

Como coloca Maimon (1992), para os neoclássicos, o conceito de meio ambiente integra três aspectos:

- O meio ambiente é a fonte de matérias-primas utilizadas como insumos nos processos de produção. Esses insumos podem ser renováveis e não renováveis.
- O meio ambiente absorve todos os dejetos e efluentes da produção e do consumo de bens e serviços. A absorção pode ser total, parcial ou mesmo nula, a depender do nível de saturação do ecossistema.
- O meio ambiente desempenha outras funções como a de suporte à vida animal e vegetal, lazer e estética.

Assim, para os neoclássicos, o estudo do meio ambiente está associado à incorporação das externalidades, que aparecem porque certos tipos de recursos, como é o caso do meio ambiente, tem propriedade indefinida, permanecendo fora do mercado de fatores e não tendo preço definido. Isto provoca sua não consideração como recurso escasso e sua superutilização pelos usuários.

Segundo Libanori (1990), para resolver esse impasse, eles propõem a privatização do meio ambiente, isto é, sugerem formas para determinar os direitos de propriedade sobre os recursos ambientais e a negociação desses direitos em mercados privados, de tal sorte que sua utilização implique um custo, que, como qualquer outro, deve ser incorporado ao custo de produção. Entre as formas sugeridas para determinação da propriedade podemos citar:

- a criação de um mercado de compra e venda de direitos de poluir, ou seja: permite-se que as empresas que controlam a poluição acima daquilo que lhes é exigido possam negociar o diferencial de controle no mercado, com empresas que precisem adquiri-lo para poder operar, ou que o próprio governo adquira esse direito das empresas, caso deseje tornar mais rígido o controle da poluição;

- a adoção de mecanismos compensatórios pela manutenção de uma qualidade ambiental adequada, ou seja, as empresas que controlam a poluição podem de alguma forma cobrar os benefícios desse controle da população beneficiada.

Outra forma de mecanismo compensatório pode ocorrer quando as empresas poluidoras oferecem algum tipo de compensação àqueles que sofrem os efeitos da poluição, ou seja, o poluidor reconhece o direito de propriedade destes últimos sobre o meio ambiente, indenizando-os pelo dano que causa.

Uma terceira forma possível de compensação seria aquela em que aqueles que sofrem os efeitos da poluição pagam aos poluidores para que esses deixem de lhes causar problemas, com o que se reconhece o direito de propriedade do poluidor sobre o meio ambiente.

Em relação a isso, Coase (1960), em artigo intitulado "The problem of social cost", coloca que o mercado pode conduzir a que as partes interessadas negociem e encontrem o nível "ótimo" de controle. O ponto de equilíbrio da negociação ocorre quando o custo marginal do controle igualar o custo marginal de degradação. Para que o resultado da negociação seja ótimo, os custos de transação devem ser iguais a zero.

Essa situação de negociação se complica se houver muitos negociadores, que podem possuir poderes de barganha diferentes e que podem interferir na situação de equilíbrio.

3.2.4
Os economistas ecológicos

O campo de estudo conhecido como Economia Ecológica (EE) teve início no final dos anos 1980 (VAN DEN BERGH, 2001). A Sociedade Internacional de Economia Ecológica (*The International Society for Ecological Economics* – ISEE) surgiu oficialmente a partir de um encontro de estudiosos em Barcelona, em 1987. Entretanto, suas raízes remontam a um primeiro encontro para discutir uma possível integração entre os campos da ciência econômica e da ciência ecológica (JANSSON, 1984).

Apesar de a Economia Ecológica ser formalmente reconhecida a partir desse período, May (1994) destaca que os conceitos basilares da crítica da teoria neoclássica possuem uma história mais pregressa. Ciriacy-Wantrup (1952) propôs os Padrões Mínimos de Segurança (*Minimum Standards of Security*) como critérios para definir quais recursos deveriam ser considerados críticos para a preservação. Nicholas Georgescu-Roegen (1971) aplicou a segunda Lei da Termodinâmica ao problema do fluxo de energia na economia humana, sugerindo que a crescente entropia imporia limites ao crescimento. A economia do estado estável postulada por Herman Daly (1974) fundamentou-se no mesmo princípio.

De acordo com Costanza e Daly (1991), a Economia Ecológica pode ser definida como um campo transdisciplinar que estabelece relações entre os ecossistemas e o sistema econômico. Seu objetivo é agregar os estudos de ecologia e de economia, viabilizando extrapolar suas concepções convencionais, procurando tratar a questão ambiental de forma sistêmica e harmoniosa, buscando a formulação de novos paradigmas. A Economia Ecológica é dinâmica, sistêmica e evolucionista. Seu foco principal é a relação do homem com a natureza e a compatibilidade entre crescimento demográfico e disponibilidade de recursos.

A Economia Ecológica pressupõe uma abordagem mais preventiva contra os impactos ambientais iminentes, advogando a conservação dos recursos naturais a partir de uma perspectiva que considere de maneira adequada as necessidades das futuras gerações. Essa abordagem postula que os limites ao crescimento fundamentados na escassez dos recursos naturais e sua capacidade de suporte são reais e, portanto, não necessariamente superáveis por meio do emprego da tecnologia. Significa dizer que, ao lado dos mecanismos tradicionais de alocação e distribuição mais comuns na análise econômica, a economia ecológica acrescenta o conceito de escala, no que diz respeito ao volume físico de matéria e energia que é convertido e absorvido nos processos entrópicos da expansão econômica (*throughput*). Assim, a escala sustentável se adapta gradativamente às inovações tecnológicas, de modo que a capacidade de suporte não se deteriore com o tempo (DALY, 1992).

Pode-se dizer que a diferença mais significativa entre a Economia Ecológica e a Economia Ambiental Tradicional diz respeito ao fato de que o núcleo desta última relaciona-se à teoria das externalidades ou teoria dos custos externos. Em outras palavras, não há valoração da degradação ambiental e a utilização dos recursos naturais. Assim sendo, não há base para compensação.

O Quadro 3.1 apresenta as diferentes ênfases entre a Economia Ecológica e a Economia Ambiental Tradicional.

Quadro 3.1 – Diferenças entre a Economia Ecológica e a Economia Ambiental Tradicional.

Economia Ecológica	Economia Ambiental Tradicional
1. Escala ótima	1. Alocação ótima e externalidades
2. Prioridade para sustentabilidade	2. Prioridade à eficiência

Continua

3. Necessidades realizadas e distribuição equitativa	3. Bem-estar ótimo ou eficiência de Pareto
4. O desenvolvimento sustentável, a nível mundial e Norte/Sul	4. O crescimento sustentável em modelos abstratos
5. Pessimismo Crescimento e escolha difícil	5. Otimismo de crescimento e opções "ganha-ganha"
6. Coevolução imprevisível	6. Otimização determinística do bem-estar intertemporal
7. Foco no longo prazo	7. Foco no curto e médio prazo
8. Completa, integrativa e descritiva	8. Parcial, monodisciplinar e analítica
9. Concreta e específica	9. Abstrato e geral
10. Indicadores físicos e biológicos	10. Indicadores monetários
11. Análise de sistemas	11. Os custos externos e avaliação econômica
12. A avaliação multidimensional	12. Análise do custo-benefício
13. Modelos integrados com relações causa-efeito	13. Modelos de equilíbrio geral aplicado com custos externos
14. Racionalidade limitada individual e incerteza	14. Maximização da utilidade ou lucro
15. As comunidades locais	15. Mercado e isoladas indivíduos globais
16. Ética ambiental	16. O utilitarismo e o funcionalismo

Fonte: van den Bergh (2001).

Embora considerando a ecologia na análise da sustentabilidade, a Economia Ecológica carece de uma visão mais abrangente das prioridades sociais ligadas aos problemas ambientais, pois questões relativas em nível de emprego, definições de necessidades básicas e outros aspectos importantes da questão social não são incluídas na avaliação.

Para além dessa limitação, estudos nacionais e internacionais têm demonstrado a fragilidade da ainda persistente dicotomia entre os conceitos econômicos e ecológicos. Assim, como propõem Unal, Basaran e Kendirli (2014), uma relação bilateral positiva entre a economia e o ambiente pode ser desenvolvida a partir da concepção da sustentabilidade.

No âmbito mais geral, as teorias de gestão propõem que a incorporação de práticas ambientais nas operações de negócios pode levar a uma vantagem competitiva sustentável e, possivelmente, a uma criação integrada dos valores corporativo e ambiental.

Não obstante a isso, a relação entre economia e meio ambiente é considerada por pesquisadores e profissionais da área sob duas perspectivas antagônicas. A primeira considera que decisões estratégicas com ambiciosos objetivos ambientais apresentam custos econômicos reais e bastante significativos. A segunda, por sua vez, entende que os interesses das partes (*stakeholders*) podem ser plenamente satisfeitos.

Para Hoffman et al. (1999), algumas práticas ambientais podem ser consideradas como fontes criadoras de benefícios mútuos, ao passo que outras terão um preço muito elevado, não podendo, portanto, ser compensadas dentro da estrutura econômica vigente.

Referências

CIRIACY-WANTRUP, S. *Resource conservation: economics and policies*. Berkeley: University of California Press, 1952.

COASE, R. H. The problem of social cost. *Journal of Law & Economics*, v. 3, n.1, p. 01-44, out. 1960. Disponível em: <http://econ.ucsb.edu/~tedb/Courses/UCSBpf/readings/coase.pdf>. Acesso em: 21 set. 2016.

CONSTANZA, R.; DALY, H. *Toward an ecological economics*. modelling ecological. Nova York: Elsevier, 1991.

DALY, H. (Org.). *Toward a steady-state economy*. São Francisco: W.H. Freeman, 1974.

_____. Allocation, distribution, and scale: towards an economics that is efficient, just, and sustainable . *Ecological Economics*, v. 6, p. 185-93, 1992.

ENRÍQUEZ, M. A. Economia dos recursos naturais. In: *Economia do meio ambiente*: teoria e prática. 2. ed. Rio de Janeiro: Elsevier, 2010.

GEORGESCU-ROEGEN, N. *The entropy law and the economic process*. Cambridge, MA: Harvard University Press, 1971.

HOFFMAN, A. J.; GILLESPIE, J. J.; MOORE, D. A.; WADE-BENZONI, K. A.; THOMPSON, L. L.; BAZERMAN, M. H. A mixed-motive perspective on the economics versus environment debate. *American Behavioral Scientist*, v. 42, p. 1254-1276, 1999.

JACOBI, P. Resenha/Book Reviews. *Ambiente & Sociedade*, v. IX, n. 1, jan./jun. 2006.

JANSSON, A. M. (Ed.). Integration of economy and ecology: an outlook for the eighties. In: Proc Wallenberg Conference on Energy and Economics, Sundt Offset, Stockholm, 1984.

LIBANORI, A. *A aplicação de mecanismos econômicos na política de controle da poluição*. Tese de Mestrado apresentada à Pontifícia Universidade Católica (PUC) de São Paulo, 1990.

MAIMON, D. *Ensaios sobre economia do meio ambiente*. Rio de Janeiro: APED (Associação de Pesquisa e Ensino em Ecologia e Desenvolvimento), 1992.

MAY, P. Economia ecológica e desenvolvimento equitativo no Brasil. In: CAVALCANTI, C. (Org.). *Desenvolvimento e natureza*: estudos para uma sociedade sustentável. Recife: Instituto de Pesquisas Sociais (INPSO), Fundação Joaquim Nabuco (FUNDAJ), Ministério da Educação, 1994.

PORTILHO, F. *Sustentabilidade ambiental, consumo e cidadania*. São Paulo. Cortez Editora, 2005.

SUNKEL, O. La interacción entre los estilos de desarollo y el medio ambiente in America Latina. *Revista de La CEPAL*, Santiago, Naciones Unidas, n. 12, dic. 1980.

UNAL, G.; BASARAN, M. S.; KENDIRLI, S. Sustainable environment and in the context of environment economy necessary and an analyze. *Journal of Economic Development, Environment and People*, v. 3. n. 4, p. 5-14, 2014.

VAN DEN BERGH, J. C. J. M. Ecological economics: themes, approaches, and differences with environmental economics. *Regional Environmental Change*, v. 2, n. 1, p. 13-23, 2001.

Questões para discussão

1. Com base nos autores citados no capítulo, como eram as visões keynesianas e marxistas com relação ao meio ambiente?
2. Cite e comente resumidamente as principais correntes econômicas relativas à questão do meio ambiente.
3. Diferencie os principais aspectos da Economia Ecológica e da Economia Ambiental Tradicional.
4. Qual a principal crítica que se pode fazer sobre a Economia Ecológica de acordo com o texto?

4
A Questão Ambiental na Empresa

4.1
INTRODUÇÃO

Cada vez mais a questão ambiental está se tornando matéria obrigatória das agendas dos executivos de empresas nacionais e internacionais. A globalização dos negócios, a internacionalização dos padrões de qualidade ambiental descritos na série ISO 14000, a conscientização crescente dos atuais consumidores e a disseminação da educação ambiental nas escolas permitem antever que a exigência futura que farão os futuros consumidores em relação à preservação do meio ambiente e à qualidade de vida deverão se intensificar. Diante disso, as organizações deverão inexoravelmente, incorporar a variável ecológica na prospecção de seus cenários e na tomada de decisão, além de manter uma postura responsável de respeito à questão ambiental.

Dessa forma, o gerenciamento da variável ambiental passa a ser o *core business* da gestão ambiental que passa a ganhar popularidade no âmbito corporativo, no final dos anos 1980 e início dos anos 1990, ao lado do conceito de desenvolvimento sustentável. Nessa época, a gestão ambiental tornou-se mais solidamente estabelecida em algumas organizações, sobretudo nas multinacionais do setor químico, que passaram a definir suas políticas ambientais, além de buscar oportunidades estratégicas proativas (PEREIRA et al., 2014).

Na década de 1990, muitas empresas começaram a integrar a questão ambiental nas suas estratégias de negócios, surgindo um novo paradigma ambiental, o qual Varadarajan (1992) chamou de *"enviropreneurial marketing"*, uma modalidade de atividade de marketing que traz benefícios tanto à empresa quanto ao meio ambiente, atendendo, por assim dizer, tanto a economia da firma quanto os objetivos de desempenho social.

González-Benito e González-Benito (2005) entendem que a empresa demonstra efetivamente seu compromisso com o meio ambiente, por meio da incorporação dos objetivos ambientais no sistema de gestão, sendo este entendido como um mecanismo por meio do qual os objetivos organizacionais são definidos, recursos e responsabilidades para alcança-los são alocados e os resultados obtidos são avaliados, no intuito de corrigir adequadamente qualquer desvio no processo.

A experiência das empresas pioneiras permite identificar resultados econômicos e resultados estratégicos do engajamento da organização na causa ambiental. Esses resultados, porém, não se viabilizam de imediato, há necessidade de que sejam corretamente planejados e organizados todos os passos para a interiorização da variável ambiental na organização para que ela possa atingir, no menor prazo possível, o conceito de excelência ambiental, que lhe trará importante vantagem competitiva.

O Quadro 4.1 sintetiza os dez passos necessários para excelência ambiental conforme propostos por Elkington e Burke (1989).

Quadro 4.1 – Dez passos necessários para a excelência ambiental.

1	Desenvolva e publique uma política ambiental.
2	Estabeleça metas e continue a avaliar os ganhos.
3	Defina claramente as responsabilidades ambientais de cada uma das áreas e do pessoal administrativo (Linha ou Assessoria).
4	Divulgue interna e externamente a política, os objetivos e metas e as responsabilidades.
5	Obtenha recursos adequados.
6	Eduque e treine seu pessoal e informe os consumidores e a comunidade.
7	Acompanhe a situação ambiental da empresa e faça auditorias e relatórios.
8	Acompanhe a evolução da discussão sobre a questão ambiental.
9	Contribua para os programas ambientais da comunidade e invista em pesquisa e desenvolvimento aplicados à área ambiental.
10	Ajude a conciliar os diferentes interesses existentes entre todos os envolvidos: empresa, consumidores, comunidade, acionistas etc.

Fonte: Elkington e Burke (1989).

A rigor, a eficácia da gestão ambiental corporativa é medida em relação à somatória da eficiência dos processos de gestão e desempenho ambientais alcançados pelas organizações (TUNG et al., 2014).

Há mais de cinco dezenas de definições/conceitos apresentados na literatura nacional e internacional sobre gestão ambiental. Entendemos gestão ambiental empresarial como um conjunto de políticas e procedimentos internos, elaborados a partir da inserção da variável ecológica no âmbito da organização, influenciando desde a formulação de sua estratégia corporativa e seus desdobramentos, passando pela disponibilização do produto/serviço final no mercado e, quando for o caso, a responsabilização pelo recolhimento e correta destinação das embalagens e materiais descartados, sempre visando o seu melhor desempenho ambiental (OLIVEIRA, 2015).

4.2 POSICIONAMENTO DA EMPRESA

Quando consideramos a questão ambiental do ponto de vista empresarial, a primeira dúvida que surge diz respeito ao aspecto econômico. A ideia que prevalece é de que qualquer providência que venha a ser tomada em relação à variável ambiental traz consigo o aumento de despesas e o consequente acréscimo dos custos do processo produtivo.

Algumas empresas, porém, têm demonstrado que é possível ganhar dinheiro e proteger o meio ambiente mesmo não sendo uma organização que atua no chamado "mercado verde", desde que as empresas possuam certa dose de criatividade e condições internas que possam transformar as restrições e ameaças ambientais em oportunidades de negócios.

Entre essas oportunidades, podemos citar a reciclagem de materiais que tem trazido uma grande economia de recursos para as empresas; o reaproveitamento dos resíduos internamente ou sua venda para outras empresas por meio de Bolsas de Resíduos ou negociações bilaterais; o desenvolvimento de novos processos produtivos com a utilização de tecnologias mais limpas ao ambiente, que se transformam em vantagens competitivas e até mesmo possibilitam a venda de patentes; o desenvolvimento de novos produtos para um mercado cada vez maior de consumidores conscientizados com a questão ecológica, geração de materiais de grande valor industrial a partir do lodo tóxico, estações portáteis de tratamento, miniusinas para uso de pequenas empresas e o aparecimento de um mercado de trabalho promissor ligado à variável ambiental que deverá envolver auditores ambientais, gerentes de meio ambiente, profissionais do Direito com especialização na legislação ambiental, bem como o incremento de novas funções técnicas específicas.

Até que ponto as considerações acima estão claras na cabeça dos dirigentes empresariais nacionais não sabemos, mas é certo que todos eles gostariam de saber até que ponto o "seu negócio" seria afetado pelo aumento da consciência ecológica dos consumidores e pelas exigências da legislação.

Para responder a esse anseio, North (1992), apresenta uma avaliação do posicionamento da empresa em relação à questão ambiental, em que pode ser avaliado o perfil da organização segundo diversas variáveis, indicando se para cada um dos quesitos colocados, a empresa apresenta características "amigáveis" ou "agressivas" em relação ao meio ambiente, conforme podemos verificar no Quadro 4.2.

Quadro 4.2 – Posicionamento da empresa em relação à questão ambiental.

Empresas agressivas Variáveis (Alta poluição)	Classificação					Empresas amigáveis Variáveis (Baixa poluição)
	1	2	3	4	5	
1. Ramo de atividade						
2. Produtos						
- MP não renováveis - Não há reciclagem - Não há aprov. resíduos - Poluidores - Alto consumo energia						- MP renováveis - Reciclagem - Reaproveitamento de resíduos - Não poluidores - Baixo consumo energia
3. Processo						
- Poluente - Resíduos perigosos - Alto consumo energia - Uso ineficiente dos recursos - Alto índice de insalubridade						- Não poluentes - Poucos resíduos - Baixo consumo energia - Uso eficiente dos recursos - Baixo índice de insalubridade
4. Consciência ambiental						
- Consumidores não conscientes						- Consumidores conscientes
5. Padrões ambientais						
- Baixos padrões - Não obediência às restrições						- Altos padrões - Obediência às restrições
6. Comprometimento gerencial						
- Não comprometido						- Comprometido
7. Nível de capacitação do pessoal						
- Baixo - Acostumado a velhas tecnologias						- Alto - Voltado para novas tecnologias
8. Capacidade de P&D						
- Baixa criatividade - Longos ciclos de desenvolvimento						- Alta criatividade - Curtos ciclos de desenvolvimento
9. Capital						
- Ausência de capital - Pouca possibilidade de empréstimos						- Existência de capital - Alta possibilidade de empréstimos

Classificação

1 = Empresa muito ameaçada pela questão ambiental

5 = Questão ambiental constitui oportunidades de crescimento

Fonte: Adaptado de North (1992).

De acordo com o autor, para a correta avaliação de posição da empresa há a necessidade de considerarmos as seguintes variáveis:

a) RAMO DE ATIVIDADE DA EMPRESA

À primeira vista pode ser considerado o mais importante indicador da ameaça que a organização pode causar ao meio ambiente e dos custos que se fazem necessários para atender às exigências da regulamentação ambiental. Dados da Comissão Mundial sobre Meio Ambiente e Desenvolvimento, colocam entre os setores industriais mais poluentes: as indústrias químicas, de papel e celulose, de ferro e aço, de metais não ferrosos (por ex.: alumínio), de geração de eletricidade, de automóveis e de produtos alimentícios. Conhecer apenas o ramo, porém, não é suficiente, visto que os níveis de tecnologia e de produção podem variar muito de uma região para outra e mesmo de uma empresa para outra. Isso é particularmente verdadeiro num país grande como o Brasil, onde as exigências ambientais e de tecnologias limpas estão mais circunscritas aos grandes centros urbanos.

b) PRODUTOS

A conceituação da empresa ambientalmente amigável é determinada não só pelas características de seu processo produtivo, mas também pelos produtos que fabrica. Assim sendo, produtos obtidos de matérias-primas renováveis ou recicláveis, que não agridem o meio ambiente e que têm baixo consumo de energia devem ter a preferência das organizações engajadas na causa ambiental.

c) PROCESSO

Um processo para ser considerado ambientalmente amigável deve estar próximo dos seguintes objetivos:

- poluição zero;
- nenhuma produção de resíduos;
- nenhum risco para os trabalhadores;
- baixo consumo de energia; e
- eficiente uso dos recursos.

Para saber quanto a empresa está próxima ou longe desses objetivos ideais, é necessário que ela faça uma estimativa de seu balanço ambiental, levando em consideração todas as entradas e saídas do processo produtivo. Tal estimativa deve também levar em conta os padrões ambientais estabelecidos na busca de não apenas obedecê-los, mas também sempre que possível, de superá-los. Essa meta deve ser continuamente buscada porque hoje ainda não se conhecem as consequências que determinadas substâncias podem acarretar no longo prazo e também porque os padrões estabelecidos, muitas vezes por questões econômicas e políticas, podem estar muito aquém das reais necessidades sociais, provocando efeitos adversos ao meio ambiente que só serão avaliados no futuro.

d) CONSCIENTIZAÇÃO AMBIENTAL

A inexistência de consumidores conscientizados em relação à causa ambiental pode dar falsa impressão de que a empresa não está ameaçada pela crescente ampliação dos produtos amigáveis ao ambiente no mercado de bens e serviços. Essas empresas podem ser pegas de surpresa pelos concorrentes que eventualmente já incorporaram essa variável em seu processo de tomada de decisão e na avaliação de seus cenários e que poderão tirar substanciais e permanentes vantagens desse seu pioneirismo.

Acompanhar o crescimento das reivindicações ambientais e a sua transformação em novas ideologias e valores sociais que se consubstanciam em mudanças na legislação e em regulamentações mais severas é tarefa muito importante para a sobrevivência e lucratividade da empresa no longo prazo.

e) PADRÕES AMBIENTAIS

Há uma correlação direta entre a conscientização da sociedade e os padrões ambientais estabelecidos. Assim, quanto maior a pressão social mais restrita é sua legislação ambiental. A princípio, isso pode parecer uma grande ameaça para as empresas, porém existem inúmeros exemplos de que isso não é uma verdade absoluta. Nos países onde as restrições ambientais são mais severas, como Japão, Alemanha, Suécia etc., suas organizações desenvolveram excelentes oportunidades de novos negócios, relacionados com a questão ambiental, que atualmente estão inclusive exportando *know-how* para outros países.

f) COMPROMETIMENTO GERENCIAL (linha e *staff*)

No nível interno da organização, a mudança mais importante que pode ser conseguida em relação à questão ambiental é o comprometimento gerencial, tanto das posições de linha como de *staff*. Esse comprometimento dissemina no seio da organização a formação de um clima propício ao surgimento de esquemas e círculos de qualidade ambientais, bancos de sugestões, auditorias etc., que se traduzem em uma contínua busca de melhorias.

Como a questão ambiental está em evidência, muitas empresas têm-se engajado nessa onda apenas no discurso e não por meio de ações efetivas, pois não conseguem nem mesmo sensibilizar seus próprios executivos de que a preocupação com a proteção ao meio ambiente é realmente um objetivo empresarial importante a ser alcançado. Caso esses executivos não estejam realmente conscientizados e comprometidos com a causa ambiental, qualquer iniciativa nesse sentido será apenas superficial e efêmera.

g) CAPACITAÇÃO DO PESSOAL

Estar comprometida com a preservação do meio ambiente exige que a empresa enfrente eficientemente esse desafio. Baixos níveis de poluição podem estar ligados a novos equipamentos, tecnologias mais novas que podem provocar mudanças nos processos e produtos. Além dos investimentos em novas máquinas, instalações e equipamentos, tal posição implica necessariamente a existência de um pessoal competente e convenientemente treinado que seja capaz de transformar os planos idealizados em ações efetivas e eficazes.

h) CAPACIDADE DA ÁREA DE P, D&I

As empresas ambientalmente orientadas têm demonstrado ser capazes de se antecipar e reagir rapidamente às mudanças do mercado e à legislação ambiental. Isso se deve a seu desempenho e criatividade em desenvolver novos processos e novos produtos ou modificar os existentes. O aparecimento de detergentes biodegradáveis, tratamento físico-químico de efluentes, serviços de administração de resíduos, novas tecnologias de reciclagem etc. foram resultados de bem sucedidos projetos de P, D&I.

Assim, as organizações que possuem na área de P, D&I, equipes flexíveis e criativas, que se caracterizam por ciclos curtos de desenvolvimento de processos e produtos e que estão atualizadas com as informações sobre novas tecnologias, podem não só viabilizar a causa ambiental internamente, mas também transformar esse *know-how* em atividades de consultoria para outras empresas, desenvolvendo dessa forma grandes oportunidades de negócios.

i) CAPITAL

A grande dúvida da empresa e que sempre se levanta é não saber se o investimento realizado com a questão ambiental será rentável, pois muitas vezes pode levar muito tempo para conseguir o retorno desse investimento.

Como o retorno do investimento não pode ser previsto em termos determinísticos, sempre haverá necessidade de aporte de capitais próprios ou de terceiros para que a empresa se integre na causa ambiental. Para minimizar esse impacto, porém, as empresas poderão negociar com os órgãos governamentais de controle acordos que resultem em cronogramas mais amplos e padrões de emissão decrescentes que poderão viabilizar ao longo do tempo, objetivos difíceis de ser alcançados no curto prazo.

Concluindo, a verificação de posicionamento de empresa em relação a esses aspectos, permitirá avaliar até que ponto os negócios da empresa poderão ser atingidos pela variável ambiental.

4.3
POR QUE SE INTEGRAR NA CAUSA AMBIENTAL?

Nos anos 1980, na Alemanha, muitas empresas começaram a verificar que as despesas realizadas com a proteção ambiental podem, paradoxalmente, transformar-se numa vantagem competitiva. A Figura 4.1 ilustra os motivos pelos quais as empresas se sentem encorajadas a aceitar a responsabilidade pela proteção ao meio ambiente. A figura foi adaptada a partir do entendimento da Associação Alemã de Gestão Ambiental, entidade sem fins lucrativos, fundada em 1984, com mais de 550 empresas filiadas.

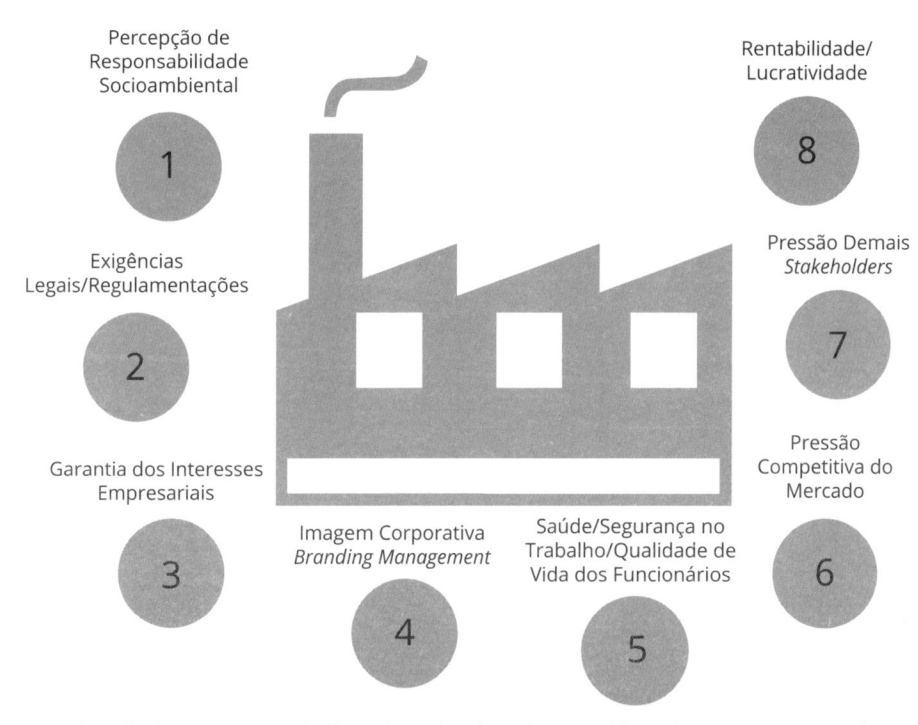

Figura 4.1 – Motivação para a proteção ambiental na empresa.

- 1 - Percepção de Responsabilidade Socioambiental
- 2 - Exigências Legais/Regulamentações
- 3 - Garantia dos Interesses Empresariais
- 4 - Imagem Corporativa *Branding Management*
- 5 - Saúde/Segurança no Trabalho/Qualidade de Vida dos Funcionários
- 6 - Pressão Competitiva do Mercado
- 7 - Pressão Demais *Stakeholders*
- 8 - Rentabilidade/Lucratividade

Fonte: Adaptado de BAUM – Bundesdeutscher Arbeitskreis für Unweltbewubtes Management (s.d.).

Diante disso, muitas organizações passaram gradualmente a incluir na gestão de seus negócios a dimensão ecológica. De início, isso ocorreu de forma esporádica quando gerentes e empresários começaram a desenvolver programas de reciclagem, de economia de energia, de aproveitamento dos resíduos etc. em suas empresas. Essas práticas disseminaram-se rapidamente e logo muitas organizações passaram a desenvolver sistemas administrativos em consonância com a causa ambiental.

O mais bem-sucedido desses programas, desenvolvido por Georg Winter, em 1989, foi o Sistema Integrado de Gestão Ambiental, conhecido hoje simplesmente como o Modelo Winter. Posteriormente, diversas empresas juntaram-se para formar a Associação Federal de Administração Ecologicamente Consciente (BAUM) com o propósito de promover e melhorar o Modelo Winter.

Segundo Winter (1987), há seis razões principais pelas quais um gerente responsável (e com os interesses da sua própria empresa) deveria aplicar o princípio da gestão ambiental em sua empresa:

- sem empresas orientadas para o ambiente, não poderá existir uma economia orientada para o ambiente – e sem esta última não se poderá esperar para a espécie humana uma vida com o mínimo de qualidade;
- sem empresas orientadas para o ambiente, não poderá existir consenso entre o público e a comunidade empresarial – e sem consenso entre ambos não poderá existir livre economia de mercado;
- sem gestão ambiental da empresa, a empresa perderá oportunidades no mercado em rápido crescimento e aumentará o risco de sua responsabilização por danos ambientais, traduzida em enormes somas de dinheiro, pondo dessa forma em perigo seu futuro e os postos de trabalho dela dependentes;
- sem gestão ambiental da empresa, os conselhos de administração, os diretores executivos, os chefes de departamentos e outros membros do pessoal verão aumentada sua responsabilidade em face de danos ambientais, pondo assim em perigo seu emprego e sua carreira profissional;
- sem gestão ambiental da empresa, serão potencialmente desaproveitadas muitas oportunidades de redução de custos;
- sem gestão ambiental da empresa, os homens de negócios estarão em conflito com sua própria consciência – e sem autoestima não poderá existir verdadeira identificação com o emprego ou a profissão.

Por outro lado, North (1992), além de caracterizar os benefícios da gestão ambiental que estão descritos no Quadro 4.3, enumera os seguintes argumentos para que uma empresa se engaje na causa ambiental:

- Aceite primeiro o desafio ambiental antes que seus concorrentes o façam.
- Seja responsável em relação ao meio ambiente e torne isso conhecido. Demonstre aos clientes, fornecedores, governo e comunidade que a empresa leva as questões ambientais a sério e que desenvolve práticas ambientais de forma eficiente.
- Utilize formas de prevenir a poluição. Ser considerada uma empresa amigável ao ambiente, especialmente se ela supera as regulamentações exigidas, propicia vantagens de imagem em relação aos concorrentes, consumidores, comunidade e órgãos governamentais.
- Ganhe o comprometimento do pessoal. Com o crescimento da preocupação ambiental, as pessoas não querem trabalhar em organizações consideradas como poluidoras do meio ambiente. Ter empregados interessados, dedicados e comprometidos depende também de uma imagem institucional positiva.

Quadro 4.3 – Benefícios da gestão ambiental.

BENEFÍCIOS ECONÔMICOS
Economias de Custos • Economia devido à redução do consumo de água, energia e outros insumos. • Economia devido à reciclagem venda e aproveitamento de resíduos e diminuição de efluentes. • Redução de multas e penalidades por poluição. Incremento de Receita • Aumento da contribuição marginal de "produtos verdes" a partir da agregação de valor. • Linhas de novos produtos para novos mercados para novos mercados. • Aumento da demanda para produtos que contribuam para a diminuição da poluição.
BENEFÍCIOS ESTRATÉGICOS
• Melhoria da imagem institucional. • Renovação e ampliação do portfólio de produtos/serviços. • Aumento da eficiência nos processos. • Aumento da produtividade. • Possibilidades de aumento no comprometimento dos atores envolvidos. • Expansão da criatividade e, consequente preparo para novos desafios. • Melhoria das relações com os órgãos governamentais, comunidade, ONGs. • Melhoria das relações com demais *stakeholders*. • Aumento de oportunidades de acesso ao mercado externo. • Melhor adequação aos padrões ambientais.

Fonte: Adaptado de North (1992).

4.4 PRINCÍPIOS DE GESTÃO AMBIENTAL

No relatório da Comissão Mundial sobre Meio Ambiente e Desenvolvimento (ONU), denominado "Nosso Futuro Comum", ficou muito clara a importância da preservação ambiental para que consigamos o Desenvolvimento Sustentado.

Nesse sentido, a Câmara de Comércio Internacional (CCI), reconhecendo que a proteção ambiental se inclui entre as principais prioridades a serem buscadas por qualquer tipo de negócio definiu, em 27 de novembro de 1990, uma série de princípios de gestão ambiental.

Assim, para ajudar as empresas ao redor do mundo a melhorar seu desempenho ambiental, a Câmara de Comércio Internacional estabeleceu o denominado *Business Charter For Sustainable Development*, que inclui uma série de princípios que deverão ser buscados pelas organizações. Eles compreendem 16 princípios para

Gestão Ambiental que, sob a ótica das organizações, são essenciais para atingirmos o Desenvolvimento Sustentado.

PRINCÍPIOS DE GESTÃO AMBIENTAL

1. PRIORIDADE ORGANIZACIONAL
   - Reconhecer que a questão ambiental está entre as principais prioridades da empresa e que ela é uma questão-chave para o Desenvolvimento Sustentado.
   - Estabelecer políticas, programas e práticas no desenvolvimento das operações que sejam adequadas ao meio ambiente.

2. GESTÃO INTEGRADA
   - Integrar as políticas, programas e práticas ambientais intensamente em todos os negócios como elementos indispensáveis de administração em todas suas funções.

3. PROCESSO DE MELHORIA CONTÍNUA
   - Continuar melhorando as políticas corporativas, os programas e a *performance* ambiental, tanto no mercado interno quanto externo, levando em conta o desenvolvimento tecnológico, o conhecimento científico, as necessidades dos consumidores e os anseios da comunidade, tendo como ponto de partida as regulamentações ambientais.

4. EDUCAÇÃO DO PESSOAL
   - Educar, treinar e motivar o pessoal, no sentido de que possam desempenhar suas tarefas de forma responsável em relação ao ambiente.

5. PRIORIDADE DE ENFOQUE
   - Considerar as repercussões ambientais antes de iniciar nova atividade ou projeto e antes de construir novos equipamentos e instalações adicionais ou de abandonar alguma unidade produtiva.

6. PRODUTOS E SERVIÇOS
   - Desenvolver e fabricar produtos e serviços que não sejam agressivos ao ambiente e que sejam seguros em sua utilização e consumo, que sejam eficientes no consumo de energia e de recursos naturais e que possam ser reciclados, reutilizados ou armazenados de forma segura.

7. ORIENTAÇÃO AO CONSUMIDOR
   - Orientar e, se necessário, educar consumidores, distribuidores e o público em geral sobre o correto e seguro uso, transporte, armazenagem e descarte dos produtos produzidos.

8. EQUIPAMENTOS E OPERACIONALIZAÇÃO
   - Desenvolver, desenhar e operar máquinas e equipamentos levando em conta o eficiente uso de água, energia e matérias-primas, o uso sustentável dos recursos renováveis, a minimização dos impactos negativos ao ambiente e a geração de poluição e o uso responsável e seguro dos resíduos existentes.

9. PESQUISA
   - Conduzir ou apoiar projetos de pesquisas que estudem os impactos ambientais das matérias-primas, produtos, processos, emissões e resíduos associados ao processo produtivo da empresa, visando à minimização de seus efeitos.

10. ENFOQUE PROATIVO
    - Modificar a manufatura e o uso de produtos ou serviços e mesmo os processos produtivos, de forma consistente com os mais modernos conhecimentos técnicos e científicos, no sentido de prevenir as sérias e irreversíveis degradações do meio ambiente.

11. FORNECEDORES E SUBCONTRATADOS
    - Promover a adoção dos princípios ambientais da empresa junto dos subcontratados e fornecedores encorajando e assegurando, sempre que possível, melhoramentos em suas atividades, de modo que elas sejam uma extensão das normas utilizadas pela empresa.

12. PLANOS DE EMERGÊNCIA
    - Desenvolver e manter, nas áreas de risco potencial, planos de emergência, idealizados em conjunto entre os setores da empresa envolvidos, os órgãos governamentais e a comunidade local, reconhecendo a repercussão de eventuais acidentes.

13. TRANSFERÊNCIA DE TECNOLOGIA
    - Contribuir na disseminação e transferência das tecnologias e métodos de gestão que sejam amigáveis ao meio ambiente junto aos setores privado e público.

14. CONTRIBUIÇÃO AO ESFORÇO COMUM
    - Contribuir no desenvolvimento de políticas públicas e privadas, de programas governamentais e iniciativas educacionais que visem à preservação do meio ambiente.

15. TRANSPARÊNCIA DE ATITUDE
    - Propiciar transparência e diálogo com a comunidade interna e externa, antecipando e respondendo a suas preocupações em relação aos riscos potenciais e impacto das operações, produtos e resíduos.

16. ATENDIMENTO E DIVULGAÇÃO
    - Medir a *performance* ambiental. Conduzir auditorias ambientais regulares e averiguar se os padrões da empresa cumprem os valores estabelecidos na legislação. Prover periodicamente informações apropriadas para a Alta Administração, acionistas, empregados, autoridades e o público em geral.

4.5 ASPECTOS PRÁTICOS DA GESTÃO AMBIENTAL NA EMPRESA

4.5.1 Por onde começar?

Na verdade, há várias maneiras pelas quais uma organização pode incorporar a questão ambiental. Uma primeira possibilidade seria verificando o posicionamento da empresa em Relação ao Desafio Ambiental para se certificar em quais variáveis a empresa teve baixa avaliação.

Outra abordagem seria aquela que, sob o aspecto ambiental, envolve a identificação das ameaças e oportunidades relacionando-as com os pontos fortes e fracos da empresa. A discussão da situação da empresa e o desenvolvimento de cenários futuros resultarão em novos direcionamentos e planos que permitirão tirar vantagens das oportunidades possíveis, prevenir as ameaças potenciais, aprimorar os pontos fortes e minimizar ou eliminar os pontos fracos.

North (1992) propõe um exemplo de dinâmica de grupo entre os executivos da empresa que discutiriam as seguintes questões:

1. Quais são os pontos fortes referentes à questão ambiental da empresa e de seus diferentes departamentos funcionais?
   Efetuar essa análise considerando os seguintes itens:
   - produtos amigáveis ao ambiente;
   - processos produtivos que economizam recursos e não provocam riscos ao ambiente;
   - imagem corporativa em relação à causa ambiental;
   - compromisso da gerência e do pessoal com a proteção ambiental;
   - capacidade da área de P&D para tecnologias e produtos "limpos".

2. Quais são os pontos fracos relativos à questão ambiental?
   Considerar na avaliação o seguinte:
   - produtos que não podem ser reciclados;
   - embalagens, recipientes etc. não recicláveis;
   - processos poluentes;
   - efluentes perigosos;
   - imagem poluidora;
   - pessoal não engajado na questão ambiental.

3. Quais são as oportunidades relacionadas à questão ambiental?
   Fazer esta avaliação, considerando:
   - entrada em novos mercados;
   - a possibilidade de transformar produtos tradicionais em produtos ambientalmente amigáveis;
   - assegurar a sobrevivência da empresa pela manutenção de uma boa imagem ambiental;
   - aumentar o desempenho dos fornecedores e colaboradores estabelecendo novos objetivos para a proteção ambiental;
   - a possibilidade de economizar recursos, energia e custos.

4. Quais são as ameaças pertinentes à questão ambiental?
   Considerar na análise o seguinte:
   - avanço da legislação ambiental e a possibilidade de investimentos adicionais e diminuição dos lucros;
   - intervenção governamental nas atividades produtivas atuais;
   - atuação dos grupos ecológicos;
   - desempenho dos concorrentes referentes à questão ambiental.

A discussão dessas questões permitirá a elaboração e o estabelecimento de um plano em que a estratégia ambiental da empresa se estenderá progressivamente a todos seus setores, de forma que, num curto período de tempo, o conjunto das principais funções administrativas –o planejamento, a organização, a direção e o controle da organização – considere com a mesma atenção os resultados econômicos, financeiros e ambientais.

Convém lembrar que a existência de um plano ambiental formal, embora importante, não é suficiente, pois a transformação da questão ambiental em um valor da organização vai depender das ações da Alta Administração e de suas gerências. Os exemplos que elas darão sobre a importância do meio ambiente provocarão consequências no resto da organização. O comparecimento em reuniões específicas e a prioridade das agendas indicarão se realmente a causa ambiental é importante. A omissão dessa questão nas reuniões ou sua inclusão ocasional podem sugerir baixa prioridade. As chefias e os subordinados captarão esse comportamento e agirão de acordo com essa percepção.

É bom não esquecer que os empregados serão os responsáveis por garantir a imagem ambiental da empresa internamente e disseminar isso junto à comunidade local onde vivem. Da mesma forma, os empresários e a Alta Administração têm importante papel na transmissão dessa imagem para o mundo exterior da empresa, notadamente junto à sociedade, ao governo e ao órgão de controle ambiental.

4.5.2
A organização da atividade/função ecológica

De que forma deve se estruturar uma empresa que pretende incluir a questão ambiental em sua organização?

- Deve ter uma atividade específica ou possuir uma função administrativa determinada?
- A existência de uma comissão interna para cuidar do assunto é adequada?
- Qual deve ser seu posicionamento na estrutura organizacional?
- Quais devem ser as atribuições administrativas dessa unidade?
- Qual deve ser o perfil do responsável por esta atividade/função?

a) COMO SE ESTRUTURAR?

A maneira pela qual a atividade/função ecológica deve ser estruturada depende do tipo de atividade a que a empresa se dedica e do tamanho da empresa.

Em função de seu ramo industrial, poderá haver maior ou menor envolvimento com a questão ambiental e, portanto, isso se traduzirá em arranjos organizacionais diferenciados, seja em nível das atividades/responsabilidades relativas à sua área de atuação, seja no exercício de sua autoridade e mesmo no entrosamento e na comunicação dessa atividade/função com as demais funções organizacionais. Nas pequenas empresas e mesmo em muitas empresas médias não existe uma atividade específica que cuida do meio ambiente, entendendo-se que isso deve ficar por conta do responsável pelo processo produtivo que, em última análise, deve ter a responsabilidade pelos danos que seus afluentes podem causar ao meio ambiente.

Atualmente, muitas empresas já estão conscientizadas da importância da questão ambiental e possuem uma atividade específica para cuidar desse problema que se encontra agregada junto à função de Produção, de Segurança, de Qualidade etc. Outras, notadamente as grandes empresas, já possuem uma função administrativa específica relacionada à variável ecológica que concentra todas as atividades relativas às questões ambientais.

Além do ramo industrial a que a empresa pertence, é extremamente importante para a definição da localização da variável ambiental na estrutura, o conhecimento de como essa problemática é concebida pela Alta Administração da empresa, qual sua influência no delineamento da política organizacional e como ela interfere no estabelecimento do planejamento estratégico. A forma com que cada uma das empresas encara a questão ambiental reflete-se em diferentes realidades que conduzem a distintas repercussões em nível interno e a vários arranjos organizacionais para o equacionamento dos problemas relativos à variável ecológica. Assim, se a variável ecológica é considerada importante dentro da organização, então, a área ou a função que a ela se relaciona possui *status*, prestígio e autoridade; caso contrário, transforma-se em uma atividade meramente acessória, que existe apenas para configurar que a empresa tem algo ou alguém para lidar com essa atividade, mas que não se traduz em uma ação efetiva e muito menos em um compromisso organizacional.

Em estudo realizado por Donaire (1992), a inserção de variável ecológica na organização obedece a uma sequência de três fases: percepção, compromisso e ação, confirmando o modelo descrito por Ackerman e Bauer descrito no Capítulo 1.

Assim, quando a empresa se encontra na fase da percepção, o que ocorre é que a cúpula administrativa entende que a variável ecológica é importante, que deve ser considerada na política organizacional, que há necessidade de pessoal especializado para sua monitoração, porém esse discurso não encontra apoio nos níveis hierárquicos mais baixos das empresas, restringindo-se ao âmbito da Alta Administração.

Quando a empresa, ciente da necessidade, contrata assessoria específica para lidar com a variável ambiental, tem início a fase do compromisso. A atuação da assessoria desencadeia um processo de disseminação do comprometimento organizacional, que começa a atingir os gerentes de linha com quem essa assessoria se relaciona e prepara o terreno para o surgimento da fase da ação.

A fase da ação, perceptível apenas nas empresas que buscam a excelência ambiental, é caracterizada pelo amadurecimento da variável ecológica dentro da organização que se evidencia pela incorporação de sua avaliação nas atividades de linha da estrutura, notadamente na função produtiva e na administrativa, modificando processos e produtos, exigindo aporte de recursos, interferindo na própria estrutura organizacional e tornando-se um dos fatores importantes da cultura organizacional.

No Brasil, a preocupação com a variável ambiental, por parte das nossas empresas, que tenha resultado em alterações em suas estruturas organizacionais é relativamente recente, não atingindo, em sua grande maioria, um quarto de século de existência. Assim, pode-se afirmar que a preocupação ecológica e sua interiorização organizacional é, sem dúvida, uma das características administrativas observadas nas décadas de 1970, 1980 e 1990, devendo se intensificar neste novo milênio.

O que se pode observar junto às empresas industriais brasileiras é que a interiorização da questão ambiental é fruto, num primeiro momento, de influências externas, provenientes da legislação ambiental e das pressões exercidas pela comunidade nacional e internacional que resultaram como consequência em repercussões no nível interno das organizações.

Ficou evidenciado também que nas organizações em que ocorreram problemas ambientais relevantes junto à comunidade onde se localizam, que resultaram em confrontos desgastantes com possibilidades de intervenções e até de fechamento da empresa, as atividades/responsabilidades da área de meio ambiente apresentam um nível de autoridade funcional muito alto, podendo, em alguns casos, intervir e parar o processo de produção. Quando isso não ocorreu, porém, notou-se que o prestígio da área ambiental é baixo, carecendo, portanto, de bases mais sólidas para sua atuação.

É de se esperar, porém, que naquelas empresas situadas em ramos industriais em que o envolvimento com a problemática ambiental é intenso, como é o caso dos setores de mineração, papel e celulose, químico, petroquímico, sucroenergético, entre outros, o nível de autoridade e influência da área de meio ambiente deve ampliar-se, à medida que se intensificarem as pressões e exigências que já existem nos países desenvolvidos.

Nas demais empresas, com potencial poluidor reduzido e com baixo nível de visibilidade junto à comunidade em que se localizam, a tendência é de que a área ambiental apresente nível de autoridade funcional reduzido. Essa situação só será modificada caso a área de meio ambiente venha ampliar seu nível de ligação com as demais unidades administrativas, potencializando sua atuação e tornando-se um importante fator a ser considerado dentro da estratégia e da política organizacional.

b) LOCALIZAÇÃO NA ESTRUTURA

A área que cuida da questão ambiental deve cobrir todas as atividades que envolvem seu relacionamento com a estratégia da organização, com as outras áreas funcionais, bem como com os aspectos ligados à poluição do meio ambiente, segurança do processo e do produto, higiene e segurança dos trabalhadores e com a prevenção de acidentes e danos ambientais. O tamanho dessa área vai depender do porte da empresa e do tipo de processo produtivo que ela possui.

Quando se incorpora pela primeira vez a área ambiental na estrutura organizacional, a dúvida inicial é saber onde tal atividade deve ser colocada. Na verdade, isso pode variar de empresa para empresa, porém, pode-se identificar que existem dois focos administrativos importantes que têm abrigado o surgimento dessa atividade dentro da organização funcional, como pode ser verificado na Figura 4.2:

Figura 4.2 – Localização da variável ecológica na estrutura organizacional.

1. Na função de Produção
2. Na função de Segurança

VARIÁVEL ECOLÓGICA
- Foco 1 → FUNÇÃO PRODUÇÃO — atividade linha ou atividade de apoio
- Foco 2 → FUNÇÃO SEGURANÇA — atividade de apoio

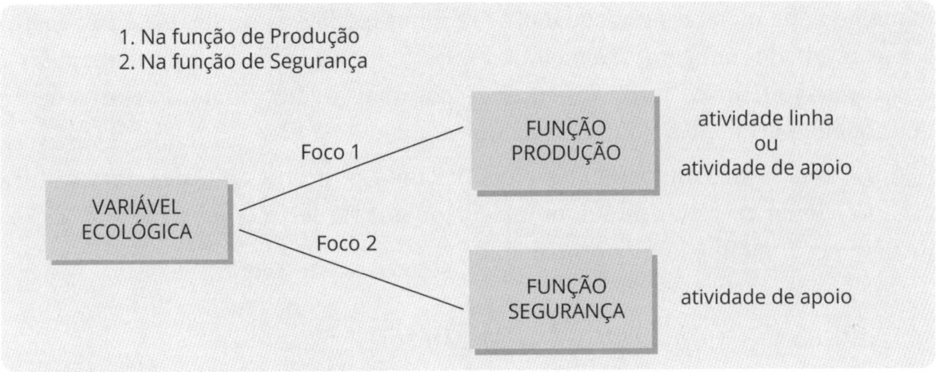

O primeiro foco ocorre na função ligada à atividade de produção por ficar claro que deve haver uma compatibilização entre produção e resíduos/efluentes e que não se pode dissociar a atividade produtiva de seus respectivos dejetos, seja para implementar modificações nos processos, seja para alterar os produtos ou os insumos produtivos. Nesse caso, a atividade ecológica pode ser uma atividade linha e/ou uma atividade de assessoria, embora neste último caso sua influência na atividade produtiva se fará de forma mais branda.

O segundo foco localiza-se, preferencialmente, na área de Segurança Industrial por haver certo consenso de que o conceito de segurança dentro da fábrica deve envolver, inclusive, a questão ambiental. A nosso ver, a área ambiental não se deve estar subordinada à área de Segurança Industrial, mas o contrário, a Segurança, a Higiene e a Saúde Ocupacional devem ser partes integrantes e subordinadas da área ambiental, que é muito mais ampla. Em alguns casos, já se observa a associação da área ambiental com a área da Qualidade, que denota boa afinidade, uma vez que tal associação evidencia a preocupação com a melhoria, com o desenvolvimento de uma postura mais responsável em relação à concepção e manutenção dos produtos e processos.

Qualquer que seja seu foco inicial, o procedimento administrativo observado caracteriza-se por acoplar a atividade de meio ambiente a alguma atividade já existente, com ela correlacionada, para depois, à medida que esta área ganhe maior credibilidade e *status* dentro da organização, ela se torne independente, passando primeiro por uma função de assessoria para, posteriormente, firmar-se como atividade linha. Essa sequência que é a mais comum pode ser modificada caso o problema ambiental assuma proporções graves que venham afetar a sobrevivência e a lucratividade da instituição.

Em algumas empresas, observa-se a criação de um grupo de trabalho ou comissão especial para lidar com o problema ambiental. Nas empresas pequenas, esse esquema pode mostrar-se adequado, porém nas médias e grandes ele é passageiro e seus resultados em geral são medíocres, visto que os indivíduos participantes da dita comissão têm seus próprios afazeres, aos quais dedicam maior prioridade do que aqueles pertinentes à questão ecológica.

Em suma, a área ambiental deve ocupar uma posição estratégica na estrutura organizacional, revestida de autonomia na tomada de decisão, sobretudo ao consolidar-se nos fundamentos da proatividade.

c) EMPRESAS COM ATUAÇÃO AMBIENTAL

A *Corporate Knigths*, empresa de consultoria canadense com sede em Toronto, especializada em gestão socioambiental corporativa, publica, desde janeiro de 2005, o Índice Global 100 (*The Global 100 Index*). A versão mais recente foi publicada em janeiro/2016 e aponta as 100 empresas consideradas mais sustentáveis em termos globais.

O Quadro 4.4 apresenta o ranqueamento dessas companhias, com seus respectivos setores de atuação e seu *score* geral.

Quadro 4.4 – As 100 corporações globais mais sustentáveis.

Ranking	Empresa	País	Segmento	Pontuação Geral
1	BMW	Germany	Automobiles	80,10%
2	Dassault Systemes	France	Software	75,70%
3	Outotec	Finland	Construction & Engineering	74,40%
4	Commonwealth Bank of Australia	Australia	Banks	73,90%
5	Adidas	Germany	Textiles, Apparel & Luxury Goods	73,10%
6	Enagas	Spain	Gas Utilities	72,70%
7	Danske Bank	Denmark	Banks	72,40%
8	StarHub	Singapore	Wireless Telecommunication Services	71,80%
9	Reckitt Benckiser Group	United Kingdom	Household Products	71,70%
10	City Developments	Singapore	Real Estate Management & Development	71,30%
11	Centrica	United Kingdom	Multi-Utilities	70,90%
12	Schneider Electric	France	Electrical Equipment	70,50%
13	Coca-Cola Enterprises	United States	Beverages	70,50%
14	L'Oréal	France	Personal Products	70,00%
15	Kesko	Finland	Food & Staples Retailing	69,30%

Continua

Ranking	Empresa	País	Segmento	Pontuação Geral
16	Galp Energia	Portugal	Oil, Gas & Consumable Fuels	69,10%
17	Statoil	Norway	Oil, Gas & Consumable Fuels	69,00%
18	Shinhan Financial Group	South Korea	Banks	68,80%
19	Novo Nordisk	Denmark	Pharmaceuticals	68,70%
20	H&M Hennes & Mauritz	Sweden	Specialty Retail	68,30%
21	Marks & Spencer Group	United Kingdom	Multiline Retail	68,10%
22	Koninklijke Philips	Netherlands	Industrial Conglomerates	67,90%
23	Koninklijke DSM	Netherlands	Chemicals	67,60%
24	Storebrand	Norway	Insurance	67,30%
25	UPM-Kymmene	Finland	Paper & Forest Products	66,90%
26	Diageo	United Kingdom	Beverages	66,80%
27	BT Group	United Kingdom	Diversified Telecommunication	66,20%
28	DNB	Norway	Banks	66,10%
29	Eni	Italy	Oil, Gas & Consumable Fuels	65,90%
30	Biogen	United States	Biotechnology	65,50%
31	Aéroports de Paris	France	Transportation Infrastructure	65,20%
32	Cameco	Canada	Oil, Gas & Consumable Fuels	64,90%
33	Westpac Banking	Australia	Banks	64,60%
34	Atlas Copco	Sweden	Machinery	64,50%
35	BNP Paribas	France	Banks	64,30%
36	BG Group	United Kingdom	Oil, Gas & Consumable Fuels	64,20%

Continua

Cap. 4 • A Questão Ambiental na Empresa 73

Ranking	Empresa	País	Segmento	Pontuação Geral
37	Teck Resources	Canada	Metals & Mining	64,20%
38	Intel	United States	Semiconductors & Semiconductor Equipment	64,20%
39	Neste Oil	Finland	Oil, Gas & Consumable Fuels	64,10%
40	POSCO	South Korea	Metals & Mining	63,90%
41	Kandinaviska Enskilda Banken	Sweden	Banks	63,80%
42	Siemens	Germany	Industrial Conglomerates	63,80%
43	Kering	France	Textiles, Apparel & Luxury Goods	63,70%
44	LG Electronics	South Korea	Household Durables	63,60%
45	ING Groep	Netherlands	Banks	63,50%
46	Enbridge	Canada	Oil, Gas & Consumable Fuels	63,40%
47	Unilever	United Kingdom	Food Products	63,30%
48	Daimler	Germany	Automobiles	63,20%
49	ASML Holding	Netherlands	Semiconductors & Semiconductor Equipment	63,10%
50	Ecolab	United States	Chemicals	63,00%
51	Telenor	Norway	Diversified Telecommunication	62,40%
52	Shire	Ireland	Pharmaceuticals	62,30%
53	TELUS	Canada	Diversified Telecommunication	62,30%
54	Toronto-Dominion Bank	Canada	Banks	62,20%
55	Keppel Corporation	Singapore	Industrial Conglomerates	61,70%

Continua

Ranking	Empresa	País	Segmento	Pontuação Geral
56	Applied Materials	United States	Semiconductors & Semiconductor Equipment	61,60%
57	Cisco Systems	United States	Communications Equipment	61,60%
58	Iberdrola	Spain	Electric Utilities	61,10%
59	Johnson & Johnson	United States	Pharmaceuticals	61,00%
60	Nokia	Finland	Technology Hardware, Storage & Equipment	61,00%
61	**Natura Cosméticos**	**Brazil**	**Personal Products**	**60,70%**
62	Legrand	France	Electrical Equipment	60,70%
63	WSP Global	Canada	Construction & Engineering	60,60%
64	Johnson Controls	United States	Auto Components	60,50%
65	Agilent Technologies	United States	Life Sciences Tools & Services	60,10%
66	Sun Life Financial	Canada	Insurance	60,10%
67	Australia & New Zealand Banking Group	Australia	Banks	59,90%
68	Lenovo Group	China	Technology Hardware, Storage & Equipment	59,40%
69	General Mills	United States	Food Products	59,20%
70	General Electric	United States	Industrial Conglomerates	59,10%
71	Renault	France	Automobiles	59,10%
72	EMC Corporation	United States	Technology Hardware, Storage & Equipment	59,10%
73	National Australia Bank	Australia	Banks	58,90%

Continua

Cap. 4 • A Questão Ambiental na Empresa   75

Ranking	Empresa	País	Segmento	Pontuação Geral
74	Insurance Australia Group	Australia	Insurance	58,80%
75	**Banco do Brasil**	**Brazil**	**Banks**	**58,80%**
76	Accenture	Ireland	IT Services	58,80%
77	Henkel	Germany	Household Products	58,60%
78	Prudential Financial	United States	Insurance	58,50%
79	Aviva	United Kingdom	Insurance	58,40%
80	Takeda Pharmaceutical	Japan	Pharmaceuticals	58,40%
81	Peugeot	France	Automobiles	58,00%
82	Pearson	United Kingdom	Media	57,90%
83	Prologis	United States	Real Estate Investment Trusts	57,60%
84	Apple	United States	Technology Hardware, Storage & Equipment	57,50%
85	Celestica	Canada	Electronic Equip, Instruments	56,80%
86	Bank of Montreal	Canada	Banks	56,80%
87	Sanofi	France	Pharmaceuticals	56,60%
88	Sysmex	Japan	Health Care Equipment & Supplies	56,60%
89	Nestlé	Switzerland	Food Products	56,40%
90	Varian Medical Systems	United States	Health Care Equipment & Supplies	56,10%
91	Vivendi	France	Media	56,10%
92	Adobe Systems	United States	Software	56,00%

Continua

Ranking	Empresa	País	Segmento	Pontuação Geral
93	CapitaLand	Singapore	Real Estate Management & Development	55,50%
94	Samsung Electronics	South Korea	Semiconductors & Semiconductor Equipment	54,10%
95	Astellas Pharma	Japan	Pharmaceuticals	53,10%
96	Hewlett-Packard Company*	United States	Technology Hardware, Storage & Equipment	52,50%
97	Nissan Motor	Japan	Automobiles	52,10%
98	Novartis	Switzerland	Pharmaceuticals	51,10%
99	Telefonaktiebolaget LM Ericsson	Sweden	Communications Equipment	51,00%
100	Essilor International	France	Health Care Equipment & Supplies	48,60%

Fonte: Elaborado pelos autores a partir de THE MAGAZINE FOR CLEAN CAPITALISM CORPORATE KNIGTHS. *2016 Global 100 Issue*. Disponível em: <http://www.corporateknights.com/magazines/2016-global-100-results-14533333>. Acesso em: 07 mar. 2018.

Das empresas apresentadas no Quadro 4.4, duas são brasileiras. A Natura Cosméticos (61ª posição), do segmento de produtos pessoais, e o Banco do Brasil, ocupando a 75ª posição, do setor bancário.

Segundo informações divulgadas no Relatório Anual 2015 – Natura Cosméticos,[1] a empresa, fundada em 1969, procura estruturar sua atuação de forma circular. Em outras palavras, os processos são desenhados para otimizar os recursos envolvidos, visando à potencialização da produtividade e à redução do impacto ambiental. Dessa forma, apresenta-se como um modelo que se renova, pois o término de um ciclo lança as bases para o início de outro ciclo. A maior parte dos ingredientes utilizada no processo produtivo é de origem vegetal, representando 83%, ampliando a preservação ambiental, bem como o desenvolvimento social dos fornecedores desses insumos.

---

[1] Disponível em: <http://www.natura.com.br/relatorio-anual/2015/relatorio-anual-2015>. Acesso em: 7 mar. 2018.

O Quadro 4.5 apresenta a visão corporativa e as crenças da empresa Natura Cosméticos.

Quadro 4.5 – Visão e crenças corporativas da Natura Cosméticos.

Visão	Crenças
Por nosso comportamento empresarial, pela qualidade das relações que estabelecemos e por nossos produtos e serviços, seremos um conjunto de marcas com forte expressão, local e mundial, identificadas com a comunidade de pessoas que se comprometem com a construção de um mundo melhor, através da melhor relação consigo mesmas, com o outro, com a natureza da qual fazem parte e com o todo.	A vida é um encadeamento de relações. Nada no universo existe por si só, tudo é interdependente.
	Acreditamos que a percepção da importância das relações é o fundamento da grande revolução humana na valorização da paz, da solidariedade e da vida em todas as suas manifestações.
	A busca permanente do aperfeiçoamento é o que promove o desenvolvimento dos indivíduos, das organizações e da sociedade.
	O compromisso com a verdade é o compromisso para a qualidade das relações.
	Quanto maior a diversidade das partes, maior a riqueza e a vitalidade do todo.
	A busca da beleza, legítimo anseio de todo ser humano, deve estar liberta de preconceitos e manipulações.
	A empresa, organismo vivo, é um dinâmico conjunto de relações. Seu valor e sua longevidade estão ligados à sua capacidade de contribuir para a evolução da sociedade e seu desenvolvimento sustentável.

Fonte: Relatório Anual 2015 – Natura Cosméticos.

Por meio de seus produtos e serviços, a empresa busca estimular valores e comportamentos que ela acredita serem mais sustentáveis. Nesse sentido, os fluxos criados pelo seu modelo de negócio causam impacto em quatro dimensões, as quais a organização classifica como estratégicas: ambiental, cultural, econômica e social. Há uma sobreposição dessas dimensões, abrangendo todos os processos. A Figura 4.3 ilustra o modelo de negócio da empresa brasileira Natura Cosméticos.

Figura 4.3 – Modelo de negócios da Natura Cosméticos.

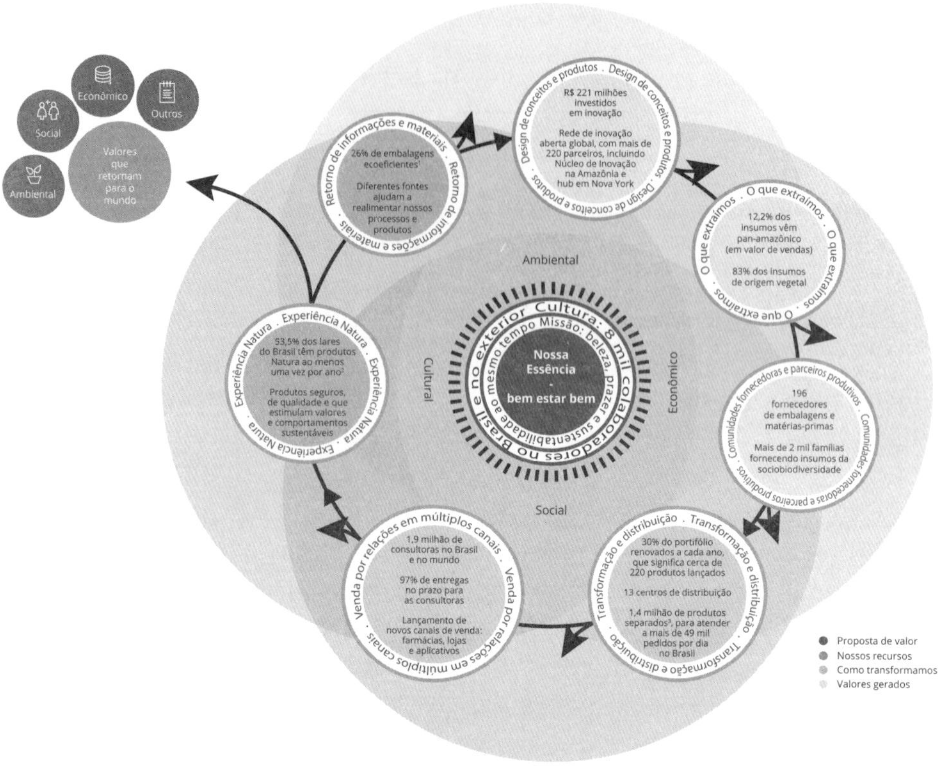

Fonte: Relatório Anual 2015 – Natura Cosméticos.

Ao mesmo tempo em que a estratégia de desenvolvimento para os próximos anos se ajusta a uma realidade de mercado em intensa e complexa transformação, a mesma mantem-se firmemente apoiada nos fundamentos (visão, crenças, valores organizacionais) da empresa. Por conseguinte, a empresa busca atingir resultados econômicos, sociais e ambientais de maneira equilibrada e integrada (Relatório Anual 2015 – Natura Cosméticos).

A segunda empresa brasileira listada no *ranking* da *The Magazine for Clean Capitalism Corporate Knigths*, classificada no setor bancário, é o Banco do Brasil, instituição financeira fundada em 1808 pelo príncipe regente D. João, momento em que o país passou a sediar a Coroa Portuguesa.

O sistema de governança corporativa, descrito no seu Relatório Anual 2015,[2] registra que no Banco do Brasil a adoção das melhores práticas está garantida por mecanismos e ferramentas constantemente aprimorados para garantir a equidade de direitos dos acionistas, a transparência na gestão e na prestação de contas aos investidores e à sociedade, a ética nas relações com os diversos públicos e a sustentabilidade dos negócios. Além disso, a governança apoia-se em instrumentos de monitoramento que buscam o alinhamento do comportamento dos executivos aos interesses dos públicos e acionistas da organização e da sociedade em geral.

A União é a maior acionista do BB, em acordo com a determinação do Decreto-Lei nº 200/67 para sociedades de economia mista. Desde 2006, o Banco integra o Novo Mercado da BM&FBOVESPA, além de estar listado nos Índices de Sustentabilidade Empresarial (ISE), de Carbono Eficiente (ICO2), de Ações com *Tag--Along* Diferenciado (ITAG) e de Ações com Governança Corporativa Diferenciada (IGC). Além disso, participa, desde 2012, do Índice DJSI da Bolsa de Nova Iorque.

O Sistema de Gestão Ambiental (SGA) do Banco do Brasil consiste em um conjunto de ações adotadas para a implementação das diretrizes ambientais na empresa que específica competências, comportamentos, procedimentos e exigências a fim de avaliar e controlar os impactos ambientais de suas atividades.

O SGA deve estar em conformidade com a legislação ambiental e deve apresentar os seguintes requisitos:

- Diretrizes ambientais – na qual a empresa estabelece seus compromissos com seu desempenho ambiental.
- Planejamento – no qual a empresa identifica e analisa o impacto ambiental de suas atividades, para determinar os aspectos que tenham ou possam ter impactos significativos sobre o meio ambiente.
- Implementação e operação – a partir do desenvolvimento e execução de ações para atingir os objetivos e metas ambientais.
- Monitoramento e correção das ações – que implica na utilização de indicadores que asseguram que os objetivos e as metas estão sendo atingidos.
- Análise gerencial – com comprometimento da Alta Administração da empresa, a fim de assegurar sua adequação e efetividade.

O objetivo geral do SGA consiste na melhoria contínua do desempenho ambiental de produtos e serviços do Banco do Brasil, pela redução progressiva do

---

[2] Disponível em: <http://www45.bb.com.br/docs/ri/ra2015/pt/05.htm#estrutura_de_governanca>. Acesso em: 7 mar. 2018.

consumo de insumos, prevenção da poluição, redução dos custos operacionais e do impacto ao meio ambiente e à sociedade. Seus objetivos específicos são:

- disseminação da cultura e da prática entre os funcionários e os públicos do BB;
- revisão dos processos em andamento para reduzir o consumo e o desperdício de insumos, a exemplo de papel, água, energia e toner;
- destinação dos resíduos sólidos, líquidos e gasosos gerados no BB, inclusive os passíveis de reciclagem;
- contribuição para estruturar e fortalecer a cadeia de recicláveis;
- criação de sistema integrado que coordene e monitore as ações da Empresa nas diversas áreas e regiões do País;
- busca da certificação da série ISO 14.000.

De modo a evidenciar a correta aplicação dos procedimentos previstos e demonstrar seu comprometimento ambiental a toda sua rede de relacionamentos, a empresa estabeleceu escopos que periodicamente são avaliados por auditoria ambiental externa de certificação.

O Programa de Ecoeficiência BB, lançado em janeiro de 2006, tem como uma de suas bases os "3Rs" – Reduzir, Reutilizar e Reciclar – e possui os seguintes objetivos:

- disseminar a cultura e a prática de ecoeficiência entre os funcionários e os públicos de relacionamento do BB;
- rever os processos em andamento para reduzir o consumo e o desperdício de insumos, a exemplo de papel, água, energia, toner;
- destinar adequadamente os resíduos gerados no BB;
- criar sistema integrado de ecoeficiência que incorporem critérios socioambientais na política de compras, induzindo processos produtivos mais eficientes e contribuindo para a sustentabilidade do desenvolvimento brasileiro;
- desenvolver ferramentas de acompanhamento e monitoramento;
- capacitar funcionários e formar educadores para a promoção e a disseminação do programa na empresa.

O Programa de Ecoeficiência do BB engloba, principalmente, as práticas dos Programas Coleta Seletiva, Programa Conservação de Energia (PROCEN), Programa de uso Racional de Água (Purágua), Programa de Recondicionamento de Cartuchos de Impressoras, a certificação de emissões de gases do efeito estufa – GEE (*GHG Protocol*), a certificação FSC (*Forestry Stewardship Council*) e os projetos de

Cap. 4 • A Questão Ambiental na Empresa   81

Agências Verdes (Relatório Anual 2015 – Banco do Brasil). A Figura 4.4 apresenta a estrutura de governança da responsabilidade socioambiental da empresa.

Figura 4.4 – Estrutura de governança da responsabilidade socioambiental do Banco do Brasil.

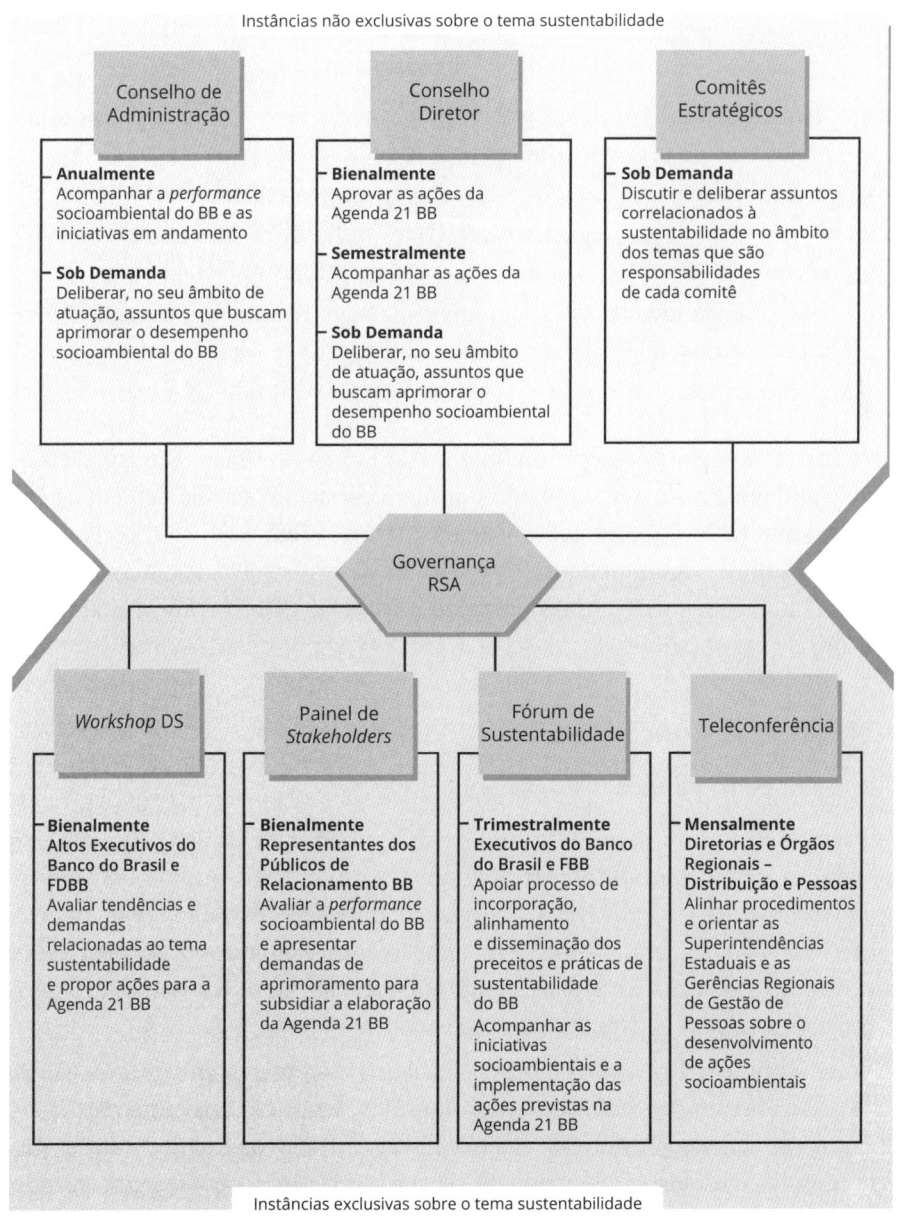

Instâncias não exclusivas sobre o tema sustentabilidade

Conselho de Administração
- **Anualmente**
  Acompanhar a *performance* socioambiental do BB e as iniciativas em andamento
- **Sob Demanda**
  Deliberar, no seu âmbito de atuação, assuntos que buscam aprimorar o desempenho socioambiental do BB

Conselho Diretor
- **Bienalmente**
  Aprovar as ações da Agenda 21 BB
- **Semestralmente**
  Acompanhar as ações da Agenda 21 BB
- **Sob Demanda**
  Deliberar, no seu âmbito de atuação, assuntos que buscam aprimorar o desempenho socioambiental do BB

Comitês Estratégicos
- **Sob Demanda**
  Discutir e deliberar assuntos correlacionados à sustentabilidade no âmbito dos temas que são responsabilidades de cada comitê

Governança RSA

Workshop **DS**
- **Bienalmente**
  Altos Executivos do Banco do Brasil e FDBB
  Avaliar tendências e demandas relacionadas ao tema sustentabilidade e propor ações para a Agenda 21 BB

Painel de *Stakeholders*
- **Bienalmente**
  Representantes dos Públicos de Relacionamento BB
  Avaliar a *performance* socioambiental do BB e apresentar demandas de aprimoramento para subsidiar a elaboração da Agenda 21 BB

Fórum de Sustentabilidade
- **Trimestralmente**
  Executivos do Banco do Brasil e FBB
  Apoiar processo de incorporação, alinhamento e disseminação dos preceitos e práticas de sustentabilidade do BB
  Acompanhar as iniciativas socioambientais e a implementação das ações previstas na Agenda 21 BB

Teleconferência
- **Mensalmente**
  Diretorias e Órgãos Regionais – Distribuição e Pessoas
  Alinhar procedimentos e orientar as Superintendências Estaduais e as Gerências Regionais de Gestão de Pessoas sobre o desenvolvimento de ações socioambientais

Instâncias exclusivas sobre o tema sustentabilidade

Fonte: Relatório Anual 2015 – Banco do Brasil.

O Banco do Brasil tem inserido em sua política corporativa o respeito ao meio ambiente como um dos balizadores de suas práticas administrativas e negociais. Seus normativos internos preveem a vedação de realização de operações destinadas a financiar atividades que possam causar impactos adversos ao meio ambiente, além de orientação para a integral observância da legislação ambiental vigente, que torna obrigatória a apresentação de documentação do órgão ambiental competente para financiamento de:

- desmatamento, destoca ou custeio agropecuário, objetivando a incorporação de novas áreas no processo produtivo;
- comercialização de produtos extrativos de origem vegetal e pescado *in natura*;
- operações de investimento em atividades utilizadoras de recursos ambientais ou empreendimentos capazes de causar degradação ambiental;
- operações de investimentos em atividades que requerem o Estudo Prévio de Impacto Ambiental (EIA) e Relatório de Impacto ao Meio Ambiente (RIMA);
- operações de investimento em atividades que se utilizam de recursos hídricos.

No âmbito interno, o comprometimento do Banco do Brasil com a preservação do meio ambiente pode ser traduzido por meio do seu Programa de Ecoeficiência, anteriormente relatado, com ações voltadas para a coleta seletiva, o gerenciamento de consumo de água e energia e a adoção de critérios ambientais na seleção e gerenciamento de fornecedores, além de iniciativas para o reaproveitamento de cartuchos de impressoras.

d) OUTROS SETORES DA ECONOMIA

- Setor petroquímico

O setor petroquímico consiste num desdobramento da indústria química, considerada importante produtora de insumos intermediários que servem aos mais diversos segmentos da indústria. Carateriza-se por apresentar alta elasticidade renda, uso intensivo de capital, elevada integração entre as empresas do setor, elevada concentração industrial e intensa e complexa interrelação industrial tanto à jusante quanto a montante (CÁRIO, 1997).

Nesse âmbito, a Braskem, empresa brasileira atualmente presente em setenta países, inserida no setor químico e petroquímico, tem uma relevante participação em inúmeras cadeias produtivas, essencial para o desenvolvimento, considerando que a química e o plástico contribuem na criação de soluções sustentáveis para a melhoria da vida das pessoas em diversos setores como saúde, habitação, alimentação, mobilidade, entre outros.

O aspecto ambiental está formalmente contido na estratégia empresarial da Braskem conforme pode ser visto na Figura 4.5.

Figura 4.5 – Esquema ilustrativo da estratégia empresarial da Braskem.

```
FOCO ESTRATÉGICO            a) Fortalecimento de Clientes e da cadeia
                            b) Rentabilidade e gestão de custos

PRIORIDADES ATUAIS          c) Diversificação de                    SUSTENTABILIDADE
                            matérias-primas e                       E PERENIDADE
                            internacionalização                     DO NEGÓCIO

PREMISSAS DE                d) Inovação
ATUAÇÃO EMPRESARIAL         e) Impactos socioambientais
```

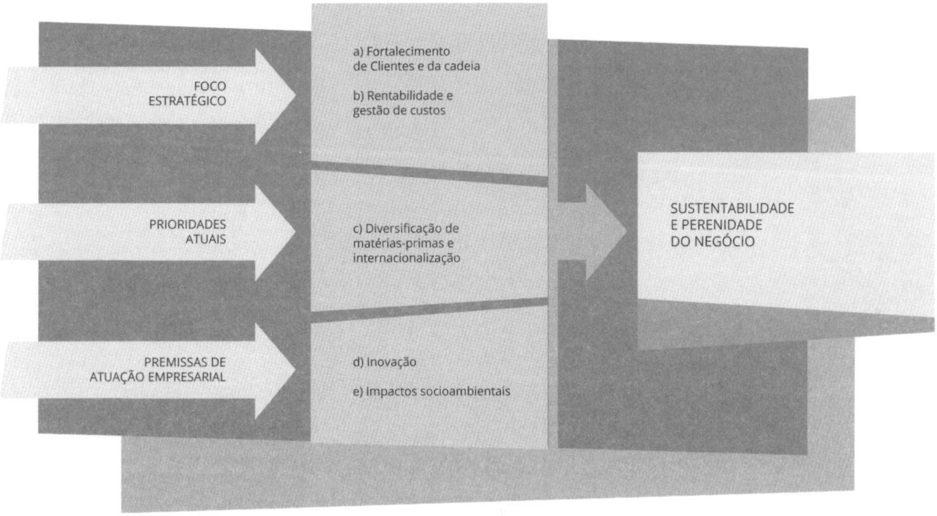

Fonte: Relatório Anual (BRASKEM, 2014).

Observa-se que o item "impactos socioambientais" aparece, junto com outros três, como uma premissa crucial para a sustentabilidade e perenidade do negócio corporativo. A empresa elaborou um diagrama da "materialidade da sustentabilidade" onde está descrito o grau de impacto e grau de importância para seus *stakeholders* a partir de vários aspectos.

Quanto maior o conhecimento que a empresa deter com relação à sua atuação no mercado e suas implicações diretas e indiretas nas suas mais diversas partes interessadas, melhor ela se posicionará no mercado, notadamente quanto à sua estratégia competitiva.

A gestão ambiental da Braskem compreende, prioritariamente, o subsistema de operação com o objetivo de gerir os riscos à sustentação do negócio, além de promover o seu crescimento, respeitando e valorizando o patrimônio ambiental, por meio do uso racional dos recursos naturais e da minimização dos impactos do consumo e descarte de materiais.

Além dos processos próprios da operação industrial para o desenvolvimento de produtos e serviços, a Braskem busca, continuamente, desenvolver soluções inovadoras que permitam gerar menor impacto ambiental durante o uso dos produtos por seus Clientes (BRASKEM, 2014, p. 112).

A Figura 4.6 ilustra o diagrama "materialidade da sustentabilidade" da Braskem.

Figura 4.6 – Diagrama da "materialidade da sustentabilidade" da Braskem.

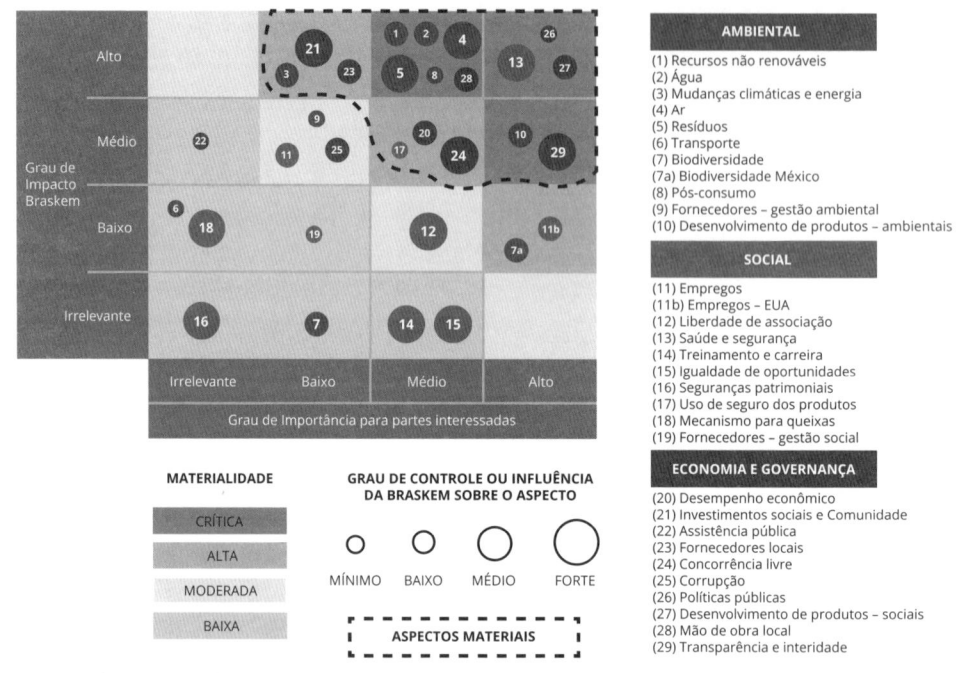

AMBIENTAL
(1) Recursos não renováveis
(2) Água
(3) Mudanças climáticas e energia
(4) Ar
(5) Resíduos
(6) Transporte
(7) Biodiversidade
(7a) Biodiversidade México
(8) Pós-consumo
(9) Fornecedores – gestão ambiental
(10) Desenvolvimento de produtos – ambientais

SOCIAL
(11) Empregos
(11b) Empregos – EUA
(12) Liberdade de associação
(13) Saúde e segurança
(14) Treinamento e carreira
(15) Igualdade de oportunidades
(16) Seguranças patrimoniais
(17) Uso de seguro dos produtos
(18) Mecanismo para queixas
(19) Fornecedores – gestão social

ECONOMIA E GOVERNANÇA
(20) Desempenho econômico
(21) Investimentos sociais e Comunidade
(22) Assistência pública
(23) Fornecedores locais
(24) Concorrência livre
(25) Corrupção
(26) Políticas públicas
(27) Desenvolvimento de produtos – sociais
(28) Mão de obra local
(29) Transparência e interidade

Fonte: Relatório Anual (BRASKEM, 2014).

Esse "painel" por assim dizer, proporciona à empresa condições para atuar diretamente na minimização dos eventuais impactos negativos e na maximização dos impactos positivos provocados por suas atividades. Além disso, contribui estrategicamente para uma atuação mais proativa da organização no mercado em que está inserido, notadamente seu ambiente operacional, compreendendo fornecedores (materiais, mão de obra, equipamentos, capital etc.), clientes (distribuidores e consumidores), competidores (por recursos e mercados) e grupos reguladores (governo, sindicatos, associações setoriais, agências reguladoras), conforme proposto por Dill (1958).

A Braskem, signatária do Pacto Global, definiu 10 macro-objetivos de desenvolvimento sustentável que contribuem para o alcance dos 17 Objetivos do Desenvolvimento Sustentável, resultado das negociações entre 193 países, concluídas em agosto de 2015, estabelecido pela Organização das Nações Unidas (ONU). A Figura 4.7 representa graficamente os 10 macro-objetivos da Braskem.

Figura 4.7 – Os 10 macro-objetivos da Braskem.

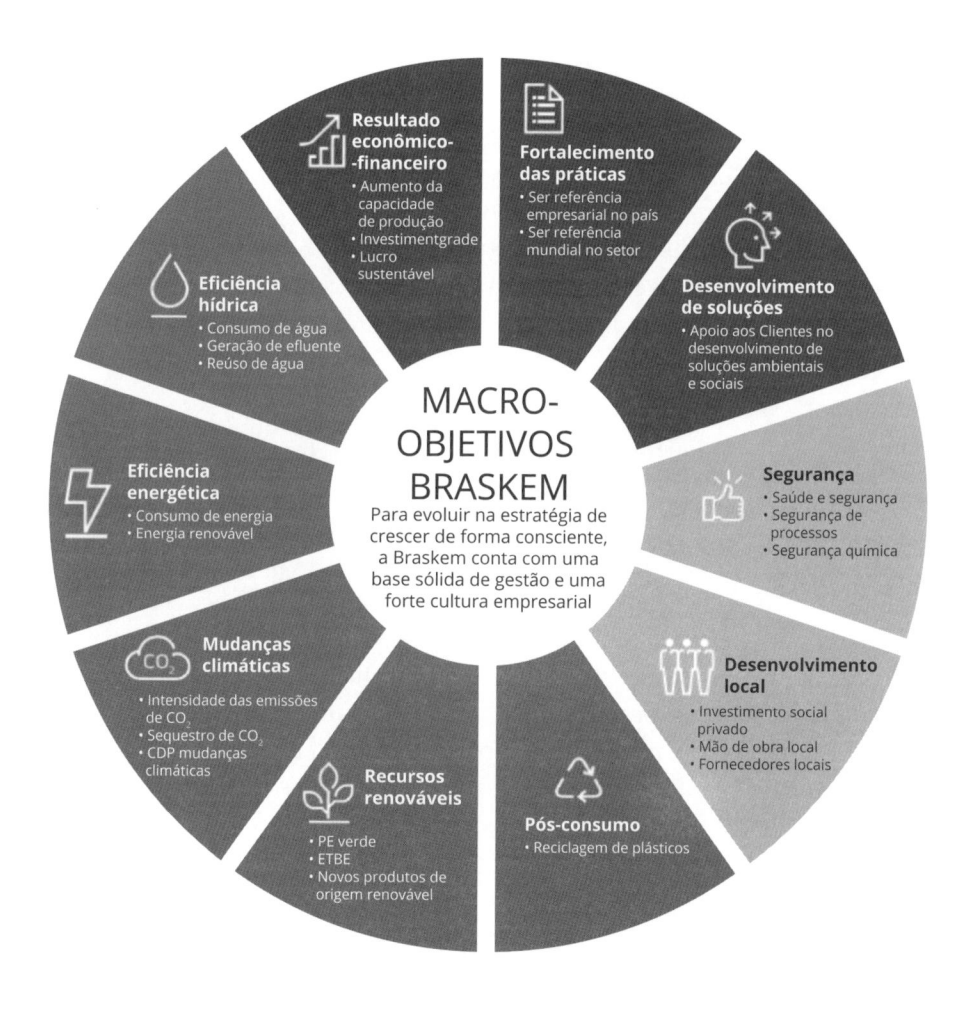

Resultado econômico-financeiro
- Aumento da capacidade de produção
- Investmentgrade
- Lucro sustentável

Fortalecimento das práticas
- Ser referência empresarial no país
- Ser referência mundial no setor

Desenvolvimento de soluções
- Apoio aos Clientes no desenvolvimento de soluções ambientais e sociais

Eficiência hídrica
- Consumo de água
- Geração de efluente
- Reúso de água

MACRO-OBJETIVOS BRASKEM
Para evoluir na estratégia de crescer de forma consciente, a Braskem conta com uma base sólida de gestão e uma forte cultura empresarial

Segurança
- Saúde e segurança
- Segurança de processos
- Segurança química

Eficiência energética
- Consumo de energia
- Energia renovável

Desenvolvimento local
- Investimento social privado
- Mão de obra local
- Fornecedores locais

Mudanças climáticas
- Intensidade das emissões de CO_2
- Sequestro de CO_2
- CDP mudanças climáticas

Recursos renováveis
- PE verde
- ETBE
- Novos produtos de origem renovável

Pós-consumo
- Reciclagem de plásticos

Fonte: Relatório Anual (BRASKEM, 2014).

Segundo consta no seu Relatório Anual 2014, a Braskem pauta sua atuação no respeito ao ser humano e ao meio ambiente, construindo relações de confiança no caminho de um desenvolvimento baseado no equilíbrio entre a ação transformadora do homem e a necessidade de preservação da natureza para as gerações futuras. Suas ações são desenvolvidas e implementadas por meio de um processo de governança apoiado nos princípios éticos, na cultura organizacional e seu compromisso público.

- Setor sucroenergético

O setor sucroenergético brasileiro compreende todas as atividades agrícolas e industriais relacionadas à produção de açúcar, bioetanol e bioeletricidade. No Brasil, esses produtos são obtidos quase exclusivamente do processamento de cana-de-açúcar utilizada para fins industriais (NASTARI, 2012).

Nesse segmento, a Raízen se destaca como uma das empresas de energia mais competitivas do mundo, atuando em todas as etapas do processo de produção e distribuição de maneira integrada: cultivo da cana-de-açúcar, produção de açúcar, etanol e energia elétrica (cogeração), comercialização, logística, distribuição e varejo de combustíveis (RELATÓRIO ANUAL, 2015).

A companhia é uma *joint venture* independente, com controle compartilhado entre as empresas Shell e Cosan.

De acordo com o Relatório Anual (2015), no ano-safra de 2014/15, a empresa implantou o Sistema de Gerenciamento de *Stakeholders*, que permite monitorar e avaliar de maneira contínua seu relacionamento com cada um dos públicos. O novo modelo, implantado e posto em atividade no início do ano de 2015, utiliza inicialmente duas ferramentas cruciais: um canal de reclamações e reivindicações centralizado para toda a organização e um processo estruturado de engajamento com os públicos de interesse, possibilitando uma atuação padronizada para todas as unidades operacionais da companhia. Em outras palavras, o SGS consiste numa ferramenta fundamental na aproximação da Raízen junto às comunidades onde atua, buscando o entendimento de suas necessidades e suas reivindicações.

Com a adesão voluntária ao Protocolo Agroambiental, a companhia antecipou o cumprimento dos prazos legais estabelecidos para a eliminação da prática da queima na colheita da cana-de-açúcar. Nas áreas mecanizáveis (declive inferior a 12 graus), a empresa antecipou o prazo de 2021 para 2014. Nas áreas não mecanizáveis (declive superior a 12 graus), cujo prazo legal é 2031, a antecipação foi para 2017 (OLIVEIRA, 2015).

A empresa desenvolve um trabalho de conscientização junto a seus parceiros produtores de cana para a importância de se adequarem ao Código Florestal, por meio da inscrição no Cadastro Ambiental Rural (CAR) e da conformidade com o Programa de Regularização Ambiental (PRA). Nesse sentido, além de representar um diferencial competitivo, a produção sustentável está se tornando condição de sobrevivência do negócio sucroenergético. O Novo Código Florestal brasileiro, por exemplo, impede que qualquer instituição financeira conceda crédito a empresas que não estiverem em situação regular no CAR a partir de 2017.

Uma vertente que tem grande importância no impacto ambiental de uma agroindústria é o uso da água. Para uma adequada gestão desse recurso, faz-se necessário obter um retrato fiel do fluxo de água em suas atividades e, por essa razão, a empresa está aperfeiçoando o monitoramento preciso da captação e do consumo de água nas operações. Com o aprimoramento dos procedimentos de controles internos, espera-se uma evolução na gestão do consumo de água, o que permitirá a otimização do uso desse recurso natural, tanto para a captação eficiente quanto para o reuso nos processos.

A empresa desenvolve iniciativas voltadas para a redução do uso da água em suas unidades, que foram o ponto de partida para a criação do Programa de Redução do Uso da Água. A expectativa é reduzir 10% da captação de água, além de reutilizar, sempre que possível, a água retirada da natureza e de sua própria matéria-prima. A cana-de-açúcar é composta em 70% de água, e sua moagem resulta em um caldo a partir do qual são fabricados o açúcar e o etanol. A água presente nesse caldo é evaporada no processo industrial e recuperada, em parte, para ser reutilizada em moendas, caldeiras, torres de resfriamento e outros equipamentos da linha de produção. Quanto mais água da cana-de-açúcar puder ser reutilizada no processo industrial, menos água precisará ser captada de fontes naturais, diminuindo dessa forma o impacto ambiental. Na safra de 2014/2015, o consumo total de água para fins industriais foi de 53.718.609 m^3, o que representa uma captação de 0,94 m^3/t de cana processada. Essa água é oriunda principalmente de fontes superficiais, com exceção de duas unidades que usam água de fonte subterrânea. Na área agrícola, o volume de água utilizado para irrigação foi de 7.217.463 m^3.

Apenas as unidades produtoras Jataí e Gasa utilizam a irrigação no cultivo da cana. A água usada nesse processo é proveniente de fontes superficiais. Ainda em Etanol, Açúcar e Bioenergia (EAB), foram captados cerca de 5.523.232 m^3, principalmente para consumo humano em áreas administrativas, alojamentos etc. Vale destacar que o consumo total de água em EAB representa mais de 99% do total de água consumida pela Raízen.[3]

Na safra 2015/16, a companhia criou o programa ReduSa, cujo objetivo primordial é diminuir a captação de água em seus processos industriais. Além de trabalhar

---

[3] Dados extraídos do Relatório Anual 2015. Disponível em: <www.raizen.com.br>. Acesso em: 7 mar. 2018.

com conscientização dos funcionários sobre o consumo sustentável desse valioso recurso, o programa possui uma metodologia própria para EAB que apresenta o consumo de água mais expressivo da empresa. Com a implantação do programa, a empresa reduziu o índice de captação de água para fins industriais de 0,94 para 0,88 metros cúbicos por tonelada de cana moída.[4]

A apresentação desses casos tem como finalidade, no âmbito didático, demonstrar como as empresas estão internalizando a questão ambiental em suas estratégias. Outras informações podem ser obtidas diretamente nos relatórios anualmente publicados pelas companhias com prestação de contas aos seus *stakeholders* e à comunidade em geral.

4.5.3
O responsável pela área de meio ambiente

A característica fundamental da existência de uma atividade/função que se preocupa com a variável ecológica é a existência de um núcleo central de autoridade e responsabilidade, dentro da organização que cuida especificamente do envolvimento ambiental da empresa, sob o comando de um gestor e sua equipe.

Esse gestor, responsável pela área de Meio Ambiente, que recebe diferentes denominações entre as quais se incluem gerente, coordenador, assessor, especialista e outras mais, é o elemento formalmente designado para responder pela área ambiental da organização.

a) ATRIBUIÇÕES DO CARGO: ATIVIDADES A EXECUTAR

O problema de definir as atribuições do cargo do responsável pela área de meio ambiente está no fato de que, em algumas organizações, esse cargo não está formalmente estabelecido. A melhor forma de definir o papel por ele representado é aquela que relaciona as atividades que se esperam sejam desempenhadas por ele no cumprimento de sua função.

Considerando que as atribuições de caráter técnico podem variar de empresa para empresa, seja em função das características do processo produtivo, seja em função do ramo industrial a que a empresa pertence, as atribuições administrativas do cargo do responsável pela área de meio ambiente devem incluir, no mínimo, as seguintes atividades:

---

[4] Dados extraídos do Relatório Anual Safra 2015/16. Disponível em: <http://www.raizen.com.br/relatorioanual/capitulo-sete.php>. Acesso em: 7 mar. 2018.

- Planejar, organizar, dirigir e controlar a política ambiental ditada pela Alta Administração.
- Controlar as operações das fábricas, através de relatórios técnicos e visitas pessoais, evidenciando uma monitoração constante das fontes poluentes.
- Assessorar tecnicamente as demais unidades da empresa em todos os assuntos relativos à sua área de especialização.
- Acompanhar a execução das medidas propostas.
- Garantir a atualização e informação relativas ao desenvolvimento da tecnologia em seu nível de especialidade.
- Acompanhar o desenvolvimento da legislação ambiental.
- Responsabilizar-se pela formação e pelo treinamento/capacitação dos indivíduos ligados à atividade de meio ambiente.
- Representar institucionalmente a organização, seja nos órgãos públicos de controle ambiental, seja na comunidade interna e externa, em todos os assuntos relacionados com o meio ambiente.

b) PERFIL DO OCUPANTE

A expectativa da Alta Administração é de que o responsável pela área de meio ambiente para dar provimento às responsabilidades que constituem uma interpretação de seu desempenho real deve exercer inúmeros papéis, entre os quais podemos destacar:

- Representante institucional.
- Planejador.
- Organizador.
- Conhecedor de tecnologias.
- Assessor técnico.
- Líder de equipe.

Assim, pode-se considerar que para desempenhar esses papéis o elemento adequado para ocupar a posição de responsável pela atividade de meio ambiente da empresa deve aliar formação especializada e experiência prática, possuindo excelente conhecimento na área técnica, com grande familiarização a respeito do processo produtivo. Essa condição especializada permitirá que ele discuta em igualdade de condições com os demais técnicos da empresa, especialmente com o pessoal de produção, a adequação do processo produtivo, no mínimo, às normas estabelecidas pela legislação ambiental, além de poder representar de forma adequada o pensamento da política institucional da empresa relativo à área ambiental.

Para tanto, é importante uma intensa vivência no processo industrial que a empresa desenvolve, a fim de incrementar um acentuado nível de credibilidade na organização, no sentido de que suas proposições e diretrizes sejam acatadas, aceitas e obedecidas.

Deve possuir uma atitude de constante valorização e importância de sua área de atuação, não se desestimulando com problemas que possa encontrar no relacionamento com outras áreas da empresa, principalmente nos estágios iniciais de seu surgimento na organização.

Deve possuir, como todo gerente, habilidade técnica, habilidade administrativa, habilidade política e habilidade de relacionamento humano para dar provimento a suas responsabilidades.

Habilidade técnica para poder avaliar as diferentes alternativas, em relação a insumos, processos e produtos, considerando-as sob o aspecto ambiental e seu relacionamento com os conceitos de custos e de tempo.

Habilidade administrativa relacionada com o desempenho das tarefas do processo administrativo: planejar, organizar, dirigir e controlar, pois caberá a ele a responsabilidade de executar a política de meio ambiente ditada pela organização.

Habilidade política para sensibilizar os demais administradores da empresa, que lhe podem dar apoio e respaldo organizacional, no engajamento da temática ambiental, propagando e consolidando a ideia de que sua atividade, antes de ser uma despesa a mais para a organização, é uma grande oportunidade para a prospecção de novas formas de melhoria de eficiência, redução de custos e melhoria de lucros.

Habilidade de relacionamento humano para conseguir a colaboração e o engajamento de todos os funcionários para a causa ambiental da empresa, pois o sucesso desse empreendimento está intimamente ligado à participação coletiva e à incorporação dessa variável à cultura da organização.

c) EQUIPE DE SUBORDINADOS

O papel apresentado pela equipe de subordinados é necessário para disseminar a importância da causa ambiental perante as demais unidades da empresa. Importância esta que aumenta quando as responsabilidades da atividade de meio ambiente são descentralizadas e delegadas a esses subordinados. Isso ocorre porque eles representarão a filosofia, a dedicação e o compromisso da empresa em relação à questão ambiental junto dos demais trabalhadores. A qualidade de sua dedicação e desempenho evidenciará para a comunidade interna se a preocupação ambiental da empresa é realmente um de seus valores organizacionais.

d) CONTATOS

No desenvolvimento de sua atividade, o responsável pela área de meio ambiente deverá estabelecer uma rede de contatos muito ampla, seja em nível interno, seja em nível externo, exercendo o papel de *gatekeeper* entre a organização e seu exterior.

Em nível interno, seus contatos serão realizados com as demais unidades administrativas, discutindo informações sobre legislação ambiental, novas tecnologias, acompanhamento de melhorias, poluição, reciclagem, aproveitamento de resíduos/efluentes, economia de energia etc.

Em nível externo, representando a organização e traduzindo seus valores ambientais para o mundo exterior, deverá envolver-se com os órgãos governamentais, comunidade, imprensa, organizações civis, associações ambientalistas, políticos, associações de classe, associações internacionais etc. A amplitude dos contatos pode ser visualizada na Figura 4.8.

Figura 4.8 – Contatos do responsável pela área de meio ambiente.

ALTA ADMINISTRAÇÃO

CONTATOS EXTERNOS	RESPONSÁVEL MEIO AMBIENTE	CONTATOS INTERNOS
Órgãos governamentais		Produção
Comunidade		Manutenção
Imprensa		P&D
Organizações civis		Suprimentos
Associações ambientalistas		Marketing
Políticos		Recursos humanos
Associações de classe		Relações públicas
Associações internacionais		Comunicação
		Finanças
		Outras unidades

INFORMAÇÕES SOBRE
- Legislação ambiental
- Novas tecnologias
- Poluição
- Reciclagem
- Economia de energia

Por tudo isso, como bem coloca North (1992), a gerência da área ambiental deve ser vista como um posto importante para aqueles que devem galgar os postos diretivos. Isso se concretiza pelo fato de que o responsável pela área de meio ambiente para conseguir resultados em seu trabalho, principalmente em seu relacionamento com as demais áreas funcionais, precisa demonstrar capacidade de comunicação, habilidade de relacionamento, persistência e liderança. Qualidades estas que os executivos da Alta Administração deverão, evidentemente, possuir caso desejem ascender na hierarquia organizacional da empresa.

Referências

BRASKEM. Relatórios anuais. Disponível em: <http://www.braskem-ri.com.br/relatorios-anuais/2014>. Acesso em: 7 mar. 2018.

CÁRIO, S. A. F. *A relação público-privada na indústria petroquímica brasileira*. Campinas, 1997. Tese (Doutorado em economia). Instituto de Economia, Universidade Estadual de Campinas – UNICAMP, Campinas, 1997.

DILL, W. R. Environment as an influence on managerial autonomy. *Administrative Science Quarterly*, v. 2, n. 4, p. 409-443, mar. 1958.

DONAIRE, D. *A Interiorização da variável ecológica na organização das empresas industriais*. Tese de Livre Docência apresentada à Faculdade de Economia, Administração e Contabilidade (FEA) da USP, 1992.

ELKINGTON, J.; BURKE, T. *The green capitalists*. Londres: Gallancz, 1989.

NASTARI, P. M. A importância do setor sucroenergético no Brasil. *Revista Agroanalysis*, p. 16-17, mar. 2010.

NORTH, K. *Environmental business management*: an introduction. Genebra: International Labor Officce (ILO), 1992.

OLIVEIRA, E. C. *Influência do Protocolo Agroambiental na gestão ambiental de indústrias do setor sucroenergético da Microrregião de Assis/SP: um estudo de múltiplos casos*. 391 f. 2015. (Doutorado em Administração). Programa de Pós-Graduação da Universidade Municipal de São Caetano do Sul – PPGA-USCS. São Caetano do Sul-SP, 2015.

PEREIRA, G. S. M.; JABBOUR, C. J. C.; OLIVEIRA, S. V. W. B.; TEIXEIRA, A. A. Greening the campus of a Brazilian university: cultural challenges. *International Journal of Sustainability in Higher Education*, v. 15, n. 1, p. 34-47, 2014.

THE MAGAZINE FOR CLEAN CAPITALISM CORPORATE KNIGTHS. *2016 Global 100 Issue*. Disponível em: <http://www.corporateknights.com/magazines/2016-global-100-results-14533333>. Acesso em: 7 mar. 2018.

TUNG, A.; BAIRD, K.; SCHOCH, H. The relationship between organizational factors and the effectiveness of environmental management. *Journal of Environmental Management*, v. 144, p. 186-196, 2014.

VARADARAJAN, P. R. Marketing's contribution to strategy: the view from a different dooking glass. *Journal of the Academy of Marketing Science*, v. 20, n. 4, p. 335-343, 1992.

WINTER, G. et al. *Business and Environment*. A Handbook of industrial ecology with 22 checklists for practical use and a concrete example of the integrated system of environmentalist business management (The Winter Model). Hamburg, New York: McGraw-Hill, 1989.

WINTER, G. *Gestão e Ambiente*: modelo prático de integração empresarial. Lisboa: Texto Editora, 1992.

Questões para discussão

1. O que significa o termo *"enviropreneurial marketing"* cunhado por Varadarajan (1992) ao se referir às organizações e sua relação com as questões ambientais?
2. No que diz respeito ao posicionamento da empresa, como ela pode conciliar o aspecto econômico (rentabilidade) com as exigências ambientais?
3. Faça uma síntese das principais variáveis que devem ser consideradas para a melhor avaliação do posicionamento da empresa diante de questões ambientais.
4. Com base em Winter (1987) resuma as seis principais razões pelas quais uma empresa deve adotar os princípios da gestão ambiental.

5
A Repercussão da Questão Ambiental na Organização

5.1
INTRODUÇÃO

Em não muitos temas se têm refletido e trabalhado de forma mais extensa do que neste. A repercussão da questão ambiental dentro da organização e o crescimento de sua importância ocorrem a partir do momento em que a empresa se dá conta de que essa atividade, em lugar de ser uma área que só lhe propicia despesas, pode transformar-se em um excelente local de oportunidades de redução dos custos, o que pode ser viabilizado, seja por meio do reaproveitamento e venda dos resíduos e aumento das possibilidades de reciclagem, seja por meio da descoberta de novos componentes e novas matérias-primas que resultem em produtos mais confiáveis e tecnologicamente mais limpos. Essa repercussão fica fácil de ser compreendida se entendermos que qualquer melhoria que possa ser conseguida no *desempenho* ambiental da empresa, por meio da diminuição do nível de resíduos e/ou efluentes ou de melhor combinação de insumos, sempre representará, de alguma forma, algum ganho de energia ou de matéria contida no processo de produção.

5.2
IMPACTO NA ESTRATÉGIA

Em função do que foi observado, pode-se dizer que o impacto da variável ecológica na estratégia da organização está ligado diretamente a seu potencial de poluição. Assim, se esse potencial é alto, sua importância na estratégia é vital e sua correta avaliação uma questão de sobrevivência, seja a curto ou a longo prazo. Se esse potencial é reduzido, a variável ecológica pode ser considerada, mas seu impacto será sempre de importância secundária na formulação da estratégia organizacional.

Na verdade, existem dois instantes, a partir dos quais se nota a influência da variável ecológica na estratégia. Um, que se forma externamente à organização e que pode ser dividido em dois contextos diferentes: internacional e nacional. No internacional, perceptível nas empresas multinacionais, caracteriza-se pela transposição das políticas institucionais das matrizes; tendo vivenciado problemas ambientais em seus países de origem, elas têm procurado antecipar-se a esses problemas com suas filiais, introduzindo, no âmbito de suas administrações, uma preocupação ainda secundária e até inexistente, notadamente nas filiais sediadas em países do Terceiro Mundo, forçando-as a incluir uma postura ambiental mais responsável na formulação de suas diretrizes organizacionais.

No contexto nacional, essa influência externa, que repercute na estratégia organizacional, caracteriza-se pelas exigências da legislação ambiental, que passou a estabelecer normas de atuação que resultaram em repercussões em nível interno nas organizações interessadas em equacionar seus problemas ambientais. Ao mesmo tempo, propiciaram a movimentação coletiva de setores industriais, por intermédio de Associações Empresariais, de instituições criadas e sustentadas por colegiados de empresas de diversos segmentos (Instituto Akatu, Instituto Ethos, Conselho Empresarial Brasileiro para o Desenvolvimento Sustentável [CEBDS], entre outros), contribuindo para que suas filiadas incorporem em suas estratégias um posicionamento ambiental mais responsável e, de forma mais geral, atuem de forma alinhada aos princípios da sustentabilidade.

Essas ações externas acabaram interiorizando-se no nível das organizações, resultando em um segundo instante em repercussões na estrutura organizacional e na própria postura estratégica. Essas modificações materializaram-se em dois níveis: em nível formal, com a inclusão de funções, atividades, autoridade e responsabilidades específicas em relação à variável ecológica, e em nível informal, disseminando entre todos os componentes da organização a ideia de que a responsabilidade ambiental é, além de um comprometimento formal da empresa, uma tarefa conjunta, que deve ser realizada por todos os integrantes da empresa, em todos os níveis corporativos.

A Figura 5.1 procura identificar de que forma a variável ecológica exerce sua influência na estratégia organizacional.

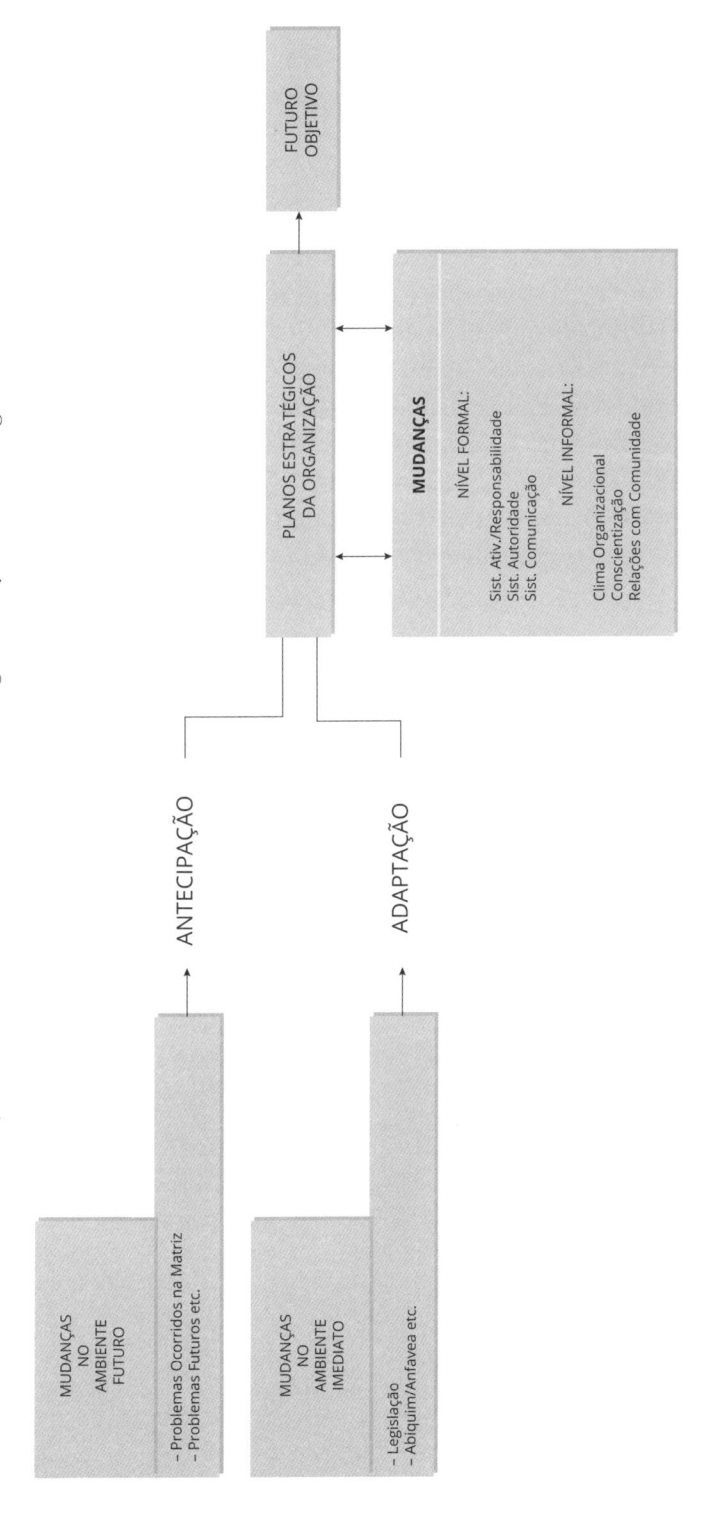

Figura 5.1 – Influência da variável ecológica nos planos estratégicos.

```
                              FUTURO
                             OBJETIVO
                                ↑
                                │
              PLANOS ESTRATÉGICOS  ←→   MUDANÇAS
              DA ORGANIZAÇÃO
                                        NÍVEL FORMAL:
                                        Sist. Ativ./Responsabilidade
                                        Sist. Autoridade
                                        Sist. Comunicação

                                        NÍVEL INFORMAL:
                                        Clima Organizacional
                                        Conscientização
                                        Relações com Comunidade
                    ↑              ↑
              ANTECIPAÇÃO      ADAPTAÇÃO
                    │              │
        MUDANÇAS              MUDANÇAS
           NO                    NO
        AMBIENTE              AMBIENTE
         FUTURO               IMEDIATO

   - Problemas Ocorridos na Matriz     - Legislação
   - Problemas Futuros etc.            - Abiquim/Anfavea etc.
```

5.3
INFLUÊNCIA NAS DEMAIS UNIDADES ADMINISTRATIVAS

Confrontadas com as questões ambientais, as demais unidades administrativas são afetadas de forma diferenciada, em virtude de sua maior ou menor ligação funcional com a área ambiental. Uma sondagem em nível nacional feita pelo Ministério Federal do Meio Ambiente, na Alemanha, com cerca de 600 empresas, demonstrou que a questão ambiental tem maior impacto na área de Produção, seguida de P, D&I e Suprimentos e quase nenhuma influência no setor de Contabilidade, como pode ser verificado na Figura 5.2.

Figura 5.2 – Áreas funcionais afetadas diferentemente em relação à questão ambiental (em %).

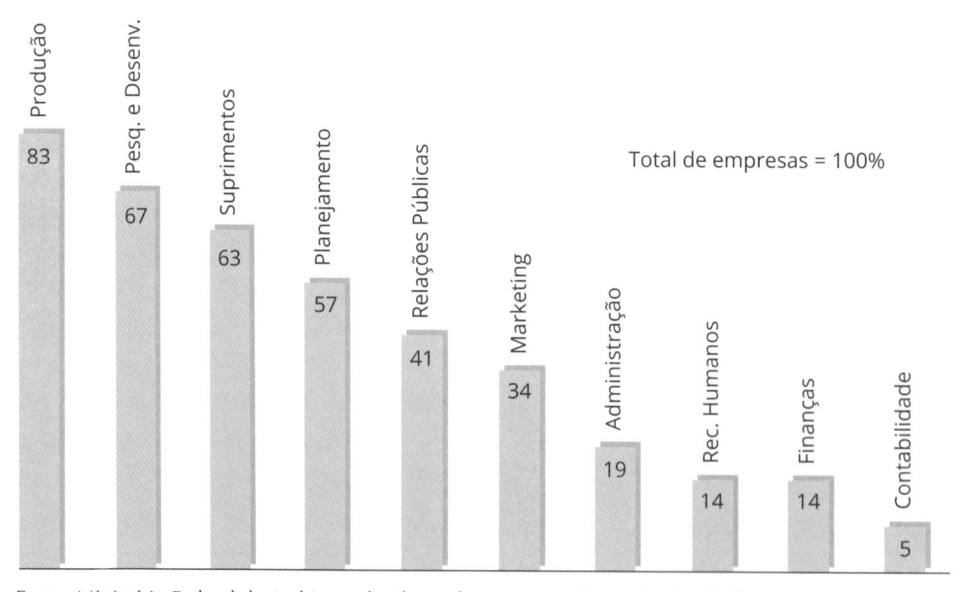

Área	%
Produção	83
Pesq. e Desenv.	67
Suprimentos	63
Planejamento	57
Relações Públicas	41
Marketing	34
Administração	19
Rec. Humanos	14
Finanças	14
Contabilidade	5

Total de empresas = 100%

Fonte: Ministério Federal do Ambiente da Alemanha com a participação do BAUM.

Nesse sentido, para que a causa ambiental da empresa atinja seus objetivos, a atividade de meio ambiente na organização deve potencializar ao máximo sua atuação junto aos demais setores da empresa, buscando integração profissional responsável e perfeita sintonia de interesses, conforme pode ser verificado na Figura 5.3.

Figura 5.3 – Ligação da área de meio ambiente com as demais áreas funcionais.

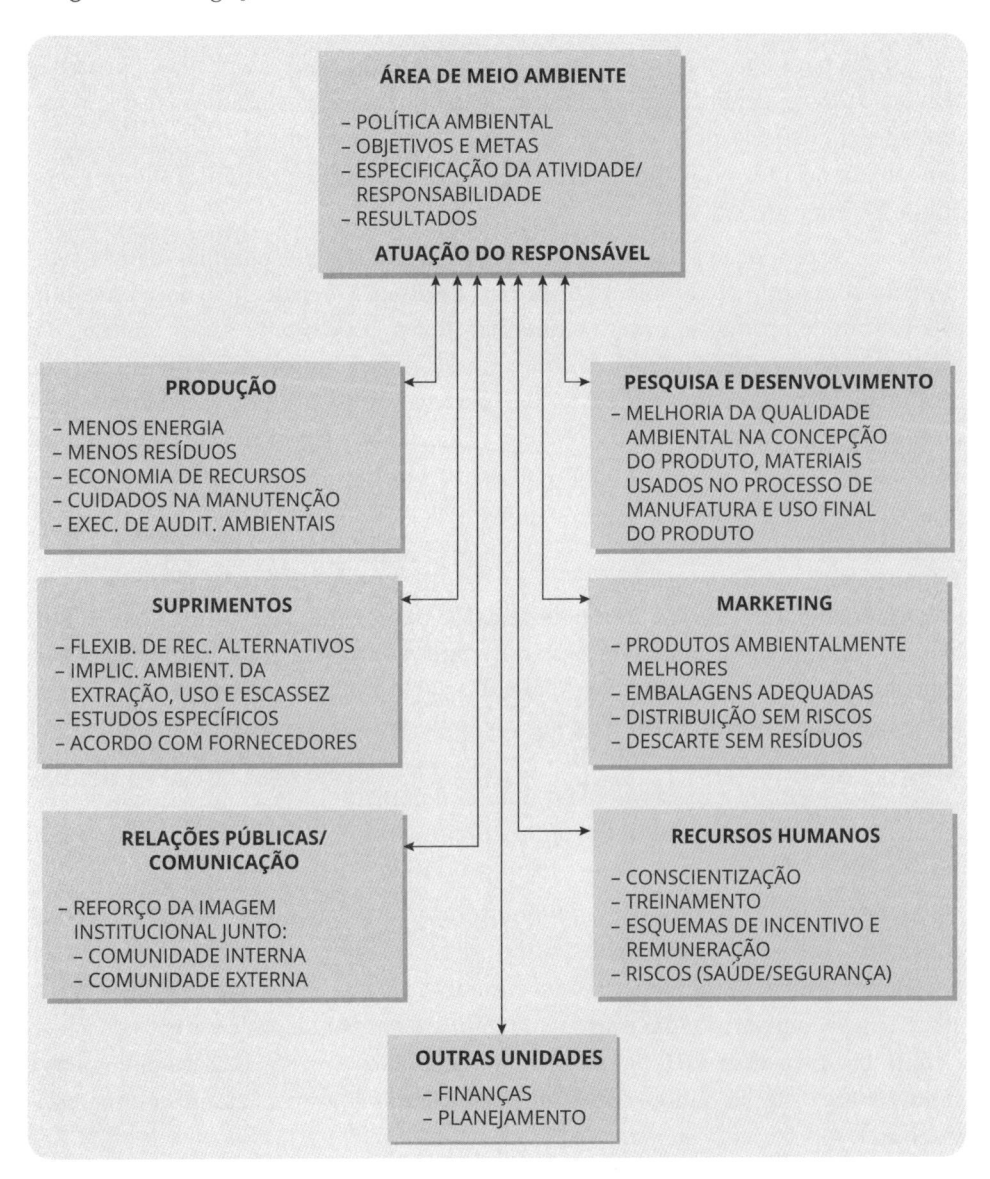

```
                        ÁREA DE MEIO AMBIENTE
                        – POLÍTICA AMBIENTAL
                        – OBJETIVOS E METAS
                        – ESPECIFICAÇÃO DA ATIVIDADE/
                          RESPONSABILIDADE
                        – RESULTADOS
                        ATUAÇÃO DO RESPONSÁVEL
```

PRODUÇÃO	PESQUISA E DESENVOLVIMENTO
– MENOS ENERGIA – MENOS RESÍDUOS – ECONOMIA DE RECURSOS – CUIDADOS NA MANUTENÇÃO – EXEC. DE AUDIT. AMBIENTAIS	– MELHORIA DA QUALIDADE AMBIENTAL NA CONCEPÇÃO DO PRODUTO, MATERIAIS USADOS NO PROCESSO DE MANUFATURA E USO FINAL DO PRODUTO

SUPRIMENTOS	MARKETING
– FLEXIB. DE REC. ALTERNATIVOS – IMPLIC. AMBIENT. DA EXTRAÇÃO, USO E ESCASSEZ – ESTUDOS ESPECÍFICOS – ACORDO COM FORNECEDORES	– PRODUTOS AMBIENTALMENTE MELHORES – EMBALAGENS ADEQUADAS – DISTRIBUIÇÃO SEM RISCOS – DESCARTE SEM RESÍDUOS

RELAÇÕES PÚBLICAS/COMUNICAÇÃO	RECURSOS HUMANOS
– REFORÇO DA IMAGEM INSTITUCIONAL JUNTO: – COMUNIDADE INTERNA – COMUNIDADE EXTERNA	– CONSCIENTIZAÇÃO – TREINAMENTO – ESQUEMAS DE INCENTIVO E REMUNERAÇÃO – RISCOS (SAÚDE/SEGURANÇA)

```
                        OUTRAS UNIDADES
                        – FINANÇAS
                        – PLANEJAMENTO
```

Assim sendo, procurar-se-á estabelecer a ligação da área ambiental com cada uma das demais áreas administrativas, estabelecendo os principais aspectos que deverão ser levados em consideração no sentido de valorizar a causa ambiental na organização.

a) PRODUÇÃO

A tecnologia de produção e de operação inclui todas as instalações e maquinarias usadas para a transformação e processamento de matérias-primas e produtos semiacabados e, geralmente, tem papel determinante em relação às emissões das unidades industriais, pois os produtos finais do processo produtivo estão frequentemente associados com indesejáveis saídas, tais como os resíduos/efluentes e a poluição propriamente dita.

A área de produção pelas suas características é aquela que possui o maior envolvimento com a questão ambiental. Em virtude disso, a área de meio ambiente, junto à função de produção, deverá empenhar-se para que o processo produtivo, em todas suas fases, apresente menos consumo de energia, minimize a quantidade de resíduos/efluentes, economize insumos, obedeça aos padrões de emissão mantendo total controle sobre os fluxos. Nesse sentido, deverá ser dada especial ênfase ao sistema de manutenção dos equipamentos e instalações que pode auxiliar de forma decisiva na melhoria dos padrões de qualidade ambiental, por meio da redução de incidência de falhas, melhora na eficiência das operações e economia dos insumos. A manutenção, que em instalações industriais de grandes riscos é um pré-requisito fundamental para evitar a ocorrência de acidentes ambientais catastróficos, é também importante fator na melhoria do desempenho ambiental da empresa, pois ela contribui para reduzir a poluição do ar e das águas, reduzir o consumo de energia, a produção de resíduos/efluentes e a geração de substâncias tóxicas. Permite a utilização das matérias-primas de forma mais eficiente, reduzindo poeira, barulho, odores etc., além de ampliar a vida útil do equipamento. A execução de auditorias ambientais periódicas é um importante instrumento de atuação e consolidação da área de meio ambiente junto ao processo produtivo.

A existência de um programa de monitoração ambiental possibilitará informações sobre como agir rapidamente para eliminar ou reduzir os problemas causados por efeitos ambientais adversos. O monitoramento que deve manter e melhorar a eficiência produtiva com um mínimo de impacto ambiental pode ser feito de várias e contínuas formas de medidas sobre qualidade do ar e da água, testes biológicos e efeitos sobre os trabalhadores e comunidade, além da flora e da fauna, enfim, considerando todo o ecossistema.

Iniciando seu trabalho, a área de meio ambiente em conjunto com o pessoal de produção deve fazer uma análise da situação atual, evidenciando as tecnologias e os processos existentes na manufatura e sua situação em relação aos padrões exigidos pela legislação. De posse dessas informações deve-se propor alternativas ambientalmente mais favoráveis que possam conduzir a uma melhoria da *performance* do sistema atual no curto prazo, buscando sempre que possível, a redução, a reutilização, a reciclagem e reprocessamento dos materiais.

A atividade produtiva deve ser feita de forma responsável, por isso, se o bem é produzido de forma insegura, seja para os trabalhadores, seja para a comunidade, dentro das especificações atuais, devem ser buscadas alternativas para sua substituição ou para modificações no processo produtivo. Assim, a organização deve manter-se atualizada sobre as inovações relevantes que possam melhorar seu desempenho ambiental e social no sentido de continuamente melhorar e reavaliar seu processo produtivo. Nesse sentido, a associação entre *produção – qualidade – meio ambiente – segurança* é fundamental para a sobrevivência da empresa no longo prazo, pois num sentido amplo a qualidade total da empresa só pode ser concebida num contexto de qualidade ambiental.

Em relação à economia de energia e água, podemos dizer que se constitui num item potencial de redução de custos da empresa. A ligação entre redução do consumo de energia e água, diminuição de despesas e preservação ambiental é um bom ponto de partida para a atuação da área de meio ambiente na organização e no engajamento dos empregados.

Em alguns setores industriais em que o consumo de energia é mais intenso, os custos energéticos podem afetar decisivamente a competitividade da empresa. O mesmo pode ser dito em relação à água, que é um importante condutor de energia em muitos sistemas de aquecimento e refrigeração, além de transportador de resíduos sanitários e demais efluentes. Verificando como a energia e a água são utilizadas na empresa, podemos gerar novas ideias em relação a seu aproveitamento e consumo.

Assim, é crucial a implementação e execução de auditoria interna em relação ao consumo de energia e água em seus diferentes centros de custos, a fim de identificar quais são os maiores consumidores dentro da organização e manter controle sobre eles. Isso pode ser feito por meio de uma equipe de pessoas que se encarregará de recolher informações sobre a energia e a água consumida nas diferentes atividades da empresa, questionando e justificando sua utilização. Competirá a essa equipe verificar e reduzir as perdas de energia ocorridas, melhorar a eficiência de seu consumo e estudar novas alternativas de economia e de reutilização.

Dessa forma, poderão ser implementadas medidas de economia de energia e de água, tanto a curto quanto a longo prazo. É importante que os trabalhadores sejam informados dos resultados obtidos para que possam trabalhar em sua manutenção e melhoria.

A falta de locais para deposição de resíduos e a possibilidade de reutilização e reciclagem têm feito da administração dos resíduos, importante atividade dentro da área de produção. A brusca mudança de cenário, sobretudo pelo estreitamento da legislação, agravada pelo encarecimento e dificuldades da correta deposição dos resíduos/efluentes, tem dado à gestão dos resíduos uma importância crescente e estratégica. Assim, as empresas se empenham em melhorar a eficiência de seus processos no intuito de reduzir ao mínimo possível a geração de resíduos/efluentes, além do fato de investirem em novas tecnologias que os transformam em subprodutos, podendo ser reintegrados no processo (reuso da água, geração de energia etc.) ou comercializados com outras empresas.

A tarefa principal em relação à geração de resíduos diz respeito à identificação dos problemas prioritários que devem ser atacados do ponto de vista de custo. Nesse sentido, é importante identificar e conhecer o fluxo de resíduos, classificá-los segundo sua periculosidade e suas possibilidades de reaproveitamento e reciclagem, procurando eliminar ou reduzir a existência de resíduos na origem e desenvolvendo métodos seguros de transporte e descarte.

Essa colocação confronta a antiga mentalidade ligada ao tratamento de fim de tubo (*end-of-pipe treatment*) que permitia que o processo de produção gerasse os resíduos que bem entendesse, pois posteriormente seriam transferidos para um local de tratamento. Essa solução, além de inadequada sob a ótica ambiental, era demasiadamente dispendiosa.

Hoje, o enfoque moderno da gestão dos resíduos enfatiza que apenas quando nem a modificação do produto, mudança no processo, redesenho ou manutenção dos equipamentos, nem o processo de reciclagem são possíveis ou suficientes para alcançar os padrões exigidos, é que as instalações de tubo devem ser consideradas.

Assim, deve-se efetuar uma auditoria interna para avaliar a produção e a deposição dos resíduos, bem como averiguar as fontes de emissões e seu respectivo controle. É importante manter-se informado sobre o que está sendo feito por outras empresas e analisar a possibilidade de formar parcerias e associações com empresas para lidar de forma conjunta com esse problema.

Deve-se investigar alternativas para reduzir ou eliminar resíduos e emissões, incentivando a participação dos funcionários e a ajuda dos órgãos governamentais especializados na implementação de uma estratégia de ação e na formação de uma infraestrutura básica para apoiá-la.

Especificamente em relação à possibilidade de reciclagem, é importante não só apoiar tais iniciativas, mas também manter-se informado sobre os materiais que estão sendo reciclados, empresas que trabalham nesse mercado e possibilidade de utilização de seus produtos. Internamente, deve-se fazer uma análise das possibilidades de reciclagem que incluam energia, trabalho e capital necessário *versus* ganhos obtidos não só em termos financeiros, mas também em relação à redução dos efeitos poluentes da situação atual da produção.

A questão ambiental na área de produção, obrigatoriamente inclui o local de trabalho, pois as condições do ambiente interno são fundamentais para a saúde física e mental dos que ali trabalham e para o bem-estar de toda a organização.

Assim sendo, se as condições existentes em relação à iluminação, ventilação, barulho, poeira, calor, vibração, temperatura, odores, substâncias tóxicas etc. não estiverem adequadamente solucionadas, torna-se difícil convencer os trabalhadores de que as questões ambientais são importantes dentro da organização.

De maneira análoga, se as condições de segurança, de salários, de promoção, treinamento, alimentação, atendimento médico etc. são precárias, é praticamente impossível engajar os funcionários com a causa ambiental. A ligação dos aspectos físicos com os aspectos psicossociais do ambiente do trabalho e seu adequado funcionamento estão diretamente associados à qualidade ambiental.

Nesse sentido, a planta física e seu ambiente, seja na eventualidade de novos investimentos, seja na reformulação da situação existente, deverão ser alvo de constante reavaliação. Dessa forma, os edifícios e os equipamentos deverão ser concebidos para propiciar bem-estar a seus usuários e economia de energia e água. As instalações deverão ser planejadas por meio de seleção de materiais que possibilitem manutenção preventiva adequada e privilegiar a luz natural, áreas verdes e um ambiente estético agradável. Especial atenção deve ser dada ao transporte interno na organização, buscando otimizar o uso da energia e reduzir o transporte desnecessário.

Em alguns ramos industriais de grande risco, há a necessidade de se estabelecer um plano para emergências ambientais, em face das consequências que um acidente pode acarretar nos trabalhadores e na comunidade onde as empresas se localizam. Tais planos visam não só prevenir os acidentes, mas também mitigar os danos causados por qualquer tipo de acidente que venha ocorrer.

A Organização Internacional do Trabalho (OIT) dispõe de manuais específicos para o estabelecimento de sistema de controle em operações industriais de grande risco: *Major Hazard Control* (1988) e *Prevention of Major Industrial Accidents* (1991).

De forma sintética, esses manuais enfatizam que a parte fundamental é a identificação das atividades de grande risco, que incluem substâncias tóxicas, inflamáveis e explosivas e suas condições de operação. Assim, poderão ser formulados estudos sobre alternativas de ação em relação ao controle das causas dos acidentes e utilização adequada e segura do processo operacional. Concomitantemente, deverão ser preparados planos de emergência específicos, com claras definições sobre procedimentos, responsabilidades, equipamentos e pessoal envolvido. Finalmente, devem ser estabelecidas normas e cronograma para a manutenção preventiva e a auditoria sistemática das atividades sujeitas a acidentes de grande risco.

b) PESQUISA, DESENVOLVIMENTO & INOVAÇÃO (P,D&I)

O objetivo fundamental da área de P, D&I é adaptar os bens e serviços oferecidos pela empresa às necessidades do mercado. As necessidades do mercado incluem não só a avaliação da *performance* técnica do processo e do produto, mas também seu desempenho em termos ambientais, sobretudo para aqueles produtos sujeitos à legislação ambiental. Assim, como as decisões tomadas durante a fase de desenvolvimento do produto podem trazer comprometimentos futuros ao meio ambiente, às questões de custo, prazo e qualidade, deverá a área de Pesquisa, Desenvolvimento & Inovação incorporar as questões pertinentes à qualidade ambiental em sua totalidade.

Nesse sentido, a área de meio ambiente deve estreitar seu relacionamento com a área de P, D&I no intuito de incentivar, acompanhar e apoiar todos os estudos que tenham como objetivo a melhoria do desempenho ambiental da empresa.

Assim, a primeira tarefa seria a identificação entre os produtos existentes daqueles que poderiam ser melhorados dentro de um critério ambientalmente responsável. Em seguida seriam feitas análises das fases do ciclo de vida dos produtos desde sua concepção, especificação, produção, uso, reutilização, descarte e deposição de resíduos, observando os impactos ambientais ocorridos em cada uma das fases, enfatizando a utilização de matérias-primas renováveis, tecnologia limpa, economia de insumos e energia e a possibilidade de reciclagem. Além disso, dar especial atenção à manutenção, durabilidade e uso adequado do produto junto ao consumidor final.

Na tarefa de análise das diferentes fases do ciclo de vida do produto, podem ser incluídos outros tipos de análise, tais como de mercado, de valores, técnicas que juntamente com a ambiental permitirão uma reavaliação mais adequada da situação atual.

No sentido de desenvolver processos e produtos ambientalmente mais seguros, deve-se procurar reduzir ou eliminar a existência de materiais tóxicos e efetuar novos projetos levando em consideração a saúde e o bem-estar dos trabalhadores e consumidores e o respeito às formas de vida e os ecossistemas.

Depois de os processos e produtos terem sido avaliados de forma bem-sucedida nos laboratórios da área de P, D&I, a responsabilidade pela sua implementação, execução e reciclagem no processo produtivo caberá à área de Produção/Suprimentos.

c) SUPRIMENTOS

A área de suprimentos assegura que a empresa seja capaz de produzir e distribuir bens de forma econômica, visto que é responsável pela aquisição dos bens de consumo e bens de capital que representam importante porcentagem no custo das empresas. Recentemente, a área de suprimentos tem-se tornado muito importante na obtenção dos resultados de produção e no auxílio ao desenvolvimento de novas tecnologias e novos produtos.

Junto à área de suprimentos, a área de meio ambiente pode iniciar seu trabalho pela análise da situação atual, coletando informações sobre a matéria-prima utilizada pela empresa e seus fornecedores, atentando para suas características ambientais, considerando: a escassez dos recursos, as implicações ambientais de sua extração e utilização, o grau de flexibilidade que o uso dos recursos substitutos pode oferecer e a facilidade de reaproveitamento e reciclagem. As curvas de Pareto e ABC que identificam os materiais mais consumidos e custosos podem ser utilizadas para identificar os materiais mais nocivos ao ambiente. Uma vez identificados pode-se estabelecer uma prioridade para substituir esses produtos.

A área de Suprimentos deve implementar estratégias e práticas mais adequadas do ponto de vista ambiental. Assim, fundamental será o desenvolvimento e o acompanhamento junto aos fornecedores, de uma política de constante melhoria ambiental nos insumos fornecidos. A melhoria no sistema de armazenagem, a instalação de equipamentos mais modernos, o reaproveitamento dos resíduos, a reciclagem dos materiais, a substituição das substâncias tóxicas e perigosas, os meios de transportes externos e internos, o treinamento adequado do pessoal para lidar com materiais perigosos e o número de manuseios do material em seus diferentes estágios desempenham importante papel da preocupação ambiental na área de Suprimentos.

Atualmente, em face da necessidade de reavaliação da utilização dos resíduos do processo produtivo, sua reciclagem ou a simples venda para terceiros, tem ocorrido aumento da importância da administração dos resíduos dentro da organização, cabendo sua responsabilidade à atuação conjunta das áreas de Produção e de Suprimentos.

d) MARKETING

A atividade de Marketing compreende uma série de atividades que tem por objetivo viabilizar a chegada do produto acabado ao consumidor final. Na atualidade, os fatores ambientais têm ganhado importância na avaliação da estratégia de Marketing da organização, pois as alterações da legislação ambiental, cada vez mais rigorosas, e a crescente conscientização ambiental da sociedade e dos consumidores, tem feito surgir riscos potenciais e novas oportunidades de comercialização de bens e serviços que devem ser adequadamente avaliadas para garantir a competitividade da empresa e preservar sua imagem e responsabilidade social.

Como se trata de uma exigência relativamente nova por parte dos consumidores, nem estes têm noção do impacto ambiental dos produtos que atualmente consomem e do que devem exigir das empresas e nem mesmo o pessoal de Marketing está preparado para lidar com todas as variáveis que envolvem esse novo "mercado verde". Nesse sentido, podem ser citados alguns guias editados no exterior: *Shopping for a Better World* (1989) – USA e *Green Consumers Guide* (1989) – Inglaterra, que são extremamente úteis para um aprofundamento nessas questões.

No Brasil, entidades como Instituto Akatu, Instituto Ethos, entre outros, publicam materiais que podem auxiliar o consumidor no seu processo de qualificação para o consumo consciente.

Assim sendo, o entrosamento entre a área ambiental, a área de Marketing e a área de P, D&I deve ser caracterizado pela melhoria das decisões da empresa na concepção e desenvolvimento de produtos que possibilitem melhorias em seus atributos ambientais, não só no que diz respeito à sua produção e uso, mas também em relação a embalagens mais adequadas ao ambiente, distribuição sem riscos e descarte de resíduos/efluentes na menor quantidade possível, sem impactar negativamente o meio ambiente.

Nesse sentido, a área ambiental deve estabelecer, juntamente com a área de Marketing, uma estratégia que possa, inicialmente, avaliar os produtos atuais e os segmentos mais suscetíveis em relação à questão ecológica, passando pela promoção, pelo preço e pela distribuição dos produtos.

Com essa finalidade, deverão ser reavaliadas as embalagens evitando seu uso excessivo e a utilização de papéis não recicláveis, tintas tóxicas etc. Deve ser estudada a possibilidade de lançar produtos para o mercado verde, onde as informações sobre seus benefícios ecológicos devem ser enfatizadas, bem como sua repercussão no preço das mercadorias. Vários estudos de mercado têm demonstrado que os consumidores estão dispostos a pagar preços mais elevados para produtos que comprovadamente contribuem para a preservação do meio ambiente.

Em alguns países, os produtos verdes são identificados por um selo ambiental, como pode ser visualizado na Figura 5.4, que acaba ajudando os consumidores a identificar os produtos benéficos ao ambiente. A Câmara de Comércio Internacional sugere uma série de princípios para implantar esquemas de selos ambientais, em seu trabalho de 1990, *ICC Position Paper on Environmental Labelling Schemes* (Paris).

Figura 5.4 – Exemplos de selos ambientais.

LEED
U.S.A

GHG Protocol
U.S.A.

ABNT NBR
ISO 14024
Brasil

RGMAT
Brasil

FSC
Alemanha

A área de Marketing deve dar atenção especial à distribuição dos produtos, procurando idealizar eficientes sistemas de transporte e de reciclagem que levem em conta tanto os fatores econômicos como os ecológicos. Proporcionar serviços de assistência técnica e de orientação ao consumidor, assegurando que os produtos sejam usados e descartados de forma correta, é outra importante tarefa da área de Marketing, que pode, paulatinamente, inserir a questão ambiental em sua estratégia e política de atuação.

e) RELAÇÕES PÚBLICAS/COMUNICAÇÃO

A finalidade da área de Relações Públicas/Comunicação é estabelecer uma ligação permanente entre a empresa, seus *stakeholders*, além do público em geral, de modo a estabelecer uma relação pautada na transparência e confiabilidade. A área ambiental deve participar da decisão de como a empresa utiliza a variável ecológica para reforçar sua imagem institucional ambiental, tanto junto à comunidade externa, em nível nacional ou internacional, como junto à comunidade interna, composta pelo pessoal que nela trabalha. Essa atitude permitirá o fornecimento adequado das informações sobre as atividades da empresa em relação à questão ambiental, propiciando clareza e transparência em sua forma de atuação. Isso é importante notadamente nos ramos industriais que apresentam forte envolvimento com a preservação do meio ambiente.

Ainda hoje, o comportamento de muitas organizações é de manter o silêncio sobre as questões ambientais e cercar do máximo sigilo todas as informações sobre como os produtos são produzidos, os riscos envolvidos e as precauções que estão sendo tomadas. Essa atitude está completamente equivocada, pois pode resultar numa falsa avaliação do que está sendo feito, exigindo uma investigação por parte do público e criando antagonismo dentro de seu próprio pessoal.

Em relação ao ambiente, nada pior do que tentar aparentar uma imagem que não condiz com a realidade. As declarações públicas sobre os problemas ambientais devem caracterizar-se por dizer a verdade e agir de acordo com o que se diz. Estar mais preocupada com aquilo que a empresa fez e faz e não com o que pretende fazer. Ter coerência entre intenção e ação é a política mais adequada a ser obedecida pela área de comunicação.

Uma vez engajada na intenção de melhorar e manter sua imagem ambiental, ela deve, além de implementar medidas efetivas para a preservação, desenvolver programas mais amplos que incluem: visitas às fábricas, organização de mesas redondas e informativos sobre o assunto, estabelecimento de ligações com os órgãos de controle, imprensa e grupos ambientalistas, além de propiciar programas de informações ambientais para os diferentes segmentos da comunidade.

Uma eficiente atuação da área de Relações Públicas/Comunicação não se deve resumir às fronteiras nacionais, pois com a globalização dos mercados é certeza absoluta a inclusão de normas relativas ao ambiente na formalização dos mercados comuns. Tais normas provocarão efeitos nas exportações e importações e poderão afetar a competitividade atual, abrindo novos setores do mercado e ampliando a oferta de empregos. As empresas atuais deverão estar preparadas para enfrentar essa nova realidade do cenário dos negócios.

f) RECURSOS HUMANOS

O desempenho de uma organização está fortemente associado à qualidade de seus recursos humanos. Se uma empresa pretende implantar a gestão ambiental em sua estrutura organizacional, deve ter em mente que seu pessoal pode transformar-se na maior ameaça ou no maior potencial para que os resultados esperados sejam alcançados.

Assim, a área ambiental deve desenvolver em conjunto com a área de Recursos Humanos intenso programa de conscientização, visto que a atividade de meio ambiente inicia-se e concretiza-se alterando o comportamento das pessoas que a integram. Como o público pode acreditar na boa intenção da empresa em relação ao meio ambiente, se o pessoal interno não estiver convencido e motivado para contribuir de forma positiva na questão ambiental?

Se os trabalhadores não estiverem engajados nesse objetivo, o resultado será medíocre. Se a força de trabalho estiver comprometida com os princípios da gestão ambiental, haverá uma melhora contínua nos índices de qualidade ambiental da empresa.

No que se refere à conscientização dos funcionários, podem ser estruturados esquemas de remuneração e incentivo que propiciem a melhoria da qualidade ambiental. Assim poderão ser atribuídas vantagens financeiras para as sugestões que impliquem redução de resíduos e efluentes, economia de água, energia, matéria-prima etc.

Do mesmo modo podem ser idealizadas medidas indiretas em relação à questão ambiental e à organização do trabalho e do tempo dos trabalhadores. Assim, áreas arborizadas e bem cuidadas, alimentação integral nos refeitórios, livros e revistas com conteúdos ambientais disponíveis na biblioteca, murais e jornais da empresa com informações ecológicas, ao lado de esquemas de horários flexíveis, podem contribuir para reduzir o congestionamento do tráfego e possibilitar a utilização de transporte público. Locais ergonomicamente concebidos para execução das tarefas, com iluminação e ventilação adequadas, representam aspectos importantes, visto que a qualidade ambiental só poderá evoluir se ao mesmo tempo tivermos elevados padrões no que se refere a equipamentos, tecnologia, conhecimento científico e recursos humanos.

Um aspecto fundamental da área de Recursos Humanos está ligado ao treinamento para a gestão ambiental, desenvolvendo habilidades para lidar com essa questão. Nesse sentido, além da necessidade de prover informações de caráter específico relativas ao conhecimento da área ambiental, das ações tomadas e de seus reflexos na preservação do meio ambiente, reveste-se de maior importância a ênfase no treinamento que possibilite mudança de atitude por parte dos gerentes e subordinados, a fim de que eles possam, em consonância, desenvolver adequado comportamento ambiental em suas atividades diárias.

No aspecto técnico, o treinamento dos gerentes em gestão ambiental deve incluir as questões ambientais no processo de tomada de decisão, de modo que eles sejam encorajados a formular e implementar ações considerando suas consequências ambientais e sua repercussão junto à comunidade. Deve ao mesmo tempo apoiar e auxiliar os gerentes em sua comunicação com seus subordinados, no sentido de enfatizar as questões ambientais, juntamente com os aspectos relacionados às economias de energia e de custos.

Embora possa haver treinamentos formais regulares, as empresas deverão desenvolver seus próprios esquemas para treinamento/capacitação na área ambiental e, nesse caso, há uma questão que sempre é discutida, deveremos tratar da gestão ambiental de maneira específica e isolada ou ela deve ser integrada nos demais programas de treinamento existentes. A resposta correta é que as duas alternativas devem ser implementadas.

Assim, a integração do conhecimento ambiental nos programas de treinamento de outras especialidades, tais como produção, finanças, marketing etc., possibilita a inserção da questão ambiental nas considerações do dia a dia e no processo de decisão dos participantes das capacitações, habituando-os a avaliar de forma consistente essa questão em sua rotina diária.

Por isso, a integração da variável ambiental nos programas formais já existentes na empresa, no treinamento de gerentes e dos funcionários é considerada a forma mais adequada para que eles possam considerar a questão ambiental como importante variável em seu processo de tomada de decisão.

Nesse sentido, alguns temas específicos que poderiam ser incluídos nos treinamentos existentes seriam: Auditoria ambiental, Auditoria energética, Marketing verde, Administração de resíduos e reciclagem, Responsabilidade social da empresa, Comunicação e participação nas questões ambientais, Tecnologia limpa, Produção Enxuta, Consumo consciente etc.

Essa vantagem obtida pela inserção da variável ambiental não elimina a necessidade de serem ministrados cursos específicos sobre Gestão Ambiental na empresa, pois, quando se integra a variável ambiental em programas na área de produção, de Marketing, de P, D&I etc., enfatiza-se sua validade dentro de determinada área de atuação, mas perde-se a visão globalizante e abrangente da questão ambiental na empresa que permite visualizar toda sua dimensão e importância que só é possível dentro de um curso especialmente dirigido para a Gestão Ambiental.

Finalizando, deve ficar claro que qualquer que seja a orientação do treinamento, ele não deve se restringir a aulas formais. Assim, as visitas às fábricas, a participação de setores da sociedade, das ONG (Organizações Não Governamentais) nos esquemas de treinamento são fundamentais para que o treinando consiga compreender todas as variáveis que integram o contexto da questão ambiental da organização.

g) PLANEJAMENTO

Interessada em desenvolver em sua organização a gestão ambiental, a Administração deve proceder a uma análise crítica de sua filosofia atual, idealizar qual será a política a ser adotada em relação às questões ambientais e estabelecer as estratégias apropriadas para atingir os objetivos predeterminados.

No estabelecimento das estratégias, a área de Planejamento, juntamente com a área de Meio Ambiente, deverá estabelecer quais os passos que serão dados em relação às mudanças existentes no ambiente imediato, que exigirão a adaptação da organização daquelas relativas às mudanças no ambiente futuro que demandarão uma postura estratégica adequada na situação presente.

Assim, o planejamento estratégico deverá avaliar o ambiente externo procurando identificar no que diz respeito às questões ecológicas, as oportunidades e os riscos (ameaças) existentes na legislação ambiental, no nível de consciência dos consumidores e da sociedade como um todo, no que está sendo feito pela indústria a que a empresa pertence, no comportamento dos concorrentes e no avanço da tecnologia nesse campo.

Com isso delineado, ela deverá se voltar para seus fatores internos a fim de analisar seus pontos fortes e fracos para adequá-los aos objetivos estabelecidos. Assim, poder-se-á formalizar uma estratégia ambiental consistente que conte com o apoio da Alta Administração e consiga obter os recursos necessários para sua implementação e disseminação em todos os níveis hierárquicos.

Em relação a isso, com a interiorização da atividade/função ambiental na empresa deverão ocorrer mudanças na estrutura organizacional da empresa e no inter-relacionamento entre as diferentes unidades funcionais, tanto a curto quanto a longo prazos que poderão repercutir tanto no nível formal, atingindo o sistema de atividades, autoridade e de comunicação da empresa, como no nível informal, que inclui as relações de poder, as relações interpessoais, o clima organizacional, a conscientização do pessoal, as relações com a comunidade etc.

No planejamento operacional, a recomendação é iniciar com ações que possuam maior probabilidade de sucesso e que possam gerar certa publicidade favorável, como é o caso de economia de água e energia, uso de papéis recicláveis, reaproveitamento de resíduos, reciclagem etc. para, apenas posteriormente, serem delineadas aquelas ações tidas como mais polêmicas e que deverão obter unanimidade de aprovação. Winter (1989) sugere em relação a isso que devem ser tomadas inicialmente medidas de defesa do ambiente estabelecidas pela legislação. Em seguida, decidir sobre aquelas ações que podem ser tomadas e que resultem em benefícios para a empresa, tais como redução de custos e de riscos de responsabilidade. Posteriormente, a empresa deve implementar medidas benéficas ao ambiente que, mesmo não trazendo retorno financeiro, sirvam para manter a questão ambiental como uma cultura permanente na organização. Finalmente, seguindo essa orientação e consciente de sua responsabilidade social, esgotadas as demais possibilidades, deverão ser implementadas as ações que, mesmo sobrecarregando a empresa, possam ser revertidas em benefício para a comunidade e sociedade. Esse é o último estágio da gestão ambiental, onde de certa forma a empresa se coloca a serviço da preservação do ambiente e caracteriza o grau mais elevado dentro do conceito da excelência ambiental.

Na avaliação de novas plantas, de modificação das instalações e nos processos industriais, as questões ambientais deverão ser avaliadas em todas as fases do projeto, desde a concepção até sua operação e extensão.

Em alguns casos podem ser exigidos estudos especiais, entre os quais se inclui o EIA/RIMA (Estudo de Impacto Ambiental/Relatório de Impacto Ambiental). O EIA é um importante instrumento de planejamento e controle ambiental utilizado para prever os impactos ambientais e encontrar formas para reduzir seus aspectos negativos, devendo ser utilizado em todas as iniciativas que possam ter significativos efeitos ambientais.

No Brasil, o Conselho Nacional do Meio Ambiente (Conama) por meio da Resolução nº 001/86 instituiu a obrigatoriedade de elaboração e apresentação do EIA/RIMA para o licenciamento de atividades consideradas modificadoras do meio ambiente. Tal atitude significou considerável conquista para a avaliação dos projetos de empreendimentos que a partir daquele instante incorporaram a variável ambiental às variáveis técnicas e econômicas.

Para licenciamento das atividades, a Secretaria de Meio Ambiente do Governo do Estado de São Paulo estabeleceu um Manual de Orientação que inclui um Roteiro básico para o desenvolvimento do EIA e elaboração do Rima. Esse roteiro que consta do Anexo I deste livro aplica-se aos diferentes tipos de atividades ou empreendimentos, cabendo à equipe técnica responsável pela elaboração de seus documentos a seleção dos indicadores a serem utilizados, ou mesmo, se necessário, a inclusão de novos fatores.

h) FINANÇAS

Para a empresa empenhada na questão ambiental, a questão financeira é extremamente importante não só para a obtenção dos recursos necessários para sua viabilização, mas também para controle e acompanhamento dos investimentos já realizados. Nesse sentido, deve ficar claro que os resultados financeiros da causa ambiental só se configuram no médio e longo prazo, pois alguns resultados demoram a aparecer. De qualquer forma, deve-se ter sempre em mente que investimentos em prevenção evitam problemas futuros e são sempre menores do que aqueles que se podem resultar a médio e longo prazo e que podem colocar em risco a própria sobrevivência da empresa.

A área ambiental deve trabalhar com a de Finanças para ajudar na avaliação financeira da questão ambiental, que não é uma tarefa fácil. Estabelecer preços para externalidades exige uma avaliação dos danos ambientais, que até o presente momento só pode ser feita de maneira aproximada. O princípio do poluidor-pagador tende a exigir um aprimoramento dos instrumentos financeiros para avaliar essas questões e estimar sua transformação em encargos para os poluidores e geradores de resíduos. É sabido que a empresa poluidora pode ser alvo de multas e processos judiciais, além de sérias restrições na obtenção de créditos.

Por outro lado, a verificação do retorno financeiro dos investimentos feitos na prevenção ambiental vai além das avaliações usuais de relação custo-benefício. Assim, devem ser desenvolvidos esquemas especiais para avaliação de indicadores financeiros ambientais, que possam estabelecer índices em que possa se comparar as unidades produzidas com energia consumida, resíduos produzidos, materiais consumidos, água consumida etc.; estimação de *pay-back* do processo verde em relação ao processo normal, que incluam problemas ambientais futuros, inclusão de externalidades, bem como o uso de recursos e investimentos ambientais que desfrutem de benefícios fiscais específicos, tais como prazos mais longos, depreciação acelerada, abatimento nos impostos etc.

Prevê-se que à medida que a regulamentação ambiental se intensifique, o papel da Contabilidade e dos Relatórios anuais (Balanço de Lucros e Perdas) deverá conter valores que indiquem as despesas efetuadas pela empresa em relação à poluição e degradação ambiental, bem como as implicações financeiras resultantes da preservação ambiental. Isso já tem sido feito na Europa e deverá aos poucos tornar-se uma prática comum nos demais países.

No Brasil, a Lei de Crimes Ambientais está descrita na Lei nº 9.605, de 12-2-1998, e na Medida Provisória 2.163-41, de 23-8-2001, que constam dos Anexos II e III deste livro.

5.4
CONCLUSÃO

Na verdade, vários aspectos da integração da área ambiental com as demais áreas funcionais dependem da atuação, da experiência e da reputação de seu responsável, que deve ter uma atuação proativa dentro da organização. Outro fator significativo é a disponibilidade de recursos que a empresa direciona para a gestão ambiental, pois sem essa garantia de aporte financeiro, fica muito difícil, pelo menos de início, reavaliar processos, modificar equipamentos, pesquisar novos produtos etc.

Contudo, o aspecto mais importante e fundamental a ser considerado para a perfeita harmonização e integração da área ambiental junto às demais áreas funcionais é a disposição política da Alta Administração em transformar a causa ecológica em um princípio básico da empresa, superando o temor natural das organizações de enfrentar e equacionar de forma transparente seu envolvimento com a questão ambiental.

Questões para discussão

1. Na sua opinião, existe oposição entre a finalidade última da empresa, aqui entendida como promotora da maximização dos investimentos e os aspectos ambientais?
2. Descreva o processo de influência da variável ambiental na estratégia corporativa.
3. Sintetize as principais implicações da variável ambiental nos subsistemas Produção e P, D&I.
4. Sintetize as principais implicações da variável ambiental nos subsistemas Recursos Humanos e Finanças.

6
Programas de Gestão Ambiental

As organizações interessadas em equacionar seu envolvimento com a questão ambiental necessitam incorporar em seu planejamento estratégico e operacional um adequado programa de gestão ambiental que possa compatibilizar os objetivos ambientais com os demais objetivos da organização.

Os programas de gestão ambiental estabelecem as atividades a serem desenvolvidas, a sequência entre elas, bem como quem são os responsáveis pela sua execução. Normalmente, devem abranger os aspectos ambientais mais importantes e buscar uma melhoria contínua, ampliando seu escopo de atuação com o passar do tempo. Devem possuir dinamismo e flexibilidade suficientes para se adaptar a mudanças que podem ocorrer tanto no seu ambiente imediato quanto no seu ambiente futuro.

Há várias propostas para o estabelecimento de um programa de gestão ambiental, dentre as quais citaremos algumas. A primeira delas foi o Sistema Integrado de Gestão Ambiental, conhecido por Modelo Winter, desenvolvido a partir de 1972 pela empresa Ernst Winter & Sohn com sede em Hamburgo e Norderstedt na Alemanha. Posteriormente, Backer (1995) em sua obra propôs planos de ação que devem ser estabelecidos em sintonia com o que denomina Estratégia Ecológica da empresa. No Brasil, a Abiquim – Associação Brasileira da Indústria Química (1998) propõe aos seus associados o Programa Atuação Responsável, adotado oficialmente a partir de 1992. Porém, a partir de 1996 a maneira mais adequada de estabelecer um programa de gestão ambiental para a empresa é obedecer às Normas ISO 14001 e 14004 da ABNT que especificam diretrizes para a SGA – Sistema de Gestão Ambiental.

6.1
O MODELO WINTER

Conforme Winter (1992), em 1972, por ocasião do 125º aniversário da fundação da Ernst Winter & Sohn, fabricantes de ferramentas em diamante, a empresa tornou pública oficialmente a proteção do meio ambiente como um de seus objetivos.

A partir daí, ela passou a desenvolver uma série de atividades até chegar ao Sistema Integrado de Gestão Ambiental (Modelo Winter), que incorpora a questão ambiental em todos os setores da empresa, desde a política de programação até a área de P, D&I, da gestão de materiais até a produção e reciclagem, da construção de instalações industriais até o equipamento e seleção dos veículos da empresa, desde a formação de aprendizes até o treinamento e atualização dos empregados.

Segundo enfatiza Winter, as atividades ambientais de Winter & Sohn são parte integrante dos objetivos da empresa, o que significa que concomitantemente à atenção que a empresa dedica ao ambiente e à satisfação de seus recursos humanos, deve produzir mercadorias e serviços de alta qualidade de modo a atingir um resultado que justifique o investimento feito e coloque a empresa e os empregos que garante em bases seguras.

6.1.1
Módulos para gestão ambiental

Uma gestão ambiental sistemática não é algo que possa ser introduzido de imediato. Exige planificação, o estabelecimento de etapas sequenciais e vigor na sua implementação. Nesse sentido, devem ser considerados os aspectos econômicos, a tecnologia utilizada, o processo produtivo, a organização, a cultura de empresa e seus recursos humanos. O Modelo Winter, que pode ser implantado em qualquer empresa independentemente de seu esquema organizacional, procura descrever o Sistema Integrado de Gestão Ambiental por meio do estabelecimento de vinte módulos integrados, que têm por objetivo facilitar a sua implantação, a definição das prioridades e o respectivo cronograma de atuação como pode ser verificado na Figura 6.1.

Figura 6.1 – O Modelo Winter.

MODELO WINTER

MÓDULOS INTEGRADOS → ATRIBUIÇÃO DE PRIORIDADES → MÓDULOS SETORIAIS

PREVISÃO   AÇÃO

Fonte: Adaptado de Winter (1992).

OS MÓDULOS INTEGRADOS definem o perfil completo da gestão ambiental da empresa, que uma vez conhecidos deverão ser convenientemente avaliados, cabendo ao administrador verificar quais são os módulos setoriais que serão implementados, a fim de adaptar a gestão ambiental às condições atuais da empresa.

OS MÓDULOS INTEGRADOS se referem a:

1) Motivação da Alta Administração
2) Objetivos e estratégia da empresa
3) Marketing
4) Disposições internas em defesa do ambiente
5) Motivação e formação do pessoal
6) Condições do trabalho
7) Alimentação dos funcionários
8) Aconselhamento ambiental familiar
9) Economia de energia e água
10) Desenvolvimento do produto
11) Gestão de materiais
12) Tecnologia da produção
13) Tratamento e valorização de resíduos
14) Veículos da empresa
15) Construção das instalações/equipam
16) Finanças
17) Direito
18) Seguros
19) Relações internacionais
20) Relações públicas

6.2
OS PLANOS DE AÇÃO E A ESTRATÉGIA ECOLÓGICA

Backer (1995) enfatiza que os planos de ação da gestão ambiental devem ter origem no diagnóstico ecológico da empresa e estar em sintonia com a estratégia ecológica.

Segundo esse autor, a estratégia ecológica deve partir de um diagnóstico inicial e, sobretudo da análise do fator ambiental dentro da estratégia global da organização. Isso possibilitará quantificar o esforço necessário a ser desenvolvido na gestão ambiental e permitirá identificar as prioridades que deverão ser desenvolvidas nas diferentes unidades organizacionais.

O diagnóstico global que permite identificar o papel da questão ambiental dentro da organização se resume na análise de seis tabelas que incluem:

- o peso ecológico na estratégia empresarial;
- a estratégia de comunicação e de marketing em relação ao meio ambiente;

- a estratégia de produção em matéria de meio ambiente;
- a estratégia de recursos humanos em questões ambientais;
- as estratégias jurídica e financeira em relação ao meio ambiente;
- a estratégia de P,D&I relativa à questão ambiental.

De posse desse diagnóstico são idealizados os planos de ação que constituem o programa de gerenciamento ambiental dividido em:

- Plano de comunicação.
- Plano de investimentos.
- Plano de formação/sensibilização/avaliação.
- Plano de organização administrativa.
- Plano de projetos de P&D.

Esses planos sintetizam a Estratégia Ecológica que será utilizada pela organização no adequado equacionamento da questão ambiental, como mostra a Figura 6.2.

Figura 6.2 – Os planos de ação de Backer.

```
                    DIAGNÓSTICO AMBIENTAL
    ┌──────────┬──────────────┬──────────┬──────────────┬──────────────┐
COMUNICAÇÃO  PROCESSOS DE   RECURSOS   ADMINISTRAÇÃO   PESQUISA E
  E MKT      TRANSFORMAÇÃO  HUMANOS    E FINANÇAS      DESENVOLVIMENTO
    └──────────┴──────────────┼──────────┴──────────────┴──────────────┘
                           PLANOS
    ┌──────────┬──────────────┬──────────────┬──────────────┬──────────┐
  PLANO      PLANO        PLANO DE FORMAÇÃO/  PLANO DE       PLANO DE
   DE          DE          SENSIBILIZAÇÃO/   ORGANIZAÇÃO    PROJETO DE
COMUNICAÇÃO  INVESTIMENTOS   AVALIAÇÃO      ADMINISTRATIVA    P&D
    └──────────┴──────────────┼──────────────┴──────────────┴──────────┘
                  SÍNTESE: ESTRATÉGIA ECOLÓGICA
```

Fonte: Adaptado de Backer (1995).

6.3
O PROGRAMA ATUAÇÃO RESPONSÁVEL DA ABIQUIM

Esse Programa é a versão brasileira do "RESPONSIBLE CARE PROGRAM", desenvolvido pela Chemistry Industry Association of Canada (CIAC), mais conhecida como *Canadian Chemical Producers' Association* – CCPA que foi implantado em diversos países a partir de 1985 e se encontra atualmente em mais de 40 países com indústrias químicas em operação.

O "Responsible Care Program" que se propõe a ser um instrumento eficaz para o direcionamento do gerenciamento ambiental, além de preocupar-se com a questão ambiental de cada empresa, inclui recomendações para a segurança das instalações, processos e produtos e questões relativas à saúde e segurança dos trabalhadores, bem como relativas ao diálogo com a comunidade.

O modelo proposto tem flexibilidade para se ajustar a situação específica que vive cada empresa, sem perder a característica de ser um Programa voltado para toda indústria, onde quer que ela se localize. Tem como premissa básica o diálogo e a melhoria contínua que permitem o engajamento crescente de organização na questão ambiental.

No Brasil, coube à Abiquim adaptá-lo às condições nacionais, que a partir de 1990 passou a utilizá-lo em várias empresas químicas sob a denominação de PROGRAMA ATUAÇÃO RESPONSÁVEL. Em 1992, foram realizadas de forma voluntária as primeiras adesões ao programa e, a partir de 1998, como acontece na maior parte dos países com indústria química desenvolvida, a adesão ao "Atuação Responsável" passou a ser obrigatória para todos os associados. Para intensificar o desenvolvimento do Programa, a Abiquim desenvolve também várias atividades: publicação de guias técnicos, realização de cursos e eventos etc.

6.3.1
A Estrutura do Programa Atuação Responsável

O Programa "Atuação Responsável" possui atualmente seis elementos, alinhados com os do "Responsible Care":

1. **Princípios Diretivos**
São os padrões éticos que direcionam a política de ação da indústria química brasileira em termos de saúde, segurança e meio ambiente.

Os Princípios, em número de 12, estabelecem a base ética do Processo, indicando as questões fundamentais que devem nortear as ações de cada empresa:

- Assumir o gerenciamento ambiental como expressão de alta prioridade empresarial, por meio de um processo de melhoria contínua em busca da excelência.
- Promover, em todos os níveis hierárquicos, o senso de responsabilidade individual com relação ao meio ambiente, segurança e saúde ocupacional e o senso de prevenção de todas as fontes potenciais de risco associadas às suas operações, produtos e locais de trabalho.
- Ouvir e responder às preocupações da comunidade sobre seus produtos e suas operações.
- Colaborar com órgãos governamentais e não governamentais na elaboração e aperfeiçoamento de legislação adequada à salvaguarda da comunidade, locais de trabalho e meio ambiente.
- Promover a pesquisa e desenvolvimento de novos processos e produtos ambientalmente compatíveis.
- Avaliar previamente o impacto ambiental de novas atividades, processos e produtos e monitorar os efeitos ambientais das suas operações.
- Buscar continuamente a redução dos resíduos, efluentes e emissões para o ambiente oriundos de suas operações.
- Cooperar para a solução dos impactos negativos no meio ambiente decorrentes do descarte de produtos ocorrido no passado.
- Transmitir às autoridades, funcionários, aos clientes e à comunidade, informações adequadas quanto aos riscos à saúde, à segurança e ao meio ambiente de seus produtos e operações e recomendar medidas de proteção e de emergência.
- Orientar fornecedores, transportadores, distribuidores, consumidores e o público para que transportem, armazenem, usem, reciclem e descartem os seus produtos com segurança.
- Exigir que os contratados, trabalhando nas instalações da empresa, obedeçam aos padrões adotados pela contratante em segurança, saúde ocupacional e meio ambiente.
- Promover os princípios e práticas do "Atuação Responsável", compartilhando experiências e oferecendo assistência a outras empresas para produção, manuseio, transporte, uso e disposição de produtos.

2. Códigos de Práticas Gerenciais

São documentos destinados a definir uma série de práticas gerenciais, que permitem a implementação efetiva dos Princípios Diretivos. Essas práticas estabelecem os elementos que devem estar contidos nos programas internos de saúde, segurança e meio ambiente das empresas.

Os Códigos, em número de seis, abrangem todas as etapas dos processos de fabricação dos produtos químicos, além de tratarem das peculiaridades dos próprios produtos. São eles:

- **Segurança de Processos:** garantia de que não ocorram acidentes nas instalações das indústrias, procurando determinar as fontes de risco e, então, atuar na prevenção desses possíveis problemas;
- **Saúde e Segurança do Trabalhador:** garantia das melhores condições de trabalho dentro das empresas, visando manter em suas instalações um adequado ambiente, que não crie problemas à saúde e segurança dos que lá trabalham, sejam eles trabalhadores próprios ou contratados de terceiros;
- **Proteção Ambiental:** gerenciamento dos processos de produção da forma mais eficiente possível, com vistas em reduzir assim a geração de efluentes, emissões e resíduos;
- **Transporte e Distribuição:** otimização de todas as etapas de distribuição de produtos perigosos, visando reduzir o risco proporcionado pelas atividades de transporte, além de minimizar a possibilidade de ocorrência de eventuais acidentes;
- **Diálogo com a Comunidade e Preparação e Atendimento a Emergências:** manutenção de canais de comunicação das empresas com suas comunidades interna (trabalhadores) e externa (demais *stakeholders e vizinhança*), bem como atuar nas possíveis emergências que venham a ocorrer nas instalações da indústria;
- **Gerenciamento do Produto:** busca fazer com que as questões ligadas à saúde, segurança e meio ambiente sejam consideradas em todas as fases do desenvolvimento, produção, manuseio, utilização e descarte de produtos perigosos.

3. Comissões de Lideranças Empresariais

São os foros de debates e de troca de experiências entre profissionais e dirigentes de empresas associadas, visando à coordenação das atividades conjuntas ligadas ao "Atuação Responsável", tanto no âmbito da Abiquim como nas regiões de concentração de empresas químicas em todo o Brasil.

Na Abiquim atuam a Comissão Executiva do "Atuação Responsável", formada por diretores de empresas associadas, e a Comissão Técnica, formada por gerentes das áreas de saúde, segurança e meio ambiente, com grande conhecimento do Programa.

4. **Conselhos Comunitários Consultivos**

No centro da visão ética do "Atuação Responsável" está o compromisso com o atendimento às preocupações das comunidades vizinhas às fábricas e do público em geral. Uma forma de procurar estreitar o diálogo entre a indústria química e seus potenciais interessados é a instituição de Conselhos Comunitários Consultivos, do qual participem membros representativos da comunidade e integrantes da indústria.

Nesses Conselhos discutem-se os temas importantes ligados às questões abrangidas pelo "Atuação Responsável", de uma forma aberta, buscando respostas e soluções efetivas para os problemas levantados.

5. **Avaliação de Progresso**

O "Atuação Responsável" não é um programa de relações públicas, mas um processo que exige ações concretas. Para que a melhoria contínua nas áreas de saúde, segurança e meio ambiente possa ocorrer com eficácia é necessário o acompanhamento permanente e estruturado de todas as atividades sob controle. O Programa contempla, assim, a sistematização das avaliações de progresso, que se iniciam com uma auto avaliação por parte de cada empresa, devendo, com o tempo, envolver a avaliação por terceiros.

6. **Difusão para a Cadeia Produtiva**

Gradualmente, a indústria química está agindo de forma a integrar toda a cadeia produtiva a ela ligada, transmitindo a seus clientes e fornecedores os valores e práticas ligados ao "Atuação Responsável". Dessa forma criou-se o conceito de difusão para a cadeia produtiva, que se inicia com o "Programa de Parcerias", mantido com transportadores e distribuidores de produtos químicos e com tratadores de resíduos químicos.

Na Figura 6.3, procuramos sintetizar a metodologia de Gerenciamento Ambiental do Programa "Atuação Responsável".

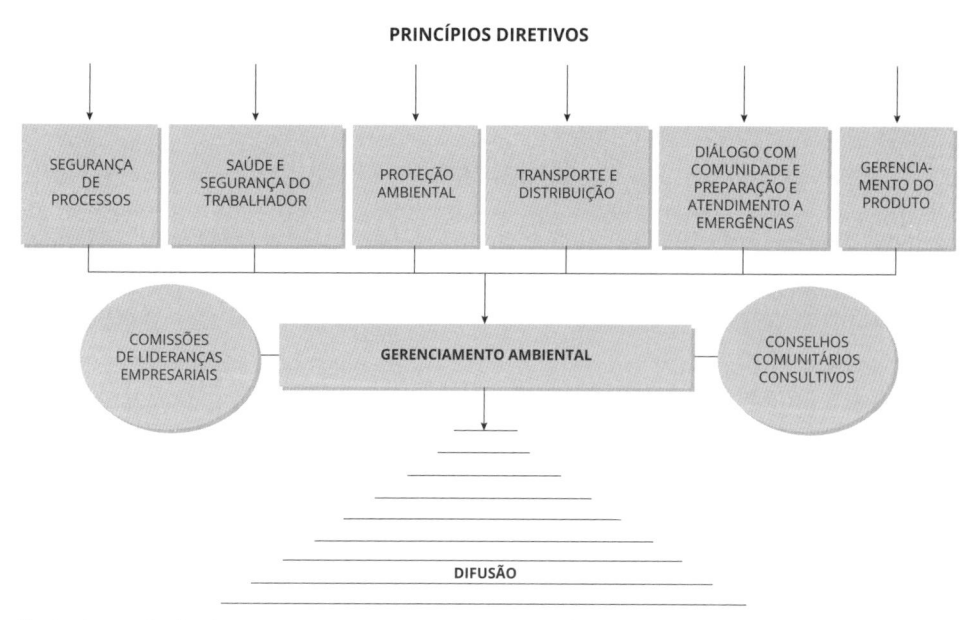

Figura 6.3 – O Programa Atuação Responsável.

PRINCÍPIOS DIRETIVOS

- SEGURANÇA DE PROCESSOS
- SAÚDE E SEGURANÇA DO TRABALHADOR
- PROTEÇÃO AMBIENTAL
- TRANSPORTE E DISTRIBUIÇÃO
- DIÁLOGO COM COMUNIDADE E PREPARAÇÃO E ATENDIMENTO A EMERGÊNCIAS
- GERENCIAMENTO DO PRODUTO

COMISSÕES DE LIDERANÇAS EMPRESARIAIS — GERENCIAMENTO AMBIENTAL — CONSELHOS COMUNITÁRIOS CONSULTIVOS

DIFUSÃO

Fonte: Adaptado de Abiquim – Programa Atuação Responsável.

6.4
AS NORMAS DA SÉRIE ISO 14000

A ISO (*International Organization for Standardization*) é uma organização internacional, fundada em 23 de fevereiro de 1947, sediada em Genebra, na Suíça, que elabora normas internacionais. Tornou-se mundialmente conhecida e passou a integrar os textos de administração por meio da ISO 9000, que é um conjunto de normas que se refere aos Sistemas de Gerenciamento da Qualidade na Produção de Bens de Consumo ou Prestação de Serviços. A ISO série 9000 é formada por um conjunto de cinco normas que possuem relação com a gestão e qualidade nas empresas.

Com referência às normas ambientais, é importante destacar a norma emitida pelo *BRITISH STANDARD INSTITUTE* – BS 7750, que foi preparada pelo Comitê de Política de Normalização Ambiental e da Poluição da Inglaterra e formada como referencial para outros países. Essa norma buscava estabelecer um sistema que permitisse a uma organização estabelecer procedimentos para fixar uma política ambiental e seus objetivos, atingir o cumprimento dos mesmos e demonstrar a terceiros que os atingiu.

Em 1996, a ISO oficializou com base na BS 7750 as primeiras normas da série ISO 14000, procurando estabelecer diretrizes para a implementação de sistema de gestão ambiental nas diversas atividades econômicas que possam afetar o meio ambiente e para a avaliação e certificação desses sistemas, com metodologias uniformes e aceitas internacionalmente.

As normas ISO 14001 e ISO 14004 referem-se aos Sistemas de Gestão Ambiental (SGA). Na primeira são definidas as diretrizes para uso da especificação e se estabelece interessante correspondência entre a ISO 14001 e a ISO 9001, demonstrando a compatibilidade entre os dois sistemas e mostrando a viabilidade da aplicação das normas da ISO 14001 para aquelas que já estão aplicando a ISO 9001.

6.4.1
Sistemas de Gestão Ambiental (ISO 14001 e 14004)

O processo de globalização, sobretudo no aspecto econômico, promoveu a difusão, em larga escala, das ferramentas de gestão ambiental, de forma similar a outros modelos emergentes de sistemas de gestão, como o Sistema de Gestão da Qualidade (ANGEL et al., 2007). A principal utilidade de um Sistema de Gestão Ambiental (SGA) relaciona-se com o cumprimento dos requisitos legais, competência e conscientização, controle operacional, bem como a avaliação do desempenho ambiental (MAZZI et al., 2016).

A Norma ISO 14001 tem por objetivo prover às organizações os elementos de um Sistema de Gestão Ambiental eficaz, passível de integração com os demais objetivos da organização. Sua concepção foi idealizada de forma a aplicar-se a todos os tipos e partes de organizações, independentemente de suas condições geográficas, culturais e sociais.

Um Sistema de Gestão Ambiental (SGA) pode ser definido como parte de um sistema de gestão de uma organização, constituído de um conjunto de elementos inter-relacionados, utilizado para desenvolver e implementar sua política ambiental, além de gerenciar seus aspectos ambientais (ABNT, 2004). Considera-se nesse arcabouço teórico-conceitual a estrutura organizacional, atividades de planejamento, organização, direção e controle, amplitude de atuação gerencial, níveis de responsabilidades práticas, procedimentos, processos e recursos.

A política ambiental corporativa compreende o conjunto de intenções e princípios gerais de uma organização em relação ao seu desempenho ambiental, em conformidade com o que está formalmente expresso pela alta administração. A política ambiental estabelece uma estrutura para ação e definição dos seus objetivos e metas ambientais (ABNT, 2004).

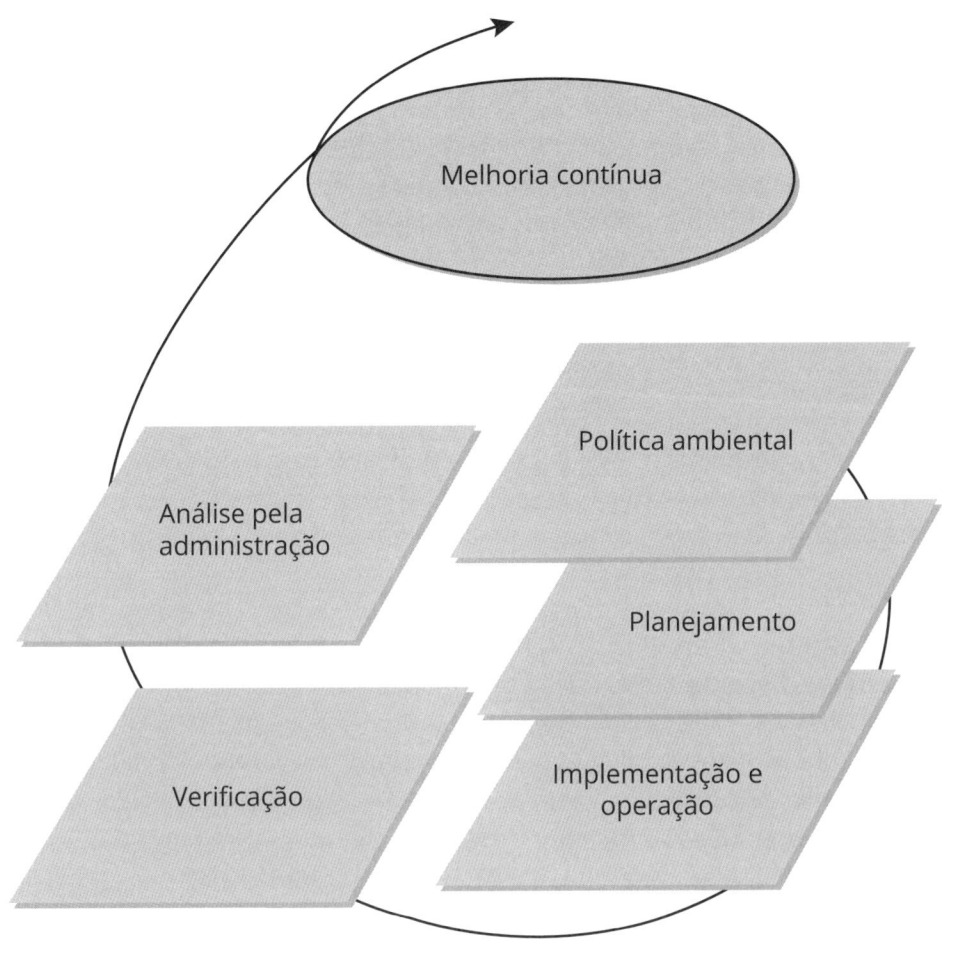

Figura 6.4 – Modelo de Sistema de Gestão Ambiental.

[Diagrama: ciclo de Melhoria contínua envolvendo Política ambiental, Planejamento, Implementação e operação, Verificação e Análise pela administração]

Fonte: NBR ISO: 14001-2004 – ABNT.

O resultado da aplicação do Sistema de Gestão Ambiental, descrito na figura anterior, depende do comprometimento de todos os níveis e funções, em particular da Alta Administração, e tem por objetivo um processo de melhoria contínua que pretende continuamente superar os padrões vigentes.

A Norma ISO 14004 especifica os princípios e os elementos integrantes de um Sistema de Gestão Ambiental (SGA):

PRINCÍPIO 1 – POLÍTICA AMBIENTAL

Recomenda-se que a organização defina sua política ambiental e assegure o comprometimento com o seu SGA. Em síntese, trata-se de um comprometimento formalizado pela empresa, dando ampla publicidade às suas reais intenções e princípios gerais norteadores no que tange ao seu desempenho ambiental. De acordo com Ometto, Guelere Filho e Peres (2013), as políticas ambientais, via de regra, têm seu foco nas melhorias ambientais nos sistemas de produção, limitando o SGA à empresa. Entretanto, o foco pode ser expandido para o ciclo de vida do produto. Nesse sentido, deverá haver uma busca sistemática por melhorias ambientais durante todo o período de vida do produto, além de estar em cumprimento com os dispositivos legais da Política Nacional de Resíduos Sólidos (PNRS), conforme estabelecido pela Lei nº 12.305/2010.

- comprometimento e liderança da Alta Administração
- avaliação ambiental inicial
- estabelecimento da política ambiental

PRINCÍPIO 2 – PLANEJAMENTO

Recomenda-se que a organização formule um plano para cumprir sua política ambiental. Nessa etapa, deve-se considerar as diretrizes apontadas na política ambiental, com base nos aspectos ambientais de maior relevância, ou seja, naqueles elementos que são de responsabilidade da organização e que podem interagir com o meio ambiente e causar expressivos impactos ambientais negativos, considerando, ainda, os requisitos legais entre outros dispositivos regulatórios.

- identificação de aspectos ambientais e avaliação dos impactos ambientais associados
- requisitos legais e outros dispositivos regulatórios
- critérios internos de desempenho
- objetivos e metas ambientais
- programa de gestão ambiental

PRINCÍPIO 3 – IMPLEMENTAÇÃO E OPERAÇÃO

Para uma efetiva implementação, é recomendado que uma organização desenvolva a capacitação e os mecanismos de apoio necessários para atender sua política, seus objetivos e metas ambientais. Nessa fase, o objetivo fundamental é reduzir os aspectos ambientais críticos apurados na etapa do planejamento, sendo efetivada em conformidade com os recursos, competências, tecnologia (*know-how*) disponível a empresa. Deve-se manter o arrolamento dos documentos comprobatórios das melhorias ambientais, além de todo controle operacional e emergencial (OMETTO; GUELERE FILHO; PERES, 2013).

- operacionalizar a capacitação:
  - recursos humanos, físicos e financeiros
  - harmonização e integração do SGA
  - responsabilidade técnica e pessoal
  - conscientização ambiental e motivação
  - conhecimentos, habilidades e atitudes

- ações de apoio:
  - comunicação e relato
  - documentação do SGA
  - controle operacional
  - preparação e atendimento a emergências

PRINCÍPIO 4 – VERIFICAÇÃO (MEDIÇÃO E AVALIAÇÃO)

A organização deve aferir, monitorar e avaliar seu desempenho ambiental. Os resultados obtidos devem estar em conformidade com os objetivos estabelecidos inicialmente. Nessa fase, caso os objetivos/metas não tenham sido atingidos, aplicam-se as ações corretivas e preventivas para as inconformidades, mantendo o rigor no controle dos registros e auditoria interna.

- medição e monitoramento
- ações corretiva e preventiva
- registros do SGA e gestão de informação

PRINCÍPIO 5 – ANÁLISE CRÍTICA E MELHORIA (ANÁLISE PELA ADMINISTRAÇÃO)

A organização deve analisar criticamente e aperfeiçoar com regularidade seu sistema de gestão ambiental com o objetivo de melhorar seu desempenho ambiental global. A Alta Administração deve proceder à revisão sistemática dos resultados, planejando o próximo ciclo, com foco exclusivo na melhoria ambiental contínua, mantendo, assim, o formato espiral de desenvolvimento do processo.

- análise crítica do SGA
- melhoria contínua

Os interessados em desenvolver nas empresas as Normas da ISO 14000 poderão obter informações adicionais importantes no livro *Sistema integrado de gestão ambiental: como implementar a ISO 14000 a partir da ISO 9000 dentro de um ambiente de GQT*, de Viterbo Jr. (1998).

6.5
A NORMA ISO 26000

Responsabilidade social e sustentabilidade são questões que têm chamado à atenção da maioria dos países em todo o mundo. Utiliza-se desses termos para inserir no âmbito corporativo, as contribuições sociais e ambientais, bem como as consequências da atividade empresarial. Como afirma Jenkins (2009), a sustentabilidade está relacionada com o objetivo último de manter indefinidamente a viabilidade das nossas economias, das sociedades em que elas existem e do ambiente físico do qual todas dependem.

A ISO 26000 é um padrão de orientação voluntária que tenta o que nenhum outro padrão global sobre responsabilidade social tem, a saber, a capacidade de consolidar, em um único instrumento, as expectativas mais fundamentais das organizações no que diz respeito às suas responsabilidades com a sociedade da qual fazem parte. A norma, desenvolvida por um grupo global de múltiplos atores, aborda o amplo panorama da responsabilidade social, fornecendo condições valiosas para implementação nas organizações de todos os segmentos em todo o mundo (BERNAHRT; MAHER, 2011).

A ISO 26000 foi elaborada pelo *ISO/TMB Working Group on Social Responsibility* (ISO/TMB WG SR), por meio de um processo multipartite que envolveu especialistas de mais de 90 países e 40 organizações internacionais ou com ampla atuação regional envolvidas em diferentes aspectos da responsabilidade social. Esses especialistas vieram de seis diferentes grupos de partes interessadas: consumidores; governo; indústria; trabalhadores; organizações não governamentais (ONG); serviços, suporte, pesquisa, academia e outros. Além disso, buscou-se um equilíbrio entre países em desenvolvimento e desenvolvidos, assim como um equilíbrio entre gêneros na elaboração dos grupos. Apesar dos esforços feitos para assegurar uma participação equilibrada de todos os grupos de partes interessadas, um equilíbrio total e equitativo de partes interessadas foi limitado por diversos fatores, inclusive a disponibilidade de recursos e a necessidade de conhecimento do idioma inglês.

A ABNT NBR ISO 26000 foi elaborada na Comissão de Estudo Especial de Responsabilidade Social (ABNT/CEE-111), que participou ativamente da elaboração da ISO 26000, cujo conteúdo técnico foi amplamente discutido e divulgado no Brasil em eventos e reuniões dessa Comissão, utilizando também o processo multipartite (ABNT, 2010).

O Quadro 6.1 apresenta os temas centrais e as questões de responsabilidade social de acordo com a ABNT (2010).

Quadro 6.1 – Temas centrais e questões de responsabilidade social.

Tema central		Governança organizacional
Tema central		Direitos humanos
Questão	1	*Due Diligence*
	2	Situações de risco para os direitos humanos
	3	Evitar a cumplicidade
	4	Resolução de queixas
	5	Discriminação e grupos vulneráveis
	6	Direitos civis e políticos
	7	Direitos econômicos, sociais e culturais
	8	Princípios e direitos fundamentais no trabalho
Tema central		Práticas de trabalho
Questão	1	Emprego e relações de trabalho
	2	Condições de trabalho e proteção social
	3	Diálogo social
	4	Saúde e segurança do trabalho
	5	Desenvolvimento humano e treinamento no local de trabalho
Tema central		Meio ambiente
Questão	1	Prevenção da poluição
	2	Uso sustentável de recursos
	3	Mitigação e adaptação às mudanças climáticas
	4	Proteção do meio ambiente e da biodiversidade e restauração de *habitats* naturais

Continua

Tema central		Práticas leais de operação
Questão	1	Práticas anticorrupção
	2	Envolvimento político responsável
	3	Concorrência leal
	4	Promoção da responsabilidade social na cadeia de valor
	5	Respeito ao direito de propriedade
Tema central		Questões relativas ao consumidor
Questão	1	Marketing leal, informações factuais e não tendenciosas e práticas contratuais justas
	2	Proteção à saúde e segurança do consumidor
	3	Consumo sustentável
	4	Atendimento e suporte ao consumidor e solução de reclamações e controvérsias
	5	Proteção e privacidade dos dados do consumidor
	6	Acesso a serviços essenciais
	7	Educação e conscientização
Tema central		Envolvimento e desenvolvimento da comunidade
Questão	1	Envolvimento da comunidade
	2	Educação e cultura
	3	Geração de emprego e capacitação
	4	Desenvolvimento tecnológico e acesso às tecnologias
	5	Geração de riqueza e renda
	6	Saúde
	7	Investimento social

Fonte: ABNT (2010).

Na concepção de Bowers (2006), a Norma ISO 26000 destina-se a:

- ajudar as organizações na abordagem de suas responsabilidades sociais, respeitando as diferenças culturais, sociais, ambientais e jurídicas e as condições de desenvolvimento econômico;
- fornecer orientação prática para operacionalizar a responsabilidade social, identificar e envolver as partes interessadas e aumentar a credibilidade dos relatórios e reivindicações sobre responsabilidade social;
- enfatizar resultados de desempenho e melhoria;

- aumentar a confiança e satisfação nas organizações entre seus clientes e outras partes interessadas;
- ser coerente e não conflitar com outros documentos já existentes (tratados internacionais, convenções e outras normas ISO existentes);
- promover uma terminologia comum no domínio da responsabilidade social;
- ampliar a consciência da responsabilidade social; e
- não reduzir a autoridade do governo para abordar a responsabilidade social das organizações.

Duckworth e Moor (2010) argumentam que não é possível saber se houve melhora no desempenho no nível de responsabilidade social se não houver uma base que propicie condições de mensurar esse desempenho. A adoção de diretriz internacional consiste num passo crítico em um esforço para melhorar genuinamente o desempenho da responsabilidade social das organizações.

Referências

ANGEL, D. P.; HAMILTON, T.; HUBER, M. T. Global environmental standards for industry. *Annu. Rev. Environ. Resour*, v. 32, p. 295-316, 2007.

ASSOCIAÇÃO BRASILEIRA DE INDÚSTRIA QUÍMICA – ABIQUIM. *Programa Atuação Responsável*. http://www.abiquim.org.br. Novembro/1998.

ABNT (Associação Brasileira de Normas Técnicas). NBR ISO 14001:2004. Sistemas de gestão ambiental – Requisitos com orientações para uso. Rio de Janeiro: ABNT, 2004.

_____. ISO 26000. Rio de Janeiro, 2010.

BACKER, P. *Gestão ambiental*: a administração verde. Rio de Janeiro: Qualitymark, 1995.

BERNHART, M. S.; MAHER, F. J. S. *ISO 26000 in Practice*: A User Guide, ASQ Quality Press, Milwaukee, WI, 2011.

BOWERS, D. Making social responsibility the standard. *Quality Progress*, v. 39, n. 4, p. 35-38, 2006.

DUCKWORTH, H. A.; MOOR, R. A. *Social Responsibility*: Failures Modes Effects and Analysis, ASQ Quality Press, Milwaukee, Wisconsin, 2010.

ISO 9000 and ISO 14000 – http://www.iso.cg. Novembro/1998.

JENKINS, H. A "business opportunity" model of corporate social responsibility for small- and medium-sized enterprises. *Business Ethics*: A European Review, v. 18, n. 1, p. 21-36, 2009.

MAZZI, A.; TONIOLO, S.; MASON, M.; AGUIARI, F.; SCIPIONI, A. What are the benefits and difficulties in adopting an environmental management system? The opinion of Italian organizations. *Journal of Cleaner Production*, v. 139, n. 1, p. 873-885, 2016.

OMETTO, A. R.; GUELERE FILHO, A.; PERES, R. B. Gestão ambiental de empresas. In: CALIJURI, M. C.; CUNHA, D. G. F. (Coord.). *Engenharia ambiental*: conceitos, tecnologia e gestão. Rio de Janeiro: Elsevier, 2013.

VITERBO JR., E. *Sistema integrado de gestão ambiental*: como implementar a ISO 14000 a partir da ISO 9000 dentro de um ambiente de GQT. São Paulo: Aquariana, 1998.

WINTER, G. *Gestão e ambiente*: modelo prático de integração empresarial. Lisboa: Texto Editora, 1992.

Questões para discussão

1. A partir da proposta de Módulos Integrados (WINTER, 1992), como você descreveria a influência da variável ambiental em cada um deles?
2. Quais os desdobramentos da Estratégia Ecológica proposta por Backer (1995)?
3. Qual o principal objetivo da Norma ISO 14001? Você considera essa normativa suficiente para a melhoria do desempenho ambiental da organização?
4. A Norma ISO 14004 especifica os princípios e os elementos integrantes de um Sistema de Gestão Ambiental (SGA). Discorra sobre as principais características de cada um deles.

7
Noções de Auditoria Ambiental

7.1
INTRODUÇÃO

A transformação da empresa em uma instituição sociopolítica tem representado para as organizações uma responsabilidade que vai muito além das preocupações econômicas e por isso, a partir dos anos 1970, o relacionamento entre as empresas e a sociedade tem-se estreitado, exigindo da classe empresarial uma atenção especial sobre os resultados sociais de suas ações. Assim, a proteção do consumidor, a qualidade dos produtos, a segurança dos trabalhadores e da comunidade, os efeitos da poluição, a proteção das minorias etc., têm-se tornado temas obrigatórios entre os empresários, fornecedores, consumidores e representantes do governo e da sociedade.

Para tentar medir o desempenho social das organizações, na Europa e nos EUA foram feitas algumas tentativas de implantar uma espécie de "Contabilidade Social", que permitiria avaliar as organizações além dos tradicionais aspectos econômico-financeiros. Algumas técnicas foram idealizadas, inicialmente baseadas em resultados sociais que pudessem apresentar tratamento quantitativo, tais como informações sobre emprego e sua manutenção, desenvolvimento e promoção de mão de obra, inicialmente relativas às minorias e às mulheres que mais tarde passaram a incluir outras categorias de trabalhadores. Em função disso, algumas empresas passaram a desenvolver atividades internas voltadas para a sua atuação social, que acabaram dando origem a um relatório específico denominado "Auditoria Social", e que infelizmente se limitaram a ações isoladas e espontâneas.

Essa preocupação social acabou também enfatizando o aspecto ambiental e, assim, nos EUA, não só pela atividade da EPA (*Environmental Protection Agency*), órgão responsável pelo controle ambiental, que estabeleceu padrões para aplicação de legislação ambiental, mas também pelo estabelecimento de políticas nacionais na área ambiental, que regularizaram os padrões permitidos de emissão no ar, na água, de resíduos tóxicos etc., surgiu grande número de regulamentações e de leis, que levaram inúmeras organizações a se preocuparem em desenvolver políticas internas e atividades específicas em relação à questão ambiental. Tais atividades começaram então a ser planejadas e padronizadas, formando um conjunto de tarefas que passou a ser conhecido como "Auditoria Ambiental", que procurava caracterizar a situação ambiental da empresa em relação às regulamentações exigidas pelas autoridades municipais, estaduais e federais, restringindo-se, na maior parte das vezes, apenas à obediência da lei.

Primeiramente, essas Auditorias Ambientais tiveram lugar nas grandes organizações, notadamente nos segmentos industriais, com maiores repercussões ambientais; porém, atualmente, a maioria das empresas que tem problemas de geração de resíduos desenvolve seus próprios programas internos de auditoria ou se vale de serviços de Auditoria Ambiental externa, executados por empresas especializadas.

7.2
AUDITORIA AMBIENTAL (AA)

A Auditoria Ambiental é um fator importante para uma efetiva política de minimização dos impactos ambientais das empresas e de redução de seus índices de poluição. Sua execução constitui-se num critério essencial para que investidores e acionistas possam avaliar o passivo ambiental da empresa e fazer sua projeção para sua situação no longo prazo. Algumas empresas multinacionais estão adotando essa prática no Brasil, em decorrência da experiência desenvolvida nos EUA e na Europa, porém, a perspectiva é que a AA seja adotada rapidamente, notadamente junto às empresas que atuam em áreas densamente urbanizadas e com grande poder de mobilização política.

Embora a maioria das organizações veja a AA dentro de uma perspectiva de legalidade e de estreita abordagem técnica, buscando adequar seu processo produtivo ao exigido pela legislação, seu espectro de utilização é bem amplo, pois possibilita a preocupação proativa de buscar alternativas melhores em relação a insumos e produtos que sejam menos agressivos ao meio ambiente. Seu objetivo principal de assegurar que o sistema operacional funcione dentro dos padrões estabelecidos permite a utilização de mecanismos para melhorar essa *performance*.

Cahill (1987) coloca que a AA nas empresas americanas deve obedecer aos seguintes objetivos principais:

- Garantia do cumprimento da legislação.
- Definição das obrigações a serem cumpridas.
- Acompanhamento e controle dos custos do cumprimento das obrigações.

- Definição das responsabilidades dos gerentes.
- Verificação da situação ambiental no caso de fusões e aquisições.

Algumas empresas americanas, inglesas, alemãs, japonesas etc. desenvolvem suas Auditorias Ambientais de forma sigilosa, supervisionadas de perto por seus representantes legais, a fim de resguardá-las de problemas em relação à comunidade ou aos órgãos governamentais. Nesses casos, os relatórios da Auditoria são guardados com segurança e discutidos apenas com a Alta Administração, muitas vezes, apenas expostos de forma oral.

Já existem, porém, muitas organizações que distribuem seus relatórios de Auditoria Ambiental a seus gerentes e discutem seus resultados com os representantes da comunidade em que estão instaladas, buscando um relacionamento transparente e responsável em relação à questão ambiental. As empresas que buscam melhorar seu desempenho em relação ao ambiente e assim procedem têm tido melhor resultado e evitado a publicidade negativa de seus problemas do que aquelas que, mesmo tendo problemas menores, buscam escondê-los e não tomam nenhuma medida para melhorar essa situação.

7.3
METODOLOGIA DA AUDITORIA AMBIENTAL

A Auditoria Ambiental é uma atividade administrativa que compreende uma sistemática e documentada avaliação de como a organização se encontra em relação à questão ambiental. Essa Auditoria que deve ser realizada periodicamente visa facilitar a atuação e o controle da gestão ambiental da empresa e assegurar que a planta industrial esteja dentro dos padrões de emissão exigidos pela legislação ambiental.

Segundo estudo de casos publicado pela UNEP/IEO, 1989, denominado "*UNEP's Industry and Environment Office*", entre as atividades que são usualmente auditadas incluem-se as seguintes:

- Política, responsabilidades e organização das tarefas.
- Planejamento, acompanhamento e relatório das ações.
- Treinamento e conscientização do pessoal.
- Relações externas com os órgãos públicos e comunidade.
- Adequação aos padrões legais.
- Planejamento de emergências e funcionalidade.

- Fontes de poluição e sua minimização.
- Tratamento da poluição e acompanhamento das descargas.
- Economia de recursos.
- Manutenção adequada.
- Uso do solo.

Embora possa haver procedimentos diferentes de empresa para empresa, a Câmara de Comércio Internacional (ICC), em 1989, adotou alguns passos básicos para executar a AA na empresa, os quais foram desenvolvidos pela *Canadian Naranda Corporation*, que divide a Auditoria em três partes básicas:

1. Atividades Pré-Auditoria.
2. Atividades de campo (Auditoria propriamente dita).
3. Atividades Pós-Auditoria.

7.4
ATIVIDADES PRÉ-AUDITORIA

Na grande maioria das empresas, as Auditorias Ambientais são de competência de uma equipe que está sob a responsabilidade da área ambiental da empresa. Nessa Auditoria devem ser incluídos itens para auditar também os aspectos relativos à saúde e segurança dos trabalhadores.

A AA necessita do apoio e do envolvimento da Alta Administração, pois caso contrário seus resultados serão medíocres. Assim, a atividade de auditoria deve ser claramente comunicada na organização junto aos demais escalões da empresa, especificando seus objetivos, metodologia e procedimentos, bem como a política de incentivos que será adotada. A equipe de auditoria deve ganhar a confiança das unidades auditadas e deixar claro que seu trabalho está muito mais voltado para melhorar a eficácia global da organização, identificando formas de progresso, do que para identificar e punir os responsáveis pelos problemas encontrados.

A periodicidade da Auditoria varia de empresa para empresa. Em algumas delas os setores são divididos em baixo risco, médio risco e alto risco, separando assim aquilo que deve ser auditado com maior frequência e profundidade daquilo que pode ser feito de forma mais branda e em períodos mais espaçados. A divisão desses setores e o procedimento a ser executado é de competência da equipe de Auditoria, que deve justificar os motivos dessa classificação.

O tamanho da equipe de Auditoria também é variável, podendo incluir, além dos auditores, especialistas, representantes da unidade que está sendo auditada, representantes de outras unidades da empresa e consultores externos. Sempre que possível, é desejável incluir representantes dos trabalhadores, que, para atuarem de maneira adequada, deverão possuir conhecimento e treinamento sobre as diferentes atividades que compõem o processo de Auditoria.

Resumindo, poderíamos colocar que as atividades pré-auditoria, segundo dados da UNEP/IEO, são as seguintes:

1. Selecione e programe as condições da Auditoria, que deve se basear na fixação de critérios e determinação das prioridades estabelecidas pela Alta Administração.
2. Selecione os integrantes da equipe de Auditoria, fixando suas responsabilidades no processo. Confirme sua disponibilidade e propicie facilidades para a execução de suas tarefas.
3. Discuta com a equipe o Plano de Auditoria e mecanismos que facilitem seu desenvolvimento. Nesse sentido, obtenha informações para discutir sua amplitude, cronograma, profundidade e recursos necessários, enfatizando os tópicos prioritários de acordo com a política estabelecida pela organização.

7.5
ATIVIDADES DE CAMPO

A equipe de Auditoria, na condução de seu trabalho de campo, pode usar vários instrumentos: visitas às plantas das fábricas, inspeção de processos e materiais, questionários, entrevistas, revisão de documentos etc. que permitirão avaliar o comportamento da unidade auditada. Assim, em sua atividade de inspeção, a equipe começa seu trabalho avaliando se as quantidades máximas de descargas permitidas estão sendo obedecidas. Nesta avaliação são analisados relatórios e tiradas amostras para checar se as emissões estão dentro dos limites exigidos. A equipe inspeciona fisicamente as plantas, os procedimentos de rotina e de emergência e pode até solicitar a colaboração de laboratórios externos independentes para melhor avaliação das emissões.

Nas atividades de campo, a equipe deve observar de forma detalhada os tanques de produtos químicos e combustíveis, sua localização e manutenção, linhas de descargas, sistema de transportes, de estoques, de segurança, de alarmes etc. Devem ser utilizados *checklists* apropriados que assegurem a completa cobertura de todos os aspectos importantes que devem ser analisados. Os aspectos de segurança e saúde dos trabalhadores e os planos de emergência são também auditados. Barulho, poeira e odores, ou qualquer outro tipo de resultado do processo produtivo que pode afetar tanto os trabalhadores quanto os moradores da vizinhança, devem ser avaliados.

As atividades de campo, segundo a UNEP/IEO, incluem cinco fases, que são as seguintes: entendimento dos controles internos e critérios, avaliação dos controles internos, coleta dos dados, avaliação dos resultados da auditoria e relatórios preliminares dos resultados.

Essas cinco fases podem ser resumidas da seguinte forma:

Fase 1 – Entendimento dos Controles Internos

Discuta com a unidade a ser auditada como são realizados os controles internos e quais serão os critérios a serem utilizados pela Auditoria, sua amplitude, cronograma e objetivos pretendidos, de forma transparente e clara. O entendimento dos controles existentes e dos critérios utilizados é fundamental para agilizar as operações de campo e, se necessário for, até rever o Plano de Auditoria inicialmente concebido.

Fase 2 – Avaliação dos Controles Internos

Identifique os pontos fortes e fracos dos controles internos existentes e aloque os recursos necessários para a execução do Plano de Auditoria, definindo a estratégia de execução e os testes que serão executados.

Fase 3 – Coleta dos Dados

Realize a coleta dos dados seguindo as estratégias concebidas, aplicando os testes previstos, assegurando que todos os procedimentos foram completados e seguidos. Confirme todos os resultados e descobertas, assegurando a fidedignidade dos resultados. Se necessário, realize testes posteriores interna ou externamente.

Fase 4 – Avaliação dos Resultados da Auditoria

Desenvolva uma lista completa dos resultados e descobertas, juntando todos os procedimentos de trabalho e documentos utilizados. Integre e sumarize as conclusões, redigindo um relatório preliminar para o encontro fechado a ser promovido com a unidade auditada.

Fase 5 – Relatório Preliminar dos Resultados

Apresente o Relatório Preliminar, indicando as conclusões e descobertas ao pessoal da unidade auditada e discutindo as eventuais alternativas de ação a serem executadas.

7.6
ATIVIDADES PÓS-AUDITORIA

O relatório final da AA deve ser elaborado como resultado da discussão entre a equipe de Auditoria, os gerentes e os representantes dos trabalhadores da unidade auditada, a fim de que possa ser delineado um plano comum de ação com base nos resultados encontrados. Geralmente, esse plano de ação é inicialmente concebido pela equipe de Auditoria com a ajuda de especialistas, sendo de sua responsabilidade o monitoramento de sua execução.

Finalizando, as atividades de pós-auditoria, de acordo com a UNEP/IEO, devem atender aos seguintes aspectos:

1. Reavalie o relatório apresentado no encontro fechado, especificando prazo para a correção e lista de destinatários que devem ser informados por meio do relatório final e do plano de ação.
2. Elabore o relatório final.
3. Estabeleça o plano de ação, especificando sua metodologia, estratégia, cronograma, execução e controle.
4. Acompanhe a execução do plano de ação e seus resultados junto às unidades envolvidas, certificando-se de que todos os procedimentos foram seguidos e executados.

7.7
AS DIRETRIZES DA ISO 14010, 14011 e 14012

De acordo com as Normas da ABNT (Associação Brasileira de Normas Técnicas) para a Auditoria Ambiental, é fundamental para que ela se realize que:

- existam informações suficientes sobre o objeto da auditoria;
- existam recursos adequados para apoiar seu processo;
- exista cooperação adequada por parte do auditado.

Na ISO 14010 são descritos os princípios gerais da metodologia de Auditoria Ambiental proposta que incluem várias recomendações que vão desde os objetivos definidos entre cliente e responsável pela auditoria, formação dos membros da equipe, confiabilidade e sigilo do processo, sistematização do processo, constatações de campo, análise dos resultados até o relatório final.

A sistematização do processo vem definida na ISO 14011, que estabelece procedimentos de auditoria para todos os tipos e portes de organizações que operam um Sistema de Gestão Ambiental (SGA). Nessa metodologia discutem-se inicialmente os objetivos da auditoria e as atividades e responsabilidades de seus integrantes: auditor responsável, equipe de auditoria, cliente e auditado, para posteriormente formular o processo de Auditoria propriamente dito.

Nesse processo são identificáveis as três partes básicas citadas anteriormente, que são:

1) As atividades pré-auditoria

Que se iniciam com a descrição da amplitude e dos limites da auditoria, considerando atividades a serem auditadas, localização, duração, recursos humanos e financeiros necessários, passam pela análise da documentação do SGA, pela discussão das atribuições, pela seleção dos documentos a serem utilizados e terminam na formatação do Plano de Auditoria.

Embora o Plano de Auditoria possa ter flexibilidade para se adequar ao andamento do trabalho de campo, a ABNT recomenda que ele deve incluir:

a) objetivos e escopo da auditoria;
b) critérios da auditoria;
c) identificação das unidades organizacionais e funcionais a serem auditadas;
d) identificação das funções e/ou indivíduos, dentro da organização do auditado, que têm responsabilidades diretas significativas em relação ao SGA;
e) identificação daqueles elementos do SGA do auditado que são prioritários da auditoria;
f) procedimentos para auditar os elementos do SGA do auditado, segundo o tipo de organização;
g) idiomas a serem utilizados na auditoria e no relatório;
h) identificação dos documentos de referência;
i) época e duração previstas para as principais atividades da auditoria;
j) datas e locais onde a auditoria será executada;
k) identificação dos membros da equipe de auditoria;
l) programação de reuniões com a gerência do auditado;
m) requisitos de confidencialidade;

n) conteúdo e formato do relatório de auditoria e data prevista para sua emissão e distribuição;

o) requisitos de retenção de documentos.

2) As atividades de campo

Que se iniciam com uma reunião de abertura onde são apresentados os participantes, auditores e auditados, explicados os critérios utilizados e o Plano de Auditoria. Em seguida, são desenvolvidas as atividades de coleta dos dados que serão posteriormente analisados e avaliados em relatório preliminar a ser apresentado em reunião de encerramento com os participantes.

3) As atividades pós-auditoria

Que se referem ao relatório final da auditoria, sua distribuição e a retenção dos documentos. A Norma não prevê a execução de um plano de ação baseado nas constatações feitas e no acompanhamento de sua execução, que normalmente deve ser a etapa posterior, após a execução da auditoria ambiental.

A Resolução CONAMA 306, de 5 de julho de 2002, estabelece os requisitos mínimos, bem como os termos de referência para realização de auditorias ambientais. Nessa mesma linha, o Ministério do Meio Ambiente, por meio da Portaria nº 319, de 15 de agosto de 2003, estabelece os requisitos mínimos para o credenciamento, registro, certificação, qualificação, habilitação, experiência e treinamento profissional de auditores ambientais para a execução de auditorias ambientais que especifica.

Finalizando, a ISO 14012 estabelece critérios para qualificação de auditores ambientais, discorrendo sobre quais devem ser seus conhecimentos, habilidades e atitudes, e como deve ser desenvolvido seu treinamento para a função.

Referências

ABNT – Associação Brasileira de Normas Técnicas. *NBR ISO 14010 – 14011 – 14012*. Rio de Janeiro: ABNT, 1996.

CAHILL, L. B. *Environmental audits*. 5. ed. Rockville, Mid: Government Institutes, 1987.

CALLENBACH, E. et al. *Ecomanagement*. The Elmwood Guide to Ecological Auditing and Sustainable Business. San Francisco, 1993.

ICC – International Chamber of Commerce. *Environmental auditing.* Paris, 1989.

UNEP/IEO – United Nations Environment Programm/Industry and Environment Office. 1989. *Environmental auditing.* Paris, 1989.

Questões para discussão

1. De que forma a Auditoria Ambiental (AA) contribui para a efetividade dos programas ambientais corporativos?
2. Faça uma breve pesquisa *on-line* e apresente as diferenças e semelhanças nos objetivos prioritários das auditorias realizadas em empresas estrangeiras e brasileiras. Forme grupos de modo que cada um possa apresentar uma diferença e uma semelhança. Não deixe de utilizar-se da perspectiva crítico-analítica.
3. Em síntese, no que consiste a metodologia da Auditoria Ambiental (AA)?
4. Quais atividades são usualmente auditadas na AA? Escolha uma empresa que atue em determinado setor. Em seguida, classifique as atividades em ordem de prioridade no processo de Auditoria Ambiental.

Anexo I

ROTEIRO BÁSICO PARA A ELABORAÇÃO DE ESTUDOS DE IMPACTO AMBIENTAL (EIA)

INFORMAÇÕES GERAIS

- Identificação do empreendimento, incluindo:
  - nome e razão social;
  - endereço para correspondência;
  - inscrição estadual e CGC.
- Histórico do empreendimento.
- Nacionalidade de origem das tecnologias a serem empregadas.
- Informações gerais que identifiquem o porte do empreendimento.
- Tipos de atividades a serem desenvolvidas, incluindo as principais e as secundárias.
- Síntese dos objetivos do empreendimento e sua justificativa em termos de importância no contexto econômico-social do país, da região, do estado e do município.
- Localização geográfica proposta para o empreendimento, apresentada em mapa ou croqui, incluindo as vias de acesso e a bacia hidrográfica.
- Previsão das etapas de implantação do empreendimento.
- Empreendimento(s) associado(s) e decorrente(s).
- Nome e endereço para contatos relativos ao EIA/Rima.

CARACTERIZAÇÃO DO EMPREENDIMENTO

Apresentar a caracterização do empreendimento nas fases de planejamento, implantação, operação e, se for o caso, de desativação.

Quando a implantação ocorrer em etapas, ou quando forem previstas expansões, as informações deverão ser detalhadas para cada uma delas, devendo apresentar também esclarecimentos sobre alternativas tecnológicas e/ou locacionais.

ÁREA DE INFLUÊNCIA

Apresentar os limites da área geográfica a ser afetada direta ou indiretamente pelos impactos, denominada área de influência do projeto, a qual deverá conter as áreas de incidência dos impactos, abrangendo os distintos contornos para as diversas variáveis enfocadas.

É necessário apresentar igualmente a justificativa da definição das áreas de influência e incidência dos impactos, acompanhada de mapeamento.

DIAGNÓSTICO AMBIENTAL DA ÁREA DE INFLUÊNCIA

Deverão ser apresentadas descrição e análise dos fatores ambientais e suas interações, caracterizando a situação ambiental da área de influência, antes da implantação do empreendimento. Esses fatores englobam:

- as variáveis suscetíveis de sofrer, direta ou indiretamente, efeitos significativos das ações executadas nas fases de planejamento, de implantação, de operação e, quando for o caso, de desativação do empreendimento;
- as informações cartográficas com a área de influência devidamente caracterizada em escalas compatíveis com o nível de detalhamento dos fatores ambientais estudados.

QUALIDADE AMBIENTAL

Em um quadro sintético, expor as interações dos fatores ambientais físicos, biológicos e socioeconômicos, indicando os métodos adotados para sua análise com o objetivo de descrever as inter-relações entre os componentes bióticos, abióticos e antrópicos do sistema a ser afetado pelo empreendimento.

Além do quadro citado, deverão ser identificadas as tendências evolutivas daqueles fatores importantes para caracterizar a interferência do empreendimento.

FATORES AMBIENTAIS

Meio físico

Os aspectos a serem abordados serão aqueles necessários para a caracterização do meio físico, de acordo com o tipo e o porte do empreendimento e segundo as características da região. Serão incluídos aqueles cuja consideração ou detalhamento possam ser necessários. Por exemplo:

- clima e condições meteorológicas da área potencialmente atingida pelo empreendimento;

- qualidade do ar na região;
- níveis de ruído na região;
- formação geológica da área potencialmente atingida pelo empreendimento;
- formação geomorfológica da área potencialmente atingida pelo empreendimento;
- solos da região na área em que serão potencialmente atingidos pelo empreendimento;
- recursos hídricos, sendo abordados: hidrologia superficial, hidrogeologia, oceanografia física, qualidade das águas e usos da água.

Meio biológico

Os aspectos abordados serão aqueles que caracterizam o meio biológico, de acordo com o tipo e o porte do empreendimento e segundo as características da região. Serão incluídos aqueles cuja consideração ou detalhamento possam ser necessários. Ou seja:

- os ecossistemas terrestres existentes na área de influência do empreendimento;
- os ecossistemas aquáticos existentes na área de influência do empreendimento;
- os ecossistemas de transição existentes na área de influência do empreendimento.

Meio antrópico

Serão abordados os aspectos necessários para caracterizar o meio antrópico, de acordo com o tipo e o porte do empreendimento e segundo as características da região. Essa caracterização deve ser feita por meio das informações listadas a seguir, considerando-se basicamente duas linhas de abordagem: uma que considera aquelas populações existentes na área atingida diretamente pelo empreendimento; outra que apresenta as inter-relações próprias do meio antrópico regional, passíveis de alterações significativas por efeitos indiretos do empreendimento. Quando procedentes, as variáveis enfocadas no meio antrópico deverão ser apresentadas em séries históricas significativas e representativas, visando à avaliação de sua evolução temporal.

Entre os aspectos cuja consideração e detalhamento possam ser necessários incluem-se:

- dinâmica populacional na área de influência do empreendimento;

- uso e ocupação do solo, com informações, em mapa, na área de influência do empreendimento;
- o nível de vida na área de influência do empreendimento;
- estrutura produtiva e de serviços;
- organização social na área de influência.

ANÁLISE DOS IMPACTOS AMBIENTAIS

Este item destina-se à apresentação da análise (identificação, valoração e interpretação) dos prováveis impactos ambientais ocorridos nas fases de planejamento, implantação, operação e, se for o caso, de desativação do empreendimento, sobre os meios físico, biológico e antrópico, devendo ser determinados e justificados os horizontes de tempo considerados.

Os impactos serão avaliados segundo os critérios descritos no item "Diagnóstico ambiental da área de influência", podendo, para efeito de análise, serem considerados como:

- impactos diretos e indiretos;
- impactos benéficos e adversos;
- impactos temporários, permanentes e cíclicos;
- impactos imediatos e a médio e longo prazos;
- impactos reversíveis e irreversíveis;
- impactos locais, regionais e estratégicos.

A análise dos impactos ambientais inclui, necessariamente, identificação, previsão de magnitude e interpretação da importância de cada um deles, permitindo uma apreciação abrangente das repercussões do empreendimento sobre o meio ambiente, entendido em sua forma mais ampla.

O resultado dessa análise constituirá um prognóstico da qualidade ambiental da área de influência do empreendimento, útil não só para os casos de adoção do projeto e suas alternativas, como também na hipótese de sua não implementação.

A análise, que constitui este item, deve ser apresentada em duas formas:

- uma síntese conclusiva dos impactos relevantes de cada fase prevista para o empreendimento – planejamento, implantação, operação e desativação em caso de acidentes –, acompanhada da análise (identificação, previsão de magnitude e interpretação) de suas interações;

- uma descrição detalhada dos impactos sobre cada fator ambiental relevante considerado no diagnóstico ambiental, a saber:
  - sobre o meio físico;
  - sobre o meio biológico;
  - sobre o meio antrópico.

É preciso mencionar os métodos usados para a identificação dos impactos, as técnicas utilizadas para a previsão da magnitude e os critérios adotados para a interpretação e análise de suas interações.

PROPOSIÇÃO DE MEDIDAS MITIGADORAS

Neste item deverão ser explicadas as medidas que visam minimizar os impactos adversos identificados e quantificados no item anterior, as quais deverão ser apresentadas e classificadas quanto:

- à sua natureza preventiva ou corretiva, avaliando, inclusive, a eficiência dos equipamentos de controle de poluição em relação aos critérios de qualidade ambiental e aos padrões de disposição de efluentes líquidos, emissões atmosféricas e resíduos sólidos;
- à fase do empreendimento em que deverão ser adotadas: planejamento, implantação, operação e desativação e para o caso de acidentes;
- ao fator ambiental a que se destinam: físico, biológico ou socioeconômico;
- ao prazo de permanência de suas aplicações: curto, médio ou longo;
- à responsabilidade pela implementação: empreendedor, poder público ou outros;
- ao seu custo.

Deverão também ser mencionados os impactos adversos que não podem ser evitados ou mitigados.

PROGRAMA DE ACOMPANHAMENTO E MONITORAMENTO DOS IMPACTOS AMBIENTAIS

Neste item deverão ser apresentados os programas de acompanhamento da evolução dos impactos ambientais positivos e negativos causados pelo empreendimento, considerando-se as fases de planejamento, de implantação, operação e desativação e, quando for o caso, de acidentes. Conforme o caso poderão ser incluídas:

- indicação e justificativa dos parâmetros selecionados para avaliação dos impactos sobre cada um dos fatores ambientais considerados;
- indicação e justificativa da rede de amostragem, incluindo seu dimensionamento e distribuição espacial;
- indicação e justificativa dos métodos de coleta e análise de amostras;
- indicação e justificativa da periodicidade de amostragem para cada parâmetro, segundo os diversos fatores ambientais;
- indicação e justificativa dos métodos a serem empregados no processamento das informações levantadas, visando retratar o quadro da evolução dos impactos ambientais causados pelo empreendimento.

DETALHAMENTO DOS FATORES AMBIENTAIS

Os fatores ambientais detalhados a seguir constituem itens considerados no Roteiro básico para elaboração do EIA. O grau de detalhamento desses itens em cada EIA dependerá da natureza do empreendimento, da relevância dos fatores em face da sua localização e dos critérios adotados pela equipe responsável pela elaboração do estudo.

Meio físico

Clima e condições meteorológicas

A caracterização do clima e das condições meteorológicas da área potencialmente atingida pelo empreendimento inclui:

- perfil do vento, temperatura e umidade do ar na camada-limite planetária;
- componentes de balanço de radiação à superfície do solo;
- componentes de balanço hídrico do solo;
- nebulosidade;
- as condições meteorológicas de larga escala e meso escala, favoráveis à formação de concentrações extremas de poluentes, danosas à saúde humana, à fauna, à flora e à qualidade da água e do solo;
- avaliação da frequência de ocorrência de condições meteorológicas de larga escala, favoráveis à formação de fortes concentrações de poluentes, incluindo a frequência de ocorrência e intensidade de anticiclones subtropicais semipermanentes e transientes;
- parâmetros meteorológicos necessários à configuração do regime de chuvas como:

- precipitação total média: mensal, semanal e anual;
- frequência de ocorrência de valores mensais e semanais máximos e mínimos;
- coeficiente de variação anual da precipitação;
- números médio, máximo e mínimo de dias com chuva no mês;
- delimitação do período seco e chuvoso;
- relação intensidade, duração e frequência da precipitação para períodos de horas e dias;
- parâmetros meteorológicos necessários para avaliação da razão de transferência média mensal e semanal de água para a atmosfera (evaporação e evapotranspiração) e dos demais componentes do balanço hídrico do solo (escoamento superficial e infiltração).

Qualidade do ar
A caracterização da qualidade do ar na região inclui:

- concentrações de referência de poluentes atmosféricos;
- composição físico-química das águas pluviais.

Caso seja necessária a implantação de rede de medição de poluentes atmosféricos, em complementação às existentes, deverão ser justificados os critérios utilizados na especificação dos parâmetros. Em qualquer caso, deverão ser indicados os métodos de medição utilizados.

Ruído
A caracterização dos níveis de ruído na região inclui:

- índices de ruído;
- mapeamento dos pontos de medição.

Geologia
A caracterização geológica da área potencialmente atingida pelo empreendimento inclui:

- esboço estrutural, contendo representação de acamamentos, foliação e fraturamentos;

- esboço litológico, contendo síntese cronoestratigráfica, com indicação das características físico-químicas e mineralógicas das rochas;
- avaliação das condições geotécnicas, por meio do uso de parâmetros de mecânica das rochas e dos solos.

Geomorfologia

A caracterização geomorfológica geral inclui:

- compartimentação topográfica geral das área de estudo (planalto, depressão, planície);
- posição da área dentro do vale ou bacia hidrográfica (alto, médio, baixo vale ou cabeceiras, margens etc.);
- tipo de forma de relevo dominante (cristas, colinas, planície fluvial etc.);
- presença eventual de grandes massas de relevo ou pontos muito elevados nas imediações (cristas, serras, picos, morros isolados etc.);
- posição da área em relação aos principais acidentes de relevo (topo, encosta, sopé etc.);
- classificação das formas de relevo quanto à sua origem (formas cársticas, fluviais, de aplainamento, litorâneas etc.);
- dinâmicas do relevo (presença de erosão ou propensão acelerada a assoreamento, áreas sujeitas a inundações, áreas sujeitas à erosão eólica etc.).

Solos

A caracterização dos solos potencialmente atingidos pelo empreendimento inclui:

- definição de classes de solo em nível taxonômico de série, caracterizadas morfológica e analiticamente;
- distribuição espacial individual ou por associações;
- descrição de sua aptidão agrícola.

Recursos hídricos

A caracterização dos recursos hídricos, considerando as bacias ou sub-bacias hidrográficas existentes na área potencialmente atingida pelo empreendimento, inclui os itens a seguir:

Hidrologia superficial

Descrição dos parâmetros hidrológicos calculados por meio de séries históricas de dados; caso estes não existam, poderão ser apresentadas observações fluviométricas e sedimentométricas relativas a um período mínimo de um ciclo hidrológico completo. Sua completa caracterização inclui:

- rede hidrográfica, identificando a localização do empreendimento, as características físicas da bacia hidrográfica e as estruturas hidráulicas existentes;
- balanço hídrico das áreas de estudo;
- parâmetros hidrológicos pertinentes;
- produção de sedimentos na bacia e seu transporte nas calhas fluviais.

Hidrogeologia

Descrição dos aquíferos em dois níveis de abrangência: uma descrição sumária e um levantamento detalhado dos aquíferos granulares (livres ou confinados) e dos fraturados ou cársticos. Esse levantamento poderá conter:

- localização, natureza, geometria, litologia, estrutura e outros aspectos geológicos do aquífero;
- alimentação (inclusive recarga artificial), fluxo e descarga (natural e artificial);
- profundidade dos níveis das águas subterrâneas;
- relação com águas superficiais e outros aquíferos;
- composição físico-química das águas subterrâneas;
- condições de explotação, considerando localização e tipos de captação utilizados, quantidades explotadas e regimes de bombeamento em cada captação.

Oceanografia física

Descrição das propriedades físicas das águas (como temperatura, salinidade, correntes marinhas e marés) e configuração de fundo e da linha costeira da área de estudo.

Qualidade das águas

Descrição da qualidade das águas bem como dos métodos utilizados para a determinação da composição físico-química e bacteriológica dos recursos hídricos interiores, superficiais e subterrâneos, estuarinos e marinhos.

Usos da água

Caracterização dos principais usos das águas na área potencialmente atingida pelo empreendimento, com a listagem das utilizações levantadas, suas demandas atuais e futuras, em termos qualitativos e quantitativos, bem como análise das disponibilidades e exportações, quando ocorrerem.

Neste quesito deverão ser identificados:

- abastecimento doméstico e industrial;
- diluição dos despejos domésticos e industriais;
- geração de energia;
- irrigação;
- pesca;
- recreação;
- preservação da fauna e da flora;
- navegação.

Meio biológico

Ecossistemas terrestres

A caracterização e a análise dos ecossistemas terrestres incluem:

- descrição da cobertura vegetal: mapeamento da área inscrita no raio de estudos, identificando os diferentes extratos vegetais; mapeamento da densidade da vegetação; identificação das espécies raras ameaçadas de extinção, daquelas de interesse econômico e científico com o mapeamento de sua área de ocorrência; identificação de indicadores vegetais para qualidade do ar, umidade e perturbação do solo;
- descrição geral das inter-relações fauna-fauna e fauna-flora na área atingida diretamente, com os seguintes elementos relativos à fauna: mapeamento da área identificando as espécies animais presentes, distinguindo seus territórios e sua diversidade específica; mapeamento da localização das fontes de alimentação e dessedentação, dos abrigos e áreas territoriais das espécies, dos sítios de reprodução e desenvolvimento de crias, dos materiais necessários para a construção de ninhos das espécies raras, daquelas ameaçadas de extinção, das que possuem valor econômico, e dos vetores e reservatórios de doença.

Ecossistemas aquáticos

A caracterização e a análise dos ecossistemas aquáticos da área de influência do empreendimento incluem os procedimentos a seguir descritos:

Na área de incidência direta dos impactos:

- mapeamento dos componentes básicos das populações aquáticas (algas, plantas vasculares, zooplâncton, bentons e nécton), segundo a classificação em sistemas marinhos, regiões estaurinas, sistemas aquidulcícolas, ambientes lóticos e ambientes lênticos; poderão ser apresentadas, igualmente, as densidades populacionais das diferentes espécies identificadas, bem como sua área de ocorrência por biótipo; apresentar, em quadros separados, os índices de diversidade específica;
- identificação do estado trófico dos corpos de água estudados, apresentando os elos críticos de suas cadeias tróficas;
- identificação de espécies animais e vegetais raras, ameaçadas de extinção, de vetores e reservatórios de doenças e mapeamento de sua ocorrência;
- identificação das espécies animais e vegetais que possam servir como indicadores biológicos das alterações ambientais em cada tipo de ecossistema aquático;
- identificação de incidência direta dos impactos dos componentes dos bentons, dos néctons que apresentem interesse econômico, e mapeamento de seus abrigos, áreas territoriais das espécies e de seus sítios de reprodução e desenvolvimento das crias.

Na área de influência:

- mapeamento dos diferentes ecossistemas aquáticos, apresentando as espécies animais e vegetais e distinguindo seus territórios e áreas de ocorrência;
- inventário de espécies animais e vegetais por ecossistema e estudo de sua diversidade específica.

Ecossistemas de transição

Os ecossistemas de transição da área de influência do empreendimento deverão ser analisados segundo critérios indicados para os ecossistemas aquáticos e terrestres, com ênfase em seu papel regulador. Essa caracterização deverá representar ecossistemas como banhados, manguezais, brejos, pântanos etc.

Meio antrópico

Dinâmica populacional

A caracterização da dinâmica populacional da área de influência do empreendimento pode incluir:

- distribuição da população, apresentando mapa que localize as aglomerações urbanas e rurais, caracterizando-as de acordo com o número de habitantes; as redes hidrográficas e viárias devem ser também identificadas;
- distribuição da população, apresentando mapa indicativo sobre a densidade populacional nas áreas de estudo, além das seguintes informações: população total, urbana e rural, por faixa etária e sexo; taxa média de crescimento demográfico e vegetativo da população total, urbana e rural no último decênio; grau de urbanização em período significativo;
- deslocamentos populacionais diários, semanais e sazonais, nas áreas de estudo, resultantes de atividades como recreação, trabalho, educação etc.;
- fluxos migratórios, identificando sua intensidade, origem, causas, condição de trabalho e de acesso etc.

Uso e ocupação do solo

A caracterização do uso e ocupação do espaço inclui:

- mapeamento das áreas rurais, urbanas e de expansão urbana;
- mapeamento das áreas de valor histórico, cultural, paisagístico e ecológico;
- identificação dos usos urbanos: residenciais, comerciais, de serviços, industriais, institucionais e públicos, inclusive as disposições legais do zoneamento;
- identificação da infraestrutura de serviços, incluindo sistema viário principal, portos, aeroportos, terminais de passageiros e carga, rede de abastecimento de água e de saneamento ambiental etc.;
- identificação dos principais usos rurais: das culturas temporárias e permanentes, pastagens naturais ou plantadas etc.;
- descrição da estrutura fundiária, indicada segundo o modelo rural mínimo local; as áreas de colonização ou ocupadas sem titulação de propriedade;
- mapeamento de vegetação nativa e exótica.

Nível de vida

A caracterização do nível de vida na área de influência inclui:

- estrutura ocupacional: população economicamente ativa – total, urbana e rural, e por sexo; população ocupada por setor econômico; distribuição da renda e de sua evolução; índices de desemprego e sua evolução e de relações de trabalho por setor econômico;
- educação: demanda e oferta nos 1º e 2º graus de ensino urbano e rural, índice de evasão, repetência e aprovação nos 1º e 2º graus de ensino urbano e rural; caracterização de rede de ensino público e particular (recursos físicos e humanos); índice de alfabetização por faixa etária; cursos profissionalizantes existentes e supletivos; programas de educação informal, de alfabetização, de alimentação escolar e de educação formal nos níveis governamental e privado;
- saúde: coeficiente de mortalidade geral e infantil, de mortalidade por doenças infecciosas e parasitárias (redutíveis por saneamento básico, por imunização, por programas especiais) e de mortalidade por causa não diagnosticada (sem assistência médica); quadro nosológico prevalente, incluindo doenças endêmicas e venéreas; caracterização da estrutura institucional; programas de saúde nos níveis governamental e privado, da susceptibilidade do meio ambiente físico, biológico e socioeconômico à instalação e/ou expansão de doenças como esquistossomose, doença de Chagas, malária, febre amarela, leishmaniose e parasitose em geral; caracterização da medicina informal (recursos humanos e naturais utilizados);
- alimentação: estado nutricional da população; hábitos alimentares; sistema de abastecimento de gêneros alimentícios; produção local, natural e cultivada; produção de outras localidades ou estados; programas de alimentação nos níveis governamental e privado;
- lazer, turismo e culturais: manifestações culturais relacionadas com o meio ambiente natural e sócio religioso (danças, músicas, festas, tradições e o calendário); descrição dos monumentos de valor cultural, cênico, histórico e natural; principais atividades de lazer da população; áreas de lazer mais utilizadas; equipamentos de lazer urbanos e rurais; centros sociais urbanos; importância do turismo como fonte de renda da região; jornais locais e regionais, de circulação diária, semanal, quinzenal e mensal; rádio e televisão locais e regionais;
- segurança social, quadro de criminalidade e sua evolução: infraestrutura policial e judiciária; corpo de bombeiros; estrutura de proteção ao menor e ao idoso; sistema de defesa civil;
- assentamento humano: as condições habitacionais nas cidades, povoados e zona rural, observando as variações culturais e tecnológicas na configuração das habitações e assentamentos, relacionando-as com a vulnerabilidade a vetores e doenças de modo geral; abastecimento de água e energia; rede de esgoto

e coleta de lixo; serviços de transporte; valor do aluguel e venda dos imóveis e sua evolução.

Estrutura produtiva e de serviços

A caracterização da estrutura produtiva e de serviços inclui:

- fatores de produção;
- modificação em relação à composição da produção local;
- emprego e nível tecnológico por setor;
- relações de troca entre a economia local e a microrregional, regional e nacional, incluindo a destinação da produção local e importância relativa.

Organização social

A caracterização da organização da área de influência inclui:

- forças e tensões sociais;
- grupos e movimentos comunitários;
- lideranças comunitárias;
- forças políticas e sindicais atuantes;
- associações.

RELATÓRIO DE IMPACTO AMBIENTAL – RIMA

O Relatório de Impacto Ambiental – Rima refletirá as conclusões do Estudo de Impacto Ambiental – EIA. Suas informações técnicas devem ser expressas em linguagem acessível ao público, ilustradas por mapas com escalas adequadas, quadros, gráficos e outras técnicas de comunicação visual, de modo que se possam entender claramente as possíveis consequências ambientais e suas alternativas, comparando as vantagens e desvantagens de cada uma delas.

Em linhas gerais, ele deverá conter:

- objetivos e justificativas do projeto, sua relação e compatibilidade com as políticas setoriais, planos e programas governamentais;
- descrição do projeto e suas alternativas tecnológicas e locacionais, especificando, para cada uma delas, nas fases e construção de operação: área de influência,

matérias-primas, mão de obra, fontes de energia, processos e técnicas operacionais, efluentes, emissões e resíduos, perdas de energia, empregos diretos e indiretos a serem gerados, relação custo/benefício dos ônus e benefícios sociais/ambientais;
- síntese do diagnóstico ambiental da área de influência do projeto;
- descrição dos impactos ambientais, considerando o projeto, suas alternativas, os horizontes de tempo de incidência dos impactos e indicando os métodos, técnicas e critérios adotados para sua identificação, quantificação e interpretação;
- caracterização da qualidade ambiental futura da área de influência, comparando as diferentes situações de adoção do projeto e de suas alternativas, bem como a hipótese de sua não realização;
- descrição do efeito esperado das medidas mitigadoras previstas em relação aos impactos negativos, mencionando aqueles que não puderem ser evitados e o grau de alteração esperado;
- programa de acompanhamento e monitoramento dos impactos;
- recomendação quanto à alternativa mais favorável (conclusões e comentários de ordem geral).

Do Rima deverão constar o nome e o número do registro na entidade de classe competente de cada um dos profissionais integrantes da equipe técnica que o elaborar.

Anexo II

LEI Nº 9.605, DE 12 DE FEVEREIRO DE 1998

Dispõe sobre as sanções penais e administrativas derivadas de condutas e atividades lesivas ao meio ambiente, e dá outras providências.

O Presidente da República
Faço saber que o Congresso Nacional decreta e eu sanciono a seguinte Lei:

CAPÍTULO I
DISPOSIÇÕES GERAIS

Art. 1º (Vetado.)

Art. 2º Quem, de qualquer forma, concorre para a prática dos crimes previstos nesta Lei, incide nas penas a estes cominadas, na medida da sua culpabilidade, bem como o diretor, o administrador, o membro de conselho e de órgão técnico, o auditor, o gerente, o preposto ou mandatário de pessoa jurídica, que, sabendo da conduta criminosa de outrem, deixar de impedir a sua prática, quando podia agir para evitá-la.

Art. 3º As pessoas jurídicas serão responsabilizadas administrativa, civil e penalmente conforme o disposto nesta Lei, nos casos em que a infração seja cometida por decisão de seu representante legal ou contratual, ou de seu órgão colegiado, no interesse ou benefício da sua entidade.

Parágrafo único. A responsabilidade das pessoas jurídicas não exclui a das pessoas físicas, autoras, co-autoras ou partícipes do mesmo fato.

Art. 4º Poderá ser desconsiderada a pessoa jurídica sempre que sua personalidade for obstáculo ao ressarcimento de prejuízos causados à qualidade do meio ambiente.

Art. 5º (Vetado.)

CAPÍTULO II
DA APLICAÇÃO DA PENA

Art. 6º Para imposição e gradação da penalidade, a autoridade competente observará:

I – a gravidade do fato, tendo em vista os motivos da infração e suas consequências para a saúde pública e para o meio ambiente;

II – os antecedentes do infrator quanto ao cumprimento da legislação de interesse ambiental;

III – a situação econômica do infrator, no caso de multa.

Art. 7º As penas restritivas de direitos são autônomas e substituem as privativas de liberdade quando:

I – tratar-se de crime culposo ou for aplicada a pena privativa de liberdade inferior a quatro anos;

II – a culpabilidade, os antecedentes, a conduta social e a personalidade do condenado, bem como os motivos e as circunstâncias do crime, indicarem que a substituição seja suficiente para efeitos de reprovação e prevenção do crime.

Parágrafo único. As penas restritivas de direitos a que se refere este artigo terão a mesma duração da pena privativa de liberdade substituída.

Art. 8º As penas restritivas de direito são:

I – prestação de serviços à comunidade;

II – interdição temporária de direitos;

III – suspensão parcial ou total de atividades;

IV – prestação pecuniária;

V – recolhimento domiciliar.

Art. 9º A prestação de serviços à comunidade consiste na atribuição ao condenado de tarefas gratuitas junto a parques e jardins públicos e unidades de conservação, e, no caso de dano da coisa particular, pública ou tombada, na restauração desta, se possível.

Art. 10. As penas de interdição temporária de direito são a proibição de o condenado contratar com o Poder Público, de receber incentivos fiscais ou quaisquer outros benefícios, bem como de participar de licitações, pelo prazo de cinco anos, no caso de crimes dolosos, e de três anos, no de crimes culposos.

Art. 11. A suspensão de atividades será aplicada quando estas não estiverem obedecendo às prescrições legais.

Art. 12. A prestação pecuniária consiste no pagamento em dinheiro à vítima ou à entidade pública ou privada com fim social, de importância, fixada pelo juiz, não inferior a um salário mínimo nem superior a trezentos e sessenta salários mínimos. O valor pago será deduzido do montante de eventual reparação civil a que for condenado o infrator.

Art. 13. O recolhimento domiciliar baseia-se na autodisciplina e senso de responsabilidade do condenado, que deverá, sem vigilância, trabalhar, frequentar curso ou exercer atividade autorizada, permanecendo recolhido nos dias e horários de folga em residência ou em qualquer local destinado a sua moradia habitual, conforme estabelecido na sentença condenatória.

Art. 14. São circunstâncias que atenuam a pena:

I – baixo grau de instrução ou escolaridade do agente;

II – arrependimento do infrator, manifestado pela espontânea reparação do dano, ou limitação significativa da degradação ambiental causada;

III – comunicação prévia pelo agente do perigo iminente de degradação ambiental;

IV – colaboração com os agentes encarregados da vigilância e do controle ambiental.

Art. 15. São circunstâncias que agravam a pena, quando não constituem ou qualificam o crime:

I – reincidência nos crimes de natureza ambiental;

II – ter o agente cometido a infração:

a) para obter vantagem pecuniária;

b) coagindo outrem para a execução material da infração;

c) afetando ou expondo a perigo, de maneira grave, a saúde pública ou o meio ambiente;

d) concorrendo para danos à propriedade alheia;

e) atingindo áreas de unidades de conservação ou áreas sujeitas, por ato do Poder Público, a regime especial de uso;

f) atingindo áreas urbanas ou quaisquer assentamentos humanos;

g) em período de defesa à fauna;

h) em domingos ou feriados;

i) à noite;

j) em épocas de seca ou inundações;

k) no interior do espaço territorial especialmente protegido;

l) com o emprego de métodos cruéis para abate ou captura de animais;

m) mediante fraude ou abuso de confiança;

n) mediante abuso do direito de licença, permissão ou autorização ambiental;

o) no interesse de pessoa jurídica mantida, total ou parcialmente, por verbas públicas ou beneficiada por incentivos fiscais;

p) atingindo espécies ameaçadas, listadas em relatórios oficiais das autoridades competentes;

q) facilitada por funcionário público no exercício de suas funções.

Art. 16. Nos crimes previstos nesta Lei, a suspensão condicional da pena pode ser aplicada nos casos de condenação a pena privativa de liberdade não superior a três anos.

Art. 17. A verificação da reparação a que se refere o § 2º do art. 78 do Código Penal será feita mediante laudo de reparação do dano ambiental, e as condições a serem impostas pelo juiz deverão relacionar-se com a proteção ao meio ambiente.

Art. 18. A multa será calculada segundo os critérios do Código Penal; se revelar-se ineficaz, ainda que aplicada no valor máximo, poderá ser aumentada até três vezes, tendo em vista o valor da vantagem econômica auferida.

Art. 19. A perícia de constatação do dano ambiental, sempre que possível, fixará o montante do prejuízo causado para efeitos de prestação de fiança e cálculo de multa.

Parágrafo único. A perícia produzida no inquérito civil ou no juízo cível poderá ser aproveitada no processo penal, instaurando-se o contraditório.

Art. 20. A sentença penal condenatória, sempre que possível, fixará o valor mínimo para reparação dos danos causados pela infração, considerando os prejuízos sofridos pelo ofendido ou pelo meio ambiente.

Parágrafo único. Transitada em julgado a sentença condenatória, a execução poderá efetuar-se pelo valor fixado nos termos do *caput*, sem prejuízo da liquidação para apuração do dano efetivamente sofrido.

Art. 21. As penas aplicáveis isolada, cumulativa ou alternativamente às pessoas jurídicas, de acordo com o disposto no art. 3º, são:

I – multa;

II – restritivas de direitos;

III – prestação de serviços à comunidade.

Art. 22. As penas restritivas de direitos da pessoa jurídica são:

I – suspensão parcial ou total de atividades;

II – interdição temporária de estabelecimento, obra ou atividade;

III – proibição de contratar com o Poder Público, bem como dele obter subsídios, subvenções ou doações.

§ 1º A suspensão de atividades será aplicada quando estas não estiverem obedecendo às disposições legais ou regulamentares, relativas à proteção do meio ambiente.

§ 2º A interdição será aplicada quando o estabelecimento, obra ou atividade estiver funcionando sem a devida autorização, ou em desacordo com a concedida, ou com violação de disposição legal ou regulamentar.

§ 3º A proibição de contratar com o Poder Público e dele obter subsídios, subvenções ou doações não poderá exceder o prazo de dez anos.

Art. 23. A prestação de serviços à comunidade pela pessoa jurídica consistirá em:

I – custeio de programas e de projetos ambientais;

II – execução de obras de recuperação de áreas degradadas;

III – manutenção de espaços públicos;

IV – contribuições a entidades ambientais ou culturais públicas.

Art. 24. A pessoa jurídica constituída ou utilizada, preponderantemente, com o fim de permitir, facilitar ou ocultar a prática de crime definido nesta Lei terá decretada sua liquidação forçada, seu patrimônio será considerado instrumento do crime e como tal perdido em favor do Fundo Penitenciário Nacional.

CAPÍTULO III
DA APREENSÃO DO PRODUTO E DO INSTRUMENTO DE INFRAÇÃO ADMINISTRATIVA OU DE CRIME

Art. 25. Verificada a infração, serão apreendidos seus produtos e instrumentos, lavrando-se os respectivos autos.

§ 1º Os animais serão prioritariamente libertados em seu habitat ou, sendo tal medida inviável ou não recomendável por questões sanitárias, entregues a jardins zoológicos, fundações ou entidades assemelhadas, para guarda e cuidados sob a responsabilidade de técnicos habilitados. (Redação dada pela Lei nº 13.052, de 2014)

§ 2º Até que os animais sejam entregues às instituições mencionadas no § 1º deste artigo, o órgão autuante zelará para que eles sejam mantidos em condições adequadas de acondicionamento e transporte que garantam o seu bem-estar físico. (Redação dada pela Lei nº 13.052, de 2014)

§ 3º Tratando-se de produtos perecíveis ou madeiras, serão estes avaliados e doados a instituições científicas, hospitalares, penais e outras com fins beneficentes. (Renumerando do § 2º para § 3º pela Lei nº 13.052, de 2014)

§ 4° Os produtos e subprodutos da fauna não perecíveis serão destruídos ou doados a instituições científicas, culturais ou educacionais. (Renumerando do § 3º para § 4º pela Lei nº 13.052, de 2014)

§ 5º Os instrumentos utilizados na prática da infração serão vendidos, garantida a sua descaracterização por meio da reciclagem. (Renumerando do § 4º para § 5º pela Lei nº 13.052, de 2014)

CAPÍTULO IV
DA AÇÃO E DO PROCESSO PENAL

Art. 26. Nas infrações penais previstas nesta Lei, a ação penal é pública incondicionada.

Parágrafo único. (Vetado.)

Art. 27. Nos crimes ambientais de menor potencial ofensivo, a proposta de aplicação imediata de pena restritiva de direitos ou multa, prevista no art. 76 da Lei nº 9.099, de 26 de setembro de 1995, somente poderá ser formulada desde que tenha havido a prévia composição do dano ambiental, de que trata o art. 74 da mesma lei, salvo em caso de comprovada impossibilidade.

Art. 28. As disposições do art. 89 da Lei nº 9.099, de 26 de setembro de 1995, aplicam-se aos crimes de menor potencial ofensivo definidos nesta Lei, com as seguintes modificações:

I – a declaração de extinção de punibilidade, de que trata o § 5º do artigo referido no *caput*, dependerá de laudo de constatação de reparação do dano ambiental, ressalvada a impossibilidade prevista no inciso I do § 1º do mesmo artigo;

II – na hipótese de o laudo de constatação comprovar não ter sido completa a reparação, o prazo de suspensão do processo será prorrogado, até o período máximo previsto no artigo referido no *caput*, acrescido de mais um ano, com suspensão do prazo da prescrição;

III – no período de prorrogação, não se aplicarão as condições dos incisos II, III e IV do § 1º do artigo mencionado no *caput*;

IV – findo o prazo de prorrogação, proceder-se-á à lavratura de novo laudo de constatação de reparação do dano ambiental, podendo, conforme seu resultado, ser novamente prorrogado o período de suspensão, até o máximo previsto no inciso II deste artigo, observado o disposto no inciso III;

V – esgotado o prazo máximo de prorrogação, a declaração de extinção de punibilidade dependerá de laudo de constatação que comprove ter o acusado tomado as providências necessárias à reparação integral do dano.

CAPÍTULO V
DOS CRIMES CONTRA O MEIO AMBIENTE

Seção I
Dos Crimes contra a Fauna

Art. 29. Matar, perseguir, caçar, apanhar, utilizar espécimes da fauna silvestre, nativos ou em rota migratória, sem a devida permissão, licença ou autorização da autoridade competente, ou em desacordo com a obtida:

Pena – detenção de seis meses a um ano, e multa.

§ 1º Incorre nas mesmas penas:

I – quem impede a procriação da fauna, sem licença, autorização ou em desacordo com a obtida;

II – quem modifica, danifica ou destrói ninho, abrigo ou criadouro natural;

III – quem vende, expõe à venda, exporta ou adquire, guarda, tem em cativeiro ou depósito, utiliza ou transporta ovos, larvas ou espécimes da fauna silvestre, nativa ou em rota migratória, bem como produtos e objetos dela oriundos, provenientes de criadouros não autorizados ou sem a devida permissão, licença ou autorização da autoridade competente.

§ 2º No caso de guarda doméstica de espécie silvestre não considerada ameaçada de extinção, pode o juiz, considerando as circunstâncias, deixar de aplicar a pena.

§ 3º São espécimes da fauna silvestre todos aqueles pertencentes às espécies nativas, migratórias e quaisquer outras, aquáticas ou terrestres, que tenham todo ou parte de seu ciclo de vida ocorrendo dentro dos limites do território brasileiro, ou águas jurisdicionais brasileiras.

§ 4º A pena é aumentada de metade, se o crime é praticado:

I – contra espécie rara ou considerada ameaçada de extinção, ainda que somente no local da infração;

II – em período proibido à caça;

III – durante a noite;

IV – com abuso de licença;

V – em unidade de conservação;

VI – com emprego de métodos ou instrumentos capazes de provocar destruição em massa.

§ 5º A pena é aumentada até o triplo, se o crime decorre do exercício de caça profissional.

§ 6º As disposições deste artigo não se aplicam aos atos de pesca.

Art. 30. Exportar para o exterior peles e couros de anfíbios e répteis em bruto, sem a autorização da autoridade ambiental competente:

Pena – reclusão, de um a três anos, e multa.

Art. 31. Introduzir espécime animal no País, sem parecer técnico oficial favorável e licença expedida por autoridade competente:

Pena – detenção, de três meses a um ano, e multa.

Art. 32. Praticar ato de abuso, maus-tratos, ferir ou mutilar animais silvestres, domésticos ou domesticados, nativos ou exóticos:

Pena – detenção, de três meses a um ano, e multa.

§ 1º Incorre nas mesmas penas quem realiza experiência dolorosa ou cruel em animal vivo, ainda que para fins didáticos ou científicos, quando existirem recursos alternativos.

§ 2º A pena é aumentada de um sexto a um terço, se ocorre morte do animal.

Art. 33. Provocar, pela emissão de efluentes ou carreamento de materiais, o perecimento de espécimes da fauna aquática existente em rios, lagos, açudes, lagoas, baías ou águas jurisdicionais brasileiras:

Pena – detenção, de um a três anos, ou multa, ou ambas cumulativamente.

Parágrafo único. Incorre nas mesmas penas:

I – quem causa degradação em viveiros, açudes ou estações de aquicultura de domínio público;

II – quem explora campos naturais de invertebrados aquáticos e algas, sem licença, permissão ou autorização da autoridade competente;

III – quem fundeia embarcações ou lança detritos de qualquer natureza sobre bancos de moluscos ou corais, devidamente demarcados em carta náutica.

Art. 34. Pescar em período no qual a pesca seja proibida ou em lugares interditados por órgão competente:

Pena – detenção de um ano a três anos ou multa, ou ambas as penas cumulativamente.

Parágrafo único. Incorre nas mesmas penas quem:

I – pesca espécies que devam ser preservadas ou espécimes com tamanhos inferiores aos permitidos;

II – pesca quantidades superiores às permitidas ou mediante a utilização de aparelhos, petrechos, técnicas e métodos não permitidos;

III – transporta, comercializa, beneficia ou industrializa espécimes provenientes da coleta, apanha e pesca proibidas.

Art. 35. Pescar mediante a utilização de:

I – explosivos ou substâncias que, em contato com a água, produzam efeito semelhante;

II – substâncias tóxicas, ou outro meio proibido pela autoridade competente:

Pena – reclusão de um ano a cinco anos.

Art. 36. Para os efeitos desta Lei, considera-se pesca todo ato tendente a retirar, extrair, coletar, apanhar, apreender ou capturar espécimes dos grupos dos peixes, crustáceos, moluscos e vegetais hidróbios, suscetíveis ou não de aproveitamento econômico, ressalvadas as espécies ameaçadas de extinção, constantes nas listas oficiais da fauna e da flora.

Art. 37. Não é crime o abate de animal, quando realizado:

I – em estado de necessidade, para saciar a fome do agente ou de sua família;

II – para proteger lavouras, pomares e rebanhos da ação predatória ou destruidora de animais, desde que legal e expressamente autorizado pela autoridade competente;

III – (Vetado.)

IV – por ser nocivo o animal, desde que assim caracterizado pelo órgão competente.

Seção II
Dos Crimes contra a Flora

Art. 38. Destruir ou danificar floresta considerada de preservação permanente, mesmo que em formação, ou utilizá-la com infringência das normas de proteção:

Pena – detenção, de um a três anos, ou multa, ou ambas as penas cumulativamente.

Parágrafo único. Se o crime for culposo, a pena será reduzida à metade.

Art. 38-A. Destruir ou danificar vegetação primária ou secundária, em estágio avançado ou médio de regeneração, do Bioma Mata Atlântica, ou utilizá-la com infringência das normas de proteção: (Incluído pela Lei nº 11.428, de 2006)

Pena – detenção, de 1 (um) a 3 (três) anos, ou multa, ou ambas as penas cumulativamente. (Incluído pela Lei nº 11.428, de 2006)

Parágrafo único. Se o crime for culposo, a pena será reduzida à metade. (Incluído pela Lei nº 11.428, de 2006)

Art. 39. Cortar árvores em floresta considerada de preservação permanente, sem permissão da autoridade competente:

Pena – detenção, de um a três anos, ou multa, ou ambas as penas cumulativamente.

Art. 40. Causar dano direto ou indireto às Unidades de Conservação e às áreas de que trata o art. 27 do Decreto nº 99.274, de 6 de junho de 1990, independentemente de sua localização:

Pena – reclusão, de um a cinco anos.

§ 1º Entende-se por Unidades de Conservação de Proteção Integral as Estações Ecológicas, as Reservas Biológicas, os Parques Nacionais, os Monumentos Naturais e os Refúgios de Vida Silvestre. (Redação dada pela Lei nº 9.985, de 2000)

§ 2º A ocorrência de dano afetando espécies ameaçadas de extinção no interior das Unidades de Conservação de Proteção Integral será considerada circunstância agravante para a fixação da pena. (Redação dada pela Lei nº 9.985, de 2000)

§ 3º Se o crime for culposo, a pena será reduzida à metade.

Art. 40-A. (Vetado.) (Incluído pela Lei nº 9.985, de 2000)

§ 1º Entende-se por Unidades de Conservação de Uso Sustentável as Áreas de Proteção Ambiental, as Áreas de Relevante Interesse Ecológico, as Florestas Nacionais, as Reservas Extrativistas, as Reservas de Fauna, as Reservas de Desenvolvimento Sustentável e as Reservas Particulares do Patrimônio Natural. (Incluído pela Lei nº 9.985, de 2000)

§ 2º A ocorrência de dano afetando espécies ameaçadas de extinção no interior das Unidades de Conservação de Uso Sustentável será considerada circunstância agravante para a fixação da pena. (Incluído pela Lei nº 9.985, de 2000)

§ 3º Se o crime for culposo, a pena será reduzida à metade. (Incluído pela Lei nº 9.985, de 2000)

Art. 41. Provocar incêndio em mata ou floresta:

Pena – reclusão, de dois a quatro anos, e multa.

Parágrafo único. Se o crime é culposo, a pena é de detenção de seis meses a um ano, e multa.

Art. 42. Fabricar, vender, transportar ou soltar balões que possam provocar incêndios nas florestas e demais formas de vegetação, em áreas urbanas ou qualquer tipo de assentamento humano:

Pena – detenção de um a três anos ou multa, ou ambas as penas cumulativamente.

Art. 43. (Vetado.)

Art. 44. Extrair de florestas de domínio público ou consideradas de preservação permanente, sem prévia autorização, pedra, areia, cal ou qualquer espécie de minerais:

Pena – detenção, de seis meses a um ano, e multa.

Art. 45. Cortar ou transformar em carvão madeira de lei, assim classificada por ato do Poder Público, para fins industriais, energéticos ou para qualquer outra exploração, econômica ou não, em desacordo com as determinações legais:

Pena – reclusão, de um a dois anos, e multa.

Art. 46. Receber ou adquirir, para fins comerciais ou industriais, madeira, lenha, carvão e outros produtos de origem vegetal, sem exigir a exibição de licença do vendedor, outorgada pela autoridade competente, e sem munir-se da via que deverá acompanhar o produto até final beneficiamento.

Pena – detenção, de seis meses a um ano, e multa.

Parágrafo único. Incorre nas mesmas penas quem vende, expõe à venda, tem em depósito, transporta ou guarda madeira, lenha, carvão e outros produtos de origem vegetal, sem licença válida para todo o tempo da viagem ou do armazenamento, outorgada pela autoridade competente.

Art. 47. (Vetado.)

Art. 48. Impedir ou dificultar a regeneração natural de florestas e demais formas de vegetação.

Pena – detenção, de seis meses a um ano, e multa.

Art. 49. Destruir, danificar, lesar ou maltratar, por qualquer modo ou meio, plantas de ornamentação de logradouros públicos ou em propriedade privada alheia.

Pena – detenção, de três meses a um ano, ou multa, ou ambas as penas cumulativamente.

Parágrafo único. No crime culposo, a pena é de um a seis meses, ou multa.

Art. 50. Destruir ou danificar florestas nativas ou plantadas ou vegetação fixadora de dunas, protetora de mangues, objeto de especial preservação.

Art. 50-A. Desmatar, explorar economicamente ou degradar floresta, plantada ou nativa, em terras de domínio público ou devolutas, sem autorização do órgão competente: (Incluído pela Lei nº 11.284, de 2006)

Pena – reclusão de 2 (dois) a 4 (quatro) anos e multa. (Incluído pela Lei nº 11.284, de 2006)

§ 1º Não é crime a conduta praticada quando necessária à subsistência imediata pessoal do agente ou de sua família. (Incluído pela Lei nº 11.284, de 2006)

§ 2º Se a área explorada for superior a 1.000 ha (mil hectares), a pena será aumentada de 1 (um) ano por milhar de hectare. (Incluído pela Lei nº 11.284, de 2006)

Pena – detenção, de três meses a um ano, e multa.

Art. 51. Comercializar motosserra ou utilizá-la em florestas e nas demais formas de vegetação, sem licença ou registro da autoridade competente:

Pena – detenção, de três meses a um ano, e multa.

Art. 52. Penetrar em Unidades de Conservação conduzindo substâncias ou instrumentos próprios para caça ou para exploração de produtos ou subprodutos florestais, sem licença da autoridade competente:

Pena – detenção, de seis meses a um ano, e multa.

Art. 53. Nos crimes previstos nesta Seção, a pena é aumentada de um sexto a um terço se:

I – do fato resulta a diminuição de águas naturais, a erosão do solo ou a modificação do regime climático;

II – o crime é cometido:

a) no período de queda das sementes;

b) no período de formação de vegetações;

c) contra espécies raras ou ameaçadas de extinção, ainda que a ameaça ocorra somente no local da infração;

d) em época de seca ou inundação;

e) durante a noite, em domingo ou feriado.

Seção III
Da Poluição e outros Crimes Ambientais

Art. 54. Causar poluição de qualquer natureza em níveis tais que resultem ou possam resultar em danos à saúde humana, ou que provoquem a mortandade de animais ou a destruição significativa da flora.

Pena – reclusão, de um a quatro anos, e multa.

§ 1º Se o crime é culposo:

Pena – detenção, de seis meses a um ano, e multa.

§ 2º Se o crime:

I – tornar uma área, urbana ou rural, imprópria para a ocupação humana;

II – causar poluição atmosférica que provoque a retirada, ainda que momentânea, dos habitantes das áreas afetadas, ou que cause danos diretos à saúde da população;

III – causar poluição hídrica que torne necessária a interrupção do abastecimento público de água de uma comunidade;

IV – dificultar ou impedir o uso público das praias;

V – ocorrer por lançamento de resíduos sólidos, líquidos ou gasosos, ou detritos, óleos ou substâncias oleosas, em desacordo com as exigências estabelecidas em leis ou regulamentos:

Pena – reclusão, de um a cinco anos.

§ 3º Incorre nas mesmas penas previstas no parágrafo anterior quem deixar de adotar, quando assim o exigir a autoridade competente, medidas de precaução em caso de risco de dano ambiental grave ou irreversível.

Art. 55. Executar pesquisa, lavra ou extração de recursos minerais sem a competente autorização, permissão, concessão ou licença, ou em desacordo com a obtida:

Pena – detenção, de seis meses a um ano, e multa.

Parágrafo único. Nas mesmas penas incorre quem deixa de recuperar a área pesquisada ou explorada, nos termos da autorização, permissão, licença, concessão ou determinação do órgão competente.

Art. 56. Produzir, processar, embalar, importar, exportar, comercializar, fornecer, transportar, armazenar, guardar, ter em depósito ou usar produto ou substância tóxica, perigosa ou nociva à saúde humana ou ao meio ambiente, em desacordo com as exigências estabelecidas em leis ou nos seus regulamentos:

Pena – reclusão, de um a quatro anos, e multa.

§ 1º Nas mesmas penas incorre quem: (Redação dada pela Lei nº 12.305, de 2010)

I – abandona os produtos ou substâncias referidos no *caput* ou os utiliza em desacordo com as normas ambientais ou de segurança; (Incluído pela Lei nº 12.305, de 2010)

II – manipula, acondiciona, armazena, coleta, transporta, reutiliza, recicla ou dá destinação final a resíduos perigosos de forma diversa da estabelecida em lei ou regulamento. (Incluído pela Lei nº 12.305, de 2010)

§ 2º Se o produto ou a substância for nuclear ou radioativa, a pena é aumentada de um sexto a um terço.

§ 3º Se o crime é culposo:

Pena – detenção, de seis meses a um ano, e multa.

Art. 57. (Vetado.)

Art. 58. Nos crimes dolosos previstos nesta Seção, as penas serão aumentadas:

I – de um sexto a um terço, se resulta dano irreversível à flora ou ao meio ambiente em geral;

II – de um terço até a metade, se resulta lesão corporal de natureza grave em outrem;

III – até o dobro, se resultar a morte de outrem.

Parágrafo único. As penalidades previstas neste artigo somente serão aplicadas se do fato não resultar crime mais grave.

Art. 59. (Vetado.)

Art. 60. Construir, reformar, ampliar, instalar ou fazer funcionar, em qualquer parte do território nacional, estabelecimentos, obras ou serviços potencialmente poluidores, sem licença ou autorização dos órgãos ambientais competentes, ou contrariando as normas legais e regulamentares pertinentes:

Pena – detenção, de um a seis meses, ou multa, ou ambas as penas cumulativamente.

Art. 61. Disseminar doença ou praga ou espécies que possam causar dano à agricultura, à pecuária, à fauna, à flora ou aos ecossistemas:

Pena – reclusão, de um a quatro anos, e multa.

Seção IV

Dos Crimes contra o Ordenamento Urbano e o Patrimônio Cultural

Art. 62. Destruir, inutilizar ou deteriorar:

I – bem especialmente protegido por lei, ato administrativo ou decisão judicial;

II – arquivo, registro, museu, biblioteca, pinacoteca, instalação científica ou similar protegido por lei, ato administrativo ou decisão judicial:

Pena – reclusão, de um a três anos, e multa.

Parágrafo único. Se o crime for culposo, a pena é de seis meses a um ano de detenção, sem prejuízo da multa.

Art. 63. Alterar o aspecto ou estrutura de edificação ou local especialmente protegido por lei, ato administrativo ou decisão judicial, em razão de seu valor paisagístico, ecológico, turístico, artístico, histórico, cultural, religioso, arqueológico, etnográfico ou monumental, sem autorização da autoridade competente ou em desacordo com a concedida:

Pena – reclusão, de um a três anos, e multa.

Art. 64. Promover construção em solo não edificável, ou no seu entorno, assim considerado em razão de seu valor paisagístico, ecológico, artístico, turístico, histórico, cultural, religioso, arqueológico, etnográfico ou monumental, sem autorização da autoridade competente ou em desacordo com a concedida:

Pena – detenção, de seis meses a um ano, e multa.

Art. 65. Pichar ou por outro meio conspurcar edificação ou monumento urbano: (Redação dada pela Lei nº 12.408, de 2011)

Pena – detenção, de 3 (três) meses a 1 (um) ano, e multa. (Redação dada pela Lei nº 12.408, de 2011)

§ 1º Se o ato for realizado em monumento ou coisa tombada em virtude do seu valor artístico, arqueológico ou histórico, a pena é de 6 (seis) meses a 1 (um) ano de detenção e multa. (Renumerado do parágrafo único pela Lei nº 12.408, de 2011)

§ 2º Não constitui crime a prática de grafite realizada com o objetivo de valorizar o patrimônio público ou privado mediante manifestação artística, desde que consentida pelo proprietário e, quando couber, pelo locatário ou arrendatário do bem privado e, no caso de bem público, com a autorização do órgão competente e a observância das posturas municipais e das normas editadas pelos órgãos governamentais responsáveis pela preservação e conservação do patrimônio histórico e artístico nacional. (Incluído pela Lei nº 12.408, de 2011)

Seção V
Dos Crimes contra a Administração Ambiental

Art. 66. Fazer o funcionário público afirmação falsa ou enganosa, omitir a verdade, sonegar informações ou dados técnico-científicos em procedimentos de autorização ou de licenciamento ambiental:

Pena – reclusão, de um a três anos, e multa.

Art. 67. Conceder o funcionário público licença, autorização ou permissão em desacordo com as normas ambientais, para as atividades, obras ou serviços cuja realização depende de ato autorizativo do Poder Público:

Pena – detenção, de um a três anos, e multa.

Parágrafo único. Se o crime é culposo, a pena é de três meses a um ano de detenção, sem prejuízo da multa.

Art. 68. Deixar, aquele que tiver o dever legal ou contratual de fazê-lo, de cumprir obrigação de relevante interesse ambiental:

Pena – detenção, de um a três anos, e multa.

Parágrafo único. Se o crime é culposo, a pena é de três meses a um ano, sem prejuízo da multa.

Art. 69-A. Elaborar ou apresentar, no licenciamento, concessão florestal ou qualquer outro procedimento administrativo, estudo, laudo ou relatório ambiental total ou parcialmente falso ou enganoso, inclusive por omissão: (Incluído pela Lei nº 11.284, de 2006)

Pena – reclusão, de 3 (três) a 6 (seis) anos, e multa. (Incluído pela Lei nº 11.284, de 2006)

§ 1º Se o crime é culposo: (Incluído pela Lei nº 11.284, de 2006)

Pena – detenção, de 1 (um) a 3 (três) anos. (Incluído pela Lei nº 11.284, de 2006)

§ 2º A pena é aumentada de 1/3 (um terço) a 2/3 (dois terços), se há dano significativo ao meio ambiente, em decorrência do uso da informação falsa, incompleta ou enganosa. (Incluído pela Lei nº 11.284, de 2006)

CAPÍTULO VI
DA INFRAÇÃO ADMINISTRATIVA

Art. 70. Considera-se infração administrativa ambiental toda ação ou omissão que viole as regras jurídicas de uso, gozo, promoção, proteção e recuperação do meio ambiente.

§ 1º São autoridades competentes para lavrar auto de infração ambiental e instaurar processo administrativo os funcionários de órgãos ambientais integrantes do Sistema Nacional de Meio Ambiente – Sisnama, designados para as atividades de fiscalização, bem como os agentes das Capitanias dos Portos, do Ministério da Marinha.

§ 2º Qualquer pessoa, constatando infração ambiental, poderá dirigir representação às autoridades relacionadas no parágrafo anterior, para efeito do exercício do seu poder de polícia.

§ 3º A autoridade ambiental que tiver conhecimento de infração ambiental é obrigada a promover a sua apuração imediata, mediante processo administrativo próprio, sob pena de corresponsabilidade.

§ 4º As infrações ambientais são apuradas em processo administrativo próprio, assegurado o direito de ampla defesa e o contraditório, observadas as disposições desta Lei.

Art. 71. O processo administrativo para apuração de infração ambiental deve observar os seguintes prazos máximos:

I – vinte dias para o infrator oferecer defesa ou impugnação contra o auto de infração, contados da data da ciência da autuação;

II – trinta dias para a autoridade competente julgar o auto de infração, contados da data da sua lavratura, apresentada ou não a defesa ou impugnação;

III – vinte dias para o infrator recorrer da decisão condenatória à instância superior do Sistema Nacional do Meio Ambiente – Sisnama, ou à Diretoria de Portos e Costas, do Ministério da Marinha, de acordo com o tipo de autuação;

IV – cinco dias para o pagamento de multa, contados da data do recebimento da notificação.

Art. 72. As infrações administrativas são punidas com as seguintes sanções, observado o disposto no art. 6º:

I – advertência;

II – multa simples;

III – multa diária;

IV – apreensão dos animais, produtos e subprodutos da fauna e flora, instrumentos, petrechos, equipamentos ou veículos de qualquer natureza utilizados na infração;

V – destruição ou inutilização do produto;

VI – suspensão de venda e fabricação do produto;

VII – embargo de obra ou atividade;

VIII – demolição de obra;

IX – suspensão parcial ou total de atividades;

X – (Vetado.)

XI – restritiva de direitos.

§ 1º Se o infrator cometer, simultaneamente, duas ou mais infrações, ser-lhe-ão aplicadas, cumulativamente, as sanções a elas cominadas.

§ 2º A advertência será aplicada pela inobservância das disposições desta Lei e da legislação em vigor, ou de preceitos regulamentares, sem prejuízo das demais sanções previstas neste artigo.

§ 3º A multa simples será aplicada sempre que o agente, por negligência ou dolo:

I – advertido por irregularidades que tenham sido praticadas, deixar de saná-las, no prazo assinalado por órgão competente do Sisnama ou pela Capitania dos Portos, do Ministério da Marinha;

II – opuser embaraço à fiscalização dos órgãos do Sisnama ou da Capitania dos Portos, do Ministério da Marinha.

§ 4º A multa simples pode ser convertida em serviços de preservação, melhoria e recuperação da qualidade do meio ambiente.

§ 5º A multa diária será aplicada sempre que o cometimento da infração se prolongar no tempo.

§ 6º A apreensão e destruição referidas nos incisos IV e V do *caput* obedecerão ao disposto no art. 25 desta Lei.

§ 7º As sanções indicadas nos incisos VI a IX do *caput* serão aplicadas quando o produto, a obra, a atividade ou o estabelecimento não estiverem obedecendo às prescrições legais ou regulamentares.

§ 8º As sanções restritivas de direito são:

I – suspensão de registro, licença ou autorização;

II – cancelamento de registro, licença ou autorização;

III – perda ou restrição de incentivos e benefícios fiscais;

IV – perda ou suspensão da participação em linhas de financiamento em estabelecimentos oficiais de crédito;

V – proibição de contratar com a Administração Pública, pelo período de até três anos.

Art. 73. Os valores arrecadados em pagamento de multas por infração ambiental serão revertidos ao Fundo Nacional do Meio Ambiente, criado pela Lei nº 7.797, de 10 de julho de 1989, Fundo Naval, criado pelo Decreto nº 20.923, de 8 de janeiro de 1932, fundos estaduais ou municipais de meio ambiente, ou correlatos, conforme dispuser o órgão arrecadador.

Art. 74. A multa terá por base a unidade, hectare, metro cúbico, quilograma ou outra medida pertinente, de acordo com o objeto jurídico lesado.

Art. 75. O valor da multa de que trata este Capítulo será fixado no regulamento desta Lei e corrigido periodicamente, com base nos índices estabelecidos na legislação pertinente, sendo o mínimo de R$ 50,00 (cinquenta reais) e o máximo de R$ 50.000.000,00 (cinquenta milhões de reais).

Art. 76. O pagamento de multa imposta pelos Estados, Municípios, Distrito Federal ou Territórios substitui a multa federal na mesma hipótese de incidência.

CAPÍTULO VII

DA COOPERAÇÃO INTERNACIONAL PARA A PRESERVAÇÃO DO MEIO AMBIENTE

Art. 77. Resguardados a soberania nacional, a ordem pública e os bons costumes, o Governo brasileiro prestará, no que concerne ao meio ambiente, a necessária cooperação a outro país, sem qualquer ônus, quando solicitado para:

I – produção de prova;

II – exame de objetos e lugares;

III – informações sobre pessoas e coisas;

IV – presença temporária da pessoa presa, cujas declarações tenham relevância para a decisão de uma causa;

V – outras formas de assistência permitidas pela legislação em vigor ou pelos tratados de que o Brasil seja parte.

§ 1º A solicitação de que trata este artigo será dirigida ao Ministério da Justiça, que a remeterá, quando necessário, ao órgão judiciário competente para decidir a seu respeito, ou a encaminhará à autoridade capaz de atendê-la.

§ 2º A solicitação deverá conter:

I – o nome e a qualificação da autoridade solicitante;

II – o objeto e o motivo de sua formulação;

III – a descrição sumária do procedimento em curso no país solicitante;

IV – a especificação da assistência solicitada;

V – a documentação indispensável ao seu esclarecimento, quando for o caso.

Art. 78. Para a consecução dos fins visados nesta Lei e especialmente para a reciprocidade da cooperação internacional, deve ser mantido sistema de comunicações apto a facilitar o intercâmbio rápido e seguro de informações com órgãos de outros países.

CAPÍTULO VIII
DISPOSIÇÕES FINAIS

Art. 79. Aplicam-se subsidiariamente a esta Lei as disposições do Código Penal e do Código de Processo Penal.

Art. 79-A.[1] Para o cumprimento do disposto nesta Lei, os órgãos ambientais integrantes do SISNAMA, responsáveis pela execução de programas e projetos e pelo controle e fiscalização dos estabelecimentos e das atividades suscetíveis de degradarem a qualidade ambiental, ficam autorizados a celebrar, com força de título executivo extrajudicial, termo de compromisso com pessoas físicas ou jurídicas responsáveis pela construção, instalação, ampliação e funcionamento de estabelecimentos e atividades utilizadores de recursos ambientais, considerados efetiva ou potencialmente poluidores. (Redação dada pela Medida Provisória nº 2.163-41, de 2001)

---

[1] Medida Provisória nº 2.163-41, de 23-8-2001, que acrescentou novo dispositivo à Lei nº 9.605, de 12-2-1998.

§ 1º O termo de compromisso a que se refere este artigo destinar-se-á, exclusivamente, a permitir que as pessoas físicas e jurídicas mencionadas no *caput* possam promover as necessárias correções de suas atividades, para o atendimento das exigências impostas pelas autoridades ambientais competentes, sendo obrigatório que o respectivo instrumento disponha sobre: (Redação dada pela Medida Provisória nº 2.163-41, de 2001)

I – o nome, a qualificação e o endereço das partes compromissadas e dos respectivos representantes legais; (Redação dada pela Medida Provisória nº 2.163-41, de 2001)

II – o prazo de vigência do compromisso, que, em função da complexidade das obrigações nele fixadas, poderá variar entre o mínimo de noventa dias e o máximo de três anos, com possibilidade de prorrogação por igual período; (Redação dada pela Medida Provisória nº 2.163-41, de 2001)

III – a descrição detalhada de seu objeto, o valor do investimento previsto e o cronograma físico de execução e de implantação das obras e serviços exigidos, com metas trimestrais a serem atingidas; (Redação dada pela Medida Provisória nº 2.163-41, de 2001)

IV – as multas que podem ser aplicadas à pessoa física ou jurídica compromissada e os casos de rescisão, em decorrência do não-cumprimento das obrigações nele pactuadas; (Redação dada pela Medida Provisória nº 2.163-41, de 2001)

V – o valor da multa de que trata o inciso IV não poderá ser superior ao valor do investimento previsto; (Redação dada pela Medida Provisória nº 2.163-41, de 2001)

VI – o foro competente para dirimir litígios entre as partes. (Incluído pela Medida Provisória nº 2.163-41, de 2001)

§ 2º No tocante aos empreendimentos em curso até o dia 30 de março de 1998, envolvendo construção, instalação, ampliação e funcionamento de estabelecimentos e atividades utilizadores de recursos ambientais, considerados efetiva ou potencialmente poluidores, a assinatura do termo de compromisso deverá ser requerida pelas pessoas físicas e jurídicas interessadas, até o dia 31 de dezembro de 1998, mediante requerimento escrito protocolizado junto aos órgãos competentes do SISNAMA, devendo ser firmado pelo dirigente máximo do estabelecimento. (Redação dada pela Medida Provisória nº 2.163-41, de 2001)

§ 3º Da data da protocolização do requerimento previsto no § 2º e enquanto perdurar a vigência do correspondente termo de compromisso, ficarão suspensas, em relação aos fatos que deram causa à celebração do instrumento, a aplicação de sanções administrativas contra a pessoa física ou jurídica que o houver firmado. (Redação dada pela Medida Provisória nº 2.163-41, de 2001)

§ 4º A celebração do termo de compromisso de que trata este artigo não impede a execução de eventuais multas aplicadas antes da protocolização do requerimento. (Redação dada pela Medida Provisória nº 2.163-41, de 2001)

§ 5º Considera-se rescindido de pleno direito o termo de compromisso, quando descumprida qualquer de suas cláusulas, ressalvado o caso fortuito ou de força maior. (Incluído pela Medida Provisória nº 2.163-41, de 2001)

§ 6º O termo de compromisso deverá ser firmado em até noventa dias, contados da protocolização do requerimento. (Incluído pela Medida Provisória nº 2.163-41, de 2001)

§ 7º O requerimento de celebração do termo de compromisso deverá conter as informações necessárias à verificação da sua viabilidade técnica e jurídica, sob pena de indeferimento do plano. (Incluído pela Medida Provisória nº 2.163-41, de 2001)

§ 8º Sob pena de ineficácia, os termos de compromisso deverão ser publicados no órgão oficial competente, mediante extrato. (Incluído pela Medida Provisória nº 2.163-41, de 2001)

Art. 80. O Poder Executivo regulamentará esta Lei no prazo de noventa dias a contar de sua publicação.

Art. 81. (Vetado.)

Art. 82. Revogam-se as disposições em contrário.

Brasília, 12 de fevereiro de 1998; 177º da Independência e 110º da República.

FERNANDO HENRIQUE CARDOSO
Gustavo Krause

Anexo III

MEDIDA PROVISÓRIA Nº 2.163-41, DE 23 DE AGOSTO DE 2001

Acrescenta dispositivo à Lei nº 9.605, de 12 de fevereiro de 1998, que dispõe sobre as sanções penais e administrativas derivadas de condutas e atividades lesivas ao meio ambiente.

O PRESIDENTE DA REPÚBLICA, no uso da atribuição que lhe confere o art. 62 da Constituição, adota a seguinte Medida Provisória, com força de lei:

Art. 1º A Lei nº 9.605, de 12 de fevereiro de 1998, passa a vigorar acrescida do seguinte artigo:

"Art. 79-A. Para o cumprimento do disposto nesta Lei, os órgãos ambientais integrantes do SISNAMA, responsáveis pela execução de programas e projetos e pelo controle e fiscalização dos estabelecimentos e das atividades suscetíveis de degradarem a qualidade ambiental, ficam autorizados a celebrar, com força de título executivo extrajudicial, termo de compromisso com pessoas físicas ou jurídicas responsáveis pela construção, instalação, ampliação e funcionamento de estabelecimentos e atividades utilizadores de recursos ambientais, considerados efetiva ou potencialmente poluidores.

§ 1º O termo de compromisso a que se refere este artigo destinar-se-á, exclusivamente, a permitir que as pessoas físicas e jurídicas mencionadas no *caput* possam promover as necessárias correções de suas atividades, para o atendimento das exigências impostas pelas autoridades ambientais competentes, sendo obrigatório que o respectivo instrumento disponha sobre:

I – o nome, a qualificação e o endereço das partes compromissadas e dos respectivos representantes legais;

II – o prazo de vigência do compromisso, que, em função da complexidade das obrigações nele fixadas, poderá variar entre o mínimo de noventa dias e o máximo de três anos, com possibilidade de prorrogação por igual período;

III – a descrição detalhada de seu objeto, o valor do investimento previsto e o cronograma físico de execução e de implantação das obras e serviços exigidos, com metas trimestrais a serem atingidas;

IV – as multas que podem ser aplicadas à pessoa física ou jurídica compromissada e os casos de rescisão, em decorrência do não-cumprimento das obrigações nele pactuadas;

V – o valor da multa de que trata o inciso IV não poderá ser superior ao valor do investimento previsto;

VI – o foro competente para dirimir litígios entre as partes.

§ 2º No tocante aos empreendimentos em curso até o dia 30 de março de 1998, envolvendo construção, instalação, ampliação e funcionamento de estabelecimentos e atividades utilizadores de recursos ambientais, considerados efetiva ou potencialmente poluidores, a assinatura do termo de compromisso deverá ser requerida pelas pessoas físicas e jurídicas interessadas, até o dia 31 de dezembro de 1998, mediante requerimento escrito protocolizado junto aos órgãos competentes do SISNAMA, devendo ser firmado pelo dirigente máximo do estabelecimento.

§ 3º Da data da protocolização do requerimento previsto no § 2º e enquanto perdurar a vigência do correspondente termo de compromisso, ficarão suspensas, em relação aos fatos que deram causa à celebração do instrumento, a aplicação de sanções administrativas contra a pessoa física ou jurídica que o houver firmado.

§ 4º A celebração do termo de compromisso de que trata este artigo não impede a execução de eventuais multas aplicadas antes da protocolização do requerimento.

§ 5º Considera-se rescindido de pleno direito o termo de compromisso, quando descumprida qualquer de suas cláusulas, ressalvado o caso fortuito ou de força maior.

§ 6º O termo de compromisso deverá ser firmado em até noventa dias, contados da protocolização do requerimento.

§ 7º O requerimento de celebração do termo de compromisso deverá conter as informações necessárias à verificação da sua viabilidade técnica e jurídica, sob pena de indeferimento do plano.

§ 8º Sob pena de ineficácia, os termos de compromisso deverão ser publicados no órgão oficial competente, mediante extrato." (NR)

Art. 2º Ficam convalidados os atos praticados com base na Medida Provisória no 2.163-40, de 26 de julho de 2001.

Art. 3º Esta Medida Provisória entra em vigor na data de sua publicação.

Brasília, 23 de agosto de 2001; 180º da Independência e 113º da República.

FERNANDO HENRIQUE CARDOSO
José Sarney Filho

Anexo IV

LEI Nº 12.305, DE 2 DE AGOSTO DE 2010
Regulamento

Institui a Política Nacional de Resíduos Sólidos; altera a Lei nº 9.605, de 12 de fevereiro de 1998; e dá outras providências.

O PRESIDENTE DA REPÚBLICA Faço saber que o Congresso Nacional decreta e eu sanciono a seguinte Lei:

TÍTULO I
DISPOSIÇÕES GERAIS

CAPÍTULO I
DO OBJETO E DO CAMPO DE APLICAÇÃO

Art. 1º Esta Lei institui a Política Nacional de Resíduos Sólidos, dispondo sobre seus princípios, objetivos e instrumentos, bem como sobre as diretrizes relativas à gestão integrada e ao gerenciamento de resíduos sólidos, incluídos os perigosos, às responsabilidades dos geradores e do poder público e aos instrumentos econômicos aplicáveis.

§ 1º Estão sujeitas à observância desta Lei as pessoas físicas ou jurídicas, de direito público ou privado, responsáveis, direta ou indiretamente, pela geração de resíduos sólidos e as que desenvolvam ações relacionadas à gestão integrada ou ao gerenciamento de resíduos sólidos.

§ 2º Esta Lei não se aplica aos rejeitos radioativos, que são regulados por legislação específica.

Art. 2º Aplicam-se aos resíduos sólidos, além do disposto nesta Lei, nas Leis nºs 11.445, de 5 de janeiro de 2007, 9.974, de 6 de junho de 2000, e 9.966, de 28 de abril de 2000, as normas estabelecidas pelos órgãos do Sistema Nacional do Meio Ambiente (Sisnama), do Sistema Nacional de Vigilância Sanitária (SNVS), do Sistema Unificado de Atenção à Sanidade Agropecuária (Suasa) e do Sistema Nacional de Metrologia, Normalização e Qualidade Industrial (Sinmetro).

CAPÍTULO II
DEFINIÇÕES

Art. 3º Para os efeitos desta Lei, entende-se por:

I – acordo setorial: ato de natureza contratual firmado entre o poder público e fabricantes, importadores, distribuidores ou comerciantes, tendo em vista a implantação da responsabilidade compartilhada pelo ciclo de vida do produto;

II – área contaminada: local onde há contaminação causada pela disposição, regular ou irregular, de quaisquer substâncias ou resíduos;

III – área órfã contaminada: área contaminada cujos responsáveis pela disposição não sejam identificáveis ou individualizáveis;

IV – ciclo de vida do produto: série de etapas que envolvem o desenvolvimento do produto, a obtenção de matérias-primas e insumos, o processo produtivo, o consumo e a disposição final;

V – coleta seletiva: coleta de resíduos sólidos previamente segregados conforme sua constituição ou composição;

VI – controle social: conjunto de mecanismos e procedimentos que garantam à sociedade informações e participação nos processos de formulação, implementação e avaliação das políticas públicas relacionadas aos resíduos sólidos;

VII – destinação final ambientalmente adequada: destinação de resíduos que inclui a reutilização, a reciclagem, a compostagem, a recuperação e o aproveitamento energético ou outras destinações admitidas pelos órgãos competentes do Sisnama, do SNVS e do Suasa, entre elas a disposição final, observando normas operacionais específicas de modo a evitar danos ou riscos à saúde pública e à segurança e a minimizar os impactos ambientais adversos;

VIII – disposição final ambientalmente adequada: distribuição ordenada de rejeitos em aterros, observando normas operacionais específicas de modo a evitar danos ou riscos à saúde pública e à segurança e a minimizar os impactos ambientais adversos;

IX – geradores de resíduos sólidos: pessoas físicas ou jurídicas, de direito público ou privado, que geram resíduos sólidos por meio de suas atividades, nelas incluído o consumo;

X – gerenciamento de resíduos sólidos: conjunto de ações exercidas, direta ou indiretamente, nas etapas de coleta, transporte, transbordo, tratamento e destinação final ambientalmente adequada dos resíduos sólidos e disposição final ambientalmente adequada dos rejeitos, de acordo com plano municipal de gestão integrada de resíduos sólidos ou com plano de gerenciamento de resíduos sólidos, exigidos na forma desta Lei;

XI – gestão integrada de resíduos sólidos: conjunto de ações voltadas para a busca de soluções para os resíduos sólidos, de forma a considerar as dimensões política, econômica, ambiental, cultural e social, com controle social e sob a premissa do desenvolvimento sustentável;

XII – logística reversa: instrumento de desenvolvimento econômico e social caracterizado por um conjunto de ações, procedimentos e meios destinados a viabilizar a coleta e a restituição dos resíduos sólidos ao setor empresarial, para reaproveitamento, em seu ciclo ou em outros ciclos produtivos, ou outra destinação final ambientalmente adequada;

XIII – padrões sustentáveis de produção e consumo: produção e consumo de bens e serviços de forma a atender as necessidades das atuais gerações e permitir melhores condições de vida, sem comprometer a qualidade ambiental e o atendimento das necessidades das gerações futuras;

XIV – reciclagem: processo de transformação dos resíduos sólidos que envolve a alteração de suas propriedades físicas, físico-químicas ou biológicas, com vistas à transformação em insumos ou novos produtos, observadas as condições e os padrões estabelecidos pelos órgãos competentes do Sisnama e, se couber, do SNVS e do Suasa;

XV – rejeitos: resíduos sólidos que, depois de esgotadas todas as possibilidades de tratamento e recuperação por processos tecnológicos disponíveis e economicamente viáveis, não apresentem outra possibilidade que não a disposição final ambientalmente adequada;

XVI – resíduos sólidos: material, substância, objeto ou bem descartado resultante de atividades humanas em sociedade, a cuja destinação final se procede, se propõe proceder ou se está obrigado a proceder, nos estados sólido ou semissólido, bem como gases contidos em recipientes e líquidos cujas particularidades tornem inviável o seu lançamento na rede pública de esgotos ou em corpos d'água, ou exijam para isso soluções técnica ou economicamente inviáveis em face da melhor tecnologia disponível;

XVII – responsabilidade compartilhada pelo ciclo de vida dos produtos: conjunto de atribuições individualizadas e encadeadas dos fabricantes, importadores, distribuidores e comerciantes, dos consumidores e dos titulares dos serviços públicos de limpeza urbana e de manejo dos resíduos sólidos, para minimizar o volume de resíduos sólidos e rejeitos gerados, bem como para reduzir os impactos causados à saúde humana e à qualidade ambiental decorrentes do ciclo de vida dos produtos, nos termos desta Lei;

XVIII – reutilização: processo de aproveitamento dos resíduos sólidos sem sua transformação biológica, física ou físico-química, observadas as condições e os padrões estabelecidos pelos órgãos competentes do Sisnama e, se couber, do SNVS e do Suasa;

XIX – serviço público de limpeza urbana e de manejo de resíduos sólidos: conjunto de atividades previstas no art. 7º da Lei nº 11.445, de 2007.

TÍTULO II
DA POLÍTICA NACIONAL DE RESÍDUOS SÓLIDOS

CAPÍTULO I
DISPOSIÇÕES GERAIS

Art. 4º A Política Nacional de Resíduos Sólidos reúne o conjunto de princípios, objetivos, instrumentos, diretrizes, metas e ações adotados pelo Governo Federal, isoladamente ou em regime de cooperação com Estados, Distrito Federal, Municípios ou particulares, com vistas à gestão integrada e ao gerenciamento ambientalmente adequado dos resíduos sólidos.

Art. 5º A Política Nacional de Resíduos Sólidos integra a Política Nacional do Meio Ambiente e articula-se com a Política Nacional de Educação Ambiental, regulada pela Lei nº 9.795, de 27 de abril de 1999, com a Política Federal de Saneamento Básico, regulada pela Lei nº 11.445, de 2007, e com a Lei nº 11.107, de 6 de abril de 2005.

CAPÍTULO II
DOS PRINCÍPIOS E OBJETIVOS

Art. 6º São princípios da Política Nacional de Resíduos Sólidos:

I – a prevenção e a precaução;

II – o poluidor-pagador e o protetor-recebedor;

III – a visão sistêmica, na gestão dos resíduos sólidos, que considere as variáveis ambiental, social, cultural, econômica, tecnológica e de saúde pública;

IV – o desenvolvimento sustentável;

V – a ecoeficiência, mediante a compatibilização entre o fornecimento, a preços competitivos, de bens e serviços qualificados que satisfaçam as necessidades humanas e tragam qualidade de vida e a redução do impacto ambiental e do consumo de recursos naturais a um nível, no mínimo, equivalente à capacidade de sustentação estimada do planeta;

VI – a cooperação entre as diferentes esferas do poder público, o setor empresarial e demais segmentos da sociedade;

VII – a responsabilidade compartilhada pelo ciclo de vida dos produtos;

VIII – o reconhecimento do resíduo sólido reutilizável e reciclável como um bem econômico e de valor social, gerador de trabalho e renda e promotor de cidadania;

IX – o respeito às diversidades locais e regionais;

X – o direito da sociedade à informação e ao controle social;

XI – a razoabilidade e a proporcionalidade.

Art. 7º São objetivos da Política Nacional de Resíduos Sólidos:

I – proteção da saúde pública e da qualidade ambiental;

II – não geração, redução, reutilização, reciclagem e tratamento dos resíduos sólidos, bem como disposição final ambientalmente adequada dos rejeitos;

III – estímulo à adoção de padrões sustentáveis de produção e consumo de bens e serviços;

IV – adoção, desenvolvimento e aprimoramento de tecnologias limpas como forma de minimizar impactos ambientais;

V – redução do volume e da periculosidade dos resíduos perigosos;

VI – incentivo à indústria da reciclagem, tendo em vista fomentar o uso de matérias-primas e insumos derivados de materiais recicláveis e reciclados;

VII – gestão integrada de resíduos sólidos;

VIII – articulação entre as diferentes esferas do poder público, e destas com o setor empresarial, com vistas à cooperação técnica e financeira para a gestão integrada de resíduos sólidos;

IX – capacitação técnica continuada na área de resíduos sólidos;

X – regularidade, continuidade, funcionalidade e universalização da prestação dos serviços públicos de limpeza urbana e de manejo de resíduos sólidos, com adoção de mecanismos gerenciais e econômicos que assegurem a recuperação dos custos dos serviços prestados, como forma de garantir sua sustentabilidade operacional e financeira, observada a Lei nº 11.445, de 2007;

XI – prioridade, nas aquisições e contratações governamentais, para:

a) produtos reciclados e recicláveis;

b) bens, serviços e obras que considerem critérios compatíveis com padrões de consumo social e ambientalmente sustentáveis;

XII – integração dos catadores de materiais reutilizáveis e recicláveis nas ações que envolvam a responsabilidade compartilhada pelo ciclo de vida dos produtos;

XIII – estímulo à implementação da avaliação do ciclo de vida do produto;

XIV – incentivo ao desenvolvimento de sistemas de gestão ambiental e empresarial voltados para a melhoria dos processos produtivos e ao reaproveitamento dos resíduos sólidos, incluídos a recuperação e o aproveitamento energético;

XV – estímulo à rotulagem ambiental e ao consumo sustentável.

CAPÍTULO III
DOS INSTRUMENTOS

Art. 8º São instrumentos da Política Nacional de Resíduos Sólidos, entre outros:

I – os planos de resíduos sólidos;

II – os inventários e o sistema declaratório anual de resíduos sólidos;

III – a coleta seletiva, os sistemas de logística reversa e outras ferramentas relacionadas à implementação da responsabilidade compartilhada pelo ciclo de vida dos produtos;

IV – o incentivo à criação e ao desenvolvimento de cooperativas ou de outras formas de associação de catadores de materiais reutilizáveis e recicláveis;

V – o monitoramento e a fiscalização ambiental, sanitária e agropecuária;

VI – a cooperação técnica e financeira entre os setores público e privado para o desenvolvimento de pesquisas de novos produtos, métodos, processos e tecnologias de gestão, reciclagem, reutilização, tratamento de resíduos e disposição final ambientalmente adequada de rejeitos;

VII – a pesquisa científica e tecnológica;

VIII – a educação ambiental;

IX – os incentivos fiscais, financeiros e creditícios;

X – o Fundo Nacional do Meio Ambiente e o Fundo Nacional de Desenvolvimento Científico e Tecnológico;

XI – o Sistema Nacional de Informações sobre a Gestão dos Resíduos Sólidos (Sinir);

XII – o Sistema Nacional de Informações em Saneamento Básico (Sinisa);

XIII – os conselhos de meio ambiente e, no que couber, os de saúde;

XIV – os órgãos colegiados municipais destinados ao controle social dos serviços de resíduos sólidos urbanos;

XV – o Cadastro Nacional de Operadores de Resíduos Perigosos;

XVI – os acordos setoriais;

XVII – no que couber, os instrumentos da Política Nacional de Meio Ambiente, entre eles: a) os padrões de qualidade ambiental;

b) o Cadastro Técnico Federal de Atividades Potencialmente Poluidoras ou Utilizadoras de Recursos Ambientais;

c) o Cadastro Técnico Federal de Atividades e Instrumentos de Defesa Ambiental;

d) a avaliação de impactos ambientais;

e) o Sistema Nacional de Informação sobre Meio Ambiente (Sinima);

f) o licenciamento e a revisão de atividades efetiva ou potencialmente poluidoras;

XVIII – os termos de compromisso e os termos de ajustamento de conduta; XIX – o incentivo à adoção de consórcios ou de outras formas de cooperação entre os entes federados, com vistas à elevação das escalas de aproveitamento e à redução dos custos envolvidos.

TÍTULO III
DAS DIRETRIZES APLICÁVEIS AOS RESÍDUOS SÓLIDOS

CAPÍTULO I
DISPOSIÇÕES PRELIMINARES

Art. 9º Na gestão e gerenciamento de resíduos sólidos, deve ser observada a seguinte ordem de prioridade: não geração, redução, reutilização, reciclagem, tratamento dos resíduos sólidos e disposição final ambientalmente adequada dos rejeitos.

§ 1º Poderão ser utilizadas tecnologias visando à recuperação energética dos resíduos sólidos urbanos, desde que tenha sido comprovada sua viabilidade técnica e ambiental e com a implantação de programa de monitoramento de emissão de gases tóxicos aprovado pelo órgão ambiental.

§ 2º A Política Nacional de Resíduos Sólidos e as Políticas de Resíduos Sólidos dos Estados, do Distrito Federal e dos Municípios serão compatíveis com o disposto no *caput* e no § 1º deste artigo e com as demais diretrizes estabelecidas nesta Lei.

Art. 10. Incumbe ao Distrito Federal e aos Municípios a gestão integrada dos resíduos sólidos gerados nos respectivos territórios, sem prejuízo das competências de controle e fiscalização dos órgãos federais e estaduais do Sisnama, do SNVS e do Suasa, bem como da responsabilidade do gerador pelo gerenciamento de resíduos, consoante o estabelecido nesta Lei.

Art. 11. Observadas as diretrizes e demais determinações estabelecidas nesta Lei e em seu regulamento, incumbe aos Estados:

I – promover a integração da organização, do planejamento e da execução das funções públicas de interesse comum relacionadas à gestão dos resíduos sólidos nas regiões metropolitanas, aglomerações urbanas e microrregiões, nos termos da lei complementar estadual prevista no § 3º do art. 25 da Constituição Federal;

II – controlar e fiscalizar as atividades dos geradores sujeitas a licenciamento ambiental pelo órgão estadual do Sisnama.

Parágrafo único. A atuação do Estado na forma do *caput* deve apoiar e priorizar as iniciativas do Município de soluções consorciadas ou compartilhadas entre 2 (dois) ou mais Municípios.

Art. 12. A União, os Estados, o Distrito Federal e os Municípios organizarão e manterão, de forma conjunta, o Sistema Nacional de Informações sobre a Gestão dos Resíduos Sólidos (Sinir), articulado com o Sinisa e o Sinima.

Parágrafo único. Incumbe aos Estados, ao Distrito Federal e aos Municípios fornecer ao órgão federal responsável pela coordenação do Sinir todas as informações necessárias sobre os resíduos sob sua esfera de competência, na forma e na periodicidade estabelecidas em regulamento.

Art. 13. Para os efeitos desta Lei, os resíduos sólidos têm a seguinte classificação:

I – quanto à origem:

a) resíduos domiciliares: os originários de atividades domésticas em residências urbanas;

b) resíduos de limpeza urbana: os originários da varrição, limpeza de logradouros e vias públicas e outros serviços de limpeza urbana;

c) resíduos sólidos urbanos: os englobados nas alíneas "a" e "b";

d) resíduos de estabelecimentos comerciais e prestadores de serviços: os gerados nessas atividades, excetuados os referidos nas alíneas "b", "e", "g", "h" e "j";

e) resíduos dos serviços públicos de saneamento básico: os gerados nessas atividades, excetuados os referidos na alínea "c";

f) resíduos industriais: os gerados nos processos produtivos e instalações industriais;

g) resíduos de serviços de saúde: os gerados nos serviços de saúde, conforme definido em regulamento ou em normas estabelecidas pelos órgãos do Sisnama e do SNVS;

h) resíduos da construção civil: os gerados nas construções, reformas, reparos e demolições de obras de construção civil, incluídos os resultantes da preparação e escavação de terrenos para obras civis;

i) resíduos agrossilvopastoris: os gerados nas atividades agropecuárias e silviculturais, incluídos os relacionados a insumos utilizados nessas atividades;

j) resíduos de serviços de transportes: os originários de portos, aeroportos, terminais alfandegários, rodoviários e ferroviários e passagens de fronteira;

k) resíduos de mineração: os gerados na atividade de pesquisa, extração ou beneficiamento de minérios;

II – quanto à periculosidade:

a) resíduos perigosos: aqueles que, em razão de suas características de inflamabilidade, corrosividade, reatividade, toxicidade, patogenicidade, carcinogenicidade, teratogenicidade e mutagenicidade, apresentam significativo risco à saúde pública ou à qualidade ambiental, de acordo com lei, regulamento ou norma técnica;

b) resíduos não perigosos: aqueles não enquadrados na alínea "a".

Parágrafo único. Respeitado o disposto no art. 20, os resíduos referidos na alínea "d" do inciso I do *caput*, se caracterizados como não perigosos, podem, em razão de sua natureza, composição ou volume, ser equiparados aos resíduos domiciliares pelo poder público municipal.

CAPÍTULO II
DOS PLANOS DE RESÍDUOS SÓLIDOS

Seção I
Disposições Gerais

Art. 14. São planos de resíduos sólidos:

I – o Plano Nacional de Resíduos Sólidos;

II – os planos estaduais de resíduos sólidos;

III – os planos microrregionais de resíduos sólidos e os planos de resíduos sólidos de regiões metropolitanas ou aglomerações urbanas;

IV – os planos intermunicipais de resíduos sólidos;

V – os planos municipais de gestão integrada de resíduos sólidos;

VI – os planos de gerenciamento de resíduos sólidos.

Parágrafo único. É assegurada ampla publicidade ao conteúdo dos planos de resíduos sólidos, bem como controle social em sua formulação, implementação e operacionalização, observado o disposto na Lei nº 10.650, de 16 de abril de 2003, e no art. 47 da Lei nº 11.445, de 2007.

Seção II
Do Plano Nacional de Resíduos Sólidos

Art. 15. A União elaborará, sob a coordenação do Ministério do Meio Ambiente, o Plano Nacional de Resíduos Sólidos, com vigência por prazo indeterminado e horizonte de 20 (vinte) anos, a ser atualizado a cada 4 (quatro) anos, tendo como conteúdo mínimo:

I – diagnóstico da situação atual dos resíduos sólidos;

II – proposição de cenários, incluindo tendências internacionais e macroeconômicas;

III – metas de redução, reutilização, reciclagem, entre outras, com vistas a reduzir a quantidade de resíduos e rejeitos encaminhados para disposição final ambientalmente adequada;

IV – metas para o aproveitamento energético dos gases gerados nas unidades de disposição final de resíduos sólidos;

V – metas para a eliminação e recuperação de lixões, associadas à inclusão social e à emancipação econômica de catadores de materiais reutilizáveis e recicláveis;

VI – programas, projetos e ações para o atendimento das metas previstas;

VII – normas e condicionantes técnicas para o acesso a recursos da União, para a obtenção de seu aval ou para o acesso a recursos administrados, direta ou indiretamente, por entidade federal, quando destinados a ações e programas de interesse dos resíduos sólidos;

VIII – medidas para incentivar e viabilizar a gestão regionalizada dos resíduos sólidos;

IX – diretrizes para o planejamento e demais atividades de gestão de resíduos sólidos das regiões integradas de desenvolvimento instituídas por lei complementar, bem como para as áreas de especial interesse turístico;

X – normas e diretrizes para a disposição final de rejeitos e, quando couber, de resíduos;

XI – meios a serem utilizados para o controle e a fiscalização, no âmbito nacional, de sua implementação e operacionalização, assegurado o controle social.

Parágrafo único. O Plano Nacional de Resíduos Sólidos será elaborado mediante processo de mobilização e participação social, incluindo a realização de audiências e consultas públicas.

Seção III
Dos Planos Estaduais de Resíduos Sólidos

Art. 16. A elaboração de plano estadual de resíduos sólidos, nos termos previstos por esta Lei, é condição para os Estados terem acesso a recursos da União, ou por ela controlados, destinados a empreendimentos e serviços relacionados à gestão de resíduos sólidos, ou para serem beneficiados por incentivos ou financiamentos de entidades federais de crédito ou fomento para tal finalidade. (Vigência)

§ 1º Serão priorizados no acesso aos recursos da União referidos no *caput* os Estados que instituírem microrregiões, consoante o § 3º do art. 25 da Constituição Federal, para integrar a organização, o planejamento e a execução das ações a cargo de Municípios limítrofes na gestão dos resíduos sólidos.

§ 2º Serão estabelecidas em regulamento normas complementares sobre o acesso aos recursos da União na forma deste artigo.

§ 3º Respeitada a responsabilidade dos geradores nos termos desta Lei, as microrregiões instituídas conforme previsto no § 1º abrangem atividades de coleta seletiva, recuperação e reciclagem, tratamento e destinação final dos resíduos sólidos urbanos, a gestão de resíduos de construção civil, de serviços de transporte, de serviços de saúde, agrossilvopastoris ou outros resíduos, de acordo com as peculiaridades microrregionais.

Art. 17. O plano estadual de resíduos sólidos será elaborado para vigência por prazo indeterminado, abrangendo todo o território do Estado, com horizonte de atuação de 20 (vinte) anos e revisões a cada 4 (quatro) anos, e tendo como conteúdo mínimo:

I – diagnóstico, incluída a identificação dos principais fluxos de resíduos no Estado e seus impactos socioeconômicos e ambientais;

II – proposição de cenários;

III – metas de redução, reutilização, reciclagem, entre outras, com vistas a reduzir a quantidade de resíduos e rejeitos encaminhados para disposição final ambientalmente adequada;

IV – metas para o aproveitamento energético dos gases gerados nas unidades de disposição final de resíduos sólidos;

V – metas para a eliminação e recuperação de lixões, associadas à inclusão social e à emancipação econômica de catadores de materiais reutilizáveis e recicláveis;

VI – programas, projetos e ações para o atendimento das metas previstas;

VII – normas e condicionantes técnicas para o acesso a recursos do Estado, para a obtenção de seu aval ou para o acesso de recursos administrados, direta ou indiretamente, por entidade estadual, quando destinados às ações e programas de interesse dos resíduos sólidos;

VIII – medidas para incentivar e viabilizar a gestão consorciada ou compartilhada dos resíduos sólidos;

IX – diretrizes para o planejamento e demais atividades de gestão de resíduos sólidos de regiões metropolitanas, aglomerações urbanas e microrregiões;

X – normas e diretrizes para a disposição final de rejeitos e, quando couber, de resíduos, respeitadas as disposições estabelecidas em âmbito nacional;

XI – previsão, em conformidade com os demais instrumentos de planejamento territorial, especialmente o zoneamento ecológico-econômico e o zoneamento costeiro, de:

a) zonas favoráveis para a localização de unidades de tratamento de resíduos sólidos ou de disposição final de rejeitos;

b) áreas degradadas em razão de disposição inadequada de resíduos sólidos ou rejeitos a serem objeto de recuperação ambiental;

XII – meios a serem utilizados para o controle e a fiscalização, no âmbito estadual, de sua implementação e operacionalização, assegurado o controle social.

§ 1º Além do plano estadual de resíduos sólidos, os Estados poderão elaborar planos microrregionais de resíduos sólidos, bem como planos específicos direcionados às regiões metropolitanas ou às aglomerações urbanas.

§ 2º A elaboração e a implementação pelos Estados de planos microrregionais de resíduos sólidos, ou de planos de regiões metropolitanas ou aglomerações urbanas, em consonância com o previsto no § 1º, dar-se-ão obrigatoriamente com a participação dos Municípios envolvidos e não excluem nem substituem qualquer das prerrogativas a cargo dos Municípios previstas por esta Lei.

§ 3º Respeitada a responsabilidade dos geradores nos termos desta Lei, o plano microrregional de resíduos sólidos deve atender ao previsto para o plano estadual e estabelecer soluções integradas para a coleta seletiva, a recuperação e a reciclagem, o tratamento e a destinação final dos resíduos sólidos urbanos e, consideradas as peculiaridades microrregionais, outros tipos de resíduos.

Seção IV
Dos Planos Municipais de Gestão Integrada de Resíduos Sólidos

Art. 18. A elaboração de plano municipal de gestão integrada de resíduos sólidos, nos termos previstos por esta Lei, é condição para o Distrito Federal e os Municípios terem acesso a recursos da União, ou por ela controlados, destinados a empreendimentos e serviços relacionados à limpeza urbana e ao manejo de resíduos sólidos, ou para serem beneficiados por incentivos ou financiamentos de entidades federais de crédito ou fomento para tal finalidade. (Vigência)

§ 1º Serão priorizados no acesso aos recursos da União referidos no *caput* os Municípios que:

I – optarem por soluções consorciadas intermunicipais para a gestão dos resíduos sólidos, incluída a elaboração e implementação de plano intermunicipal, ou que se inserirem de forma voluntária nos planos microrregionais de resíduos sólidos referidos no § 1º do art. 16;

II – implantarem a coleta seletiva com a participação de cooperativas ou outras formas de associação de catadores de materiais reutilizáveis e recicláveis formadas por pessoas físicas de baixa renda.

§ 2º Serão estabelecidas em regulamento normas complementares sobre o acesso aos recursos da União na forma deste artigo.

Art. 19. O plano municipal de gestão integrada de resíduos sólidos tem o seguinte conteúdo mínimo:

I – diagnóstico da situação dos resíduos sólidos gerados no respectivo território, contendo a origem, o volume, a caracterização dos resíduos e as formas de destinação e disposição final adotadas;

II – identificação de áreas favoráveis para disposição final ambientalmente adequada de rejeitos, observado o plano diretor de que trata o § 1º do art. 182 da Constituição Federal e o zoneamento ambiental, se houver;

III – identificação das possibilidades de implantação de soluções consorciadas ou compartilhadas com outros Municípios, considerando, nos critérios de economia de escala, a proximidade dos locais estabelecidos e as formas de prevenção dos riscos ambientais;

IV – identificação dos resíduos sólidos e dos geradores sujeitos a plano de gerenciamento específico nos termos do art. 20 ou a sistema de logística reversa na forma do art. 33, observadas as disposições desta Lei e de seu regulamento, bem como as normas estabelecidas pelos órgãos do Sisnama e do SNVS;

V – procedimentos operacionais e especificações mínimas a serem adotados nos serviços públicos de limpeza urbana e de manejo de resíduos sólidos, incluída a disposição final ambientalmente adequada dos rejeitos e observada a Lei nº 11.445, de 2007;

VI – indicadores de desempenho operacional e ambiental dos serviços públicos de limpeza urbana e de manejo de resíduos sólidos;

VII – regras para o transporte e outras etapas do gerenciamento de resíduos sólidos de que trata o art. 20, observadas as normas estabelecidas pelos órgãos do Sisnama e do SNVS e demais disposições pertinentes da legislação federal e estadual;

VIII – definição das responsabilidades quanto à sua implementação e operacionalização, incluídas as etapas do plano de gerenciamento de resíduos sólidos a que se refere o art. 20 a cargo do poder público;

IX – programas e ações de capacitação técnica voltados para sua implementação e operacionalização;

X – programas e ações de educação ambiental que promovam a não geração, a redução, a reutilização e a reciclagem de resíduos sólidos;

XI – programas e ações para a participação dos grupos interessados, em especial das cooperativas ou outras formas de associação de catadores de materiais reutilizáveis e recicláveis formadas por pessoas físicas de baixa renda, se houver;

XII – mecanismos para a criação de fontes de negócios, emprego e renda, mediante a valorização dos resíduos sólidos;

XIII – sistema de cálculo dos custos da prestação dos serviços públicos de limpeza urbana e de manejo de resíduos sólidos, bem como a forma de cobrança desses serviços, observada a Lei nº 11.445, de 2007;

XIV – metas de redução, reutilização, coleta seletiva e reciclagem, entre outras, com vistas a reduzir a quantidade de rejeitos encaminhados para disposição final ambientalmente adequada;

XV – descrição das formas e dos limites da participação do poder público local na coleta seletiva e na logística reversa, respeitado o disposto no art. 33, e de outras ações relativas à responsabilidade compartilhada pelo ciclo de vida dos produtos;

XVI – meios a serem utilizados para o controle e a fiscalização, no âmbito local, da implementação e operacionalização dos planos de gerenciamento de resíduos sólidos de que trata o art. 20 e dos sistemas de logística reversa previstos no art. 33;

XVII – ações preventivas e corretivas a serem praticadas, incluindo programa de monitoramento;

XVIII – identificação dos passivos ambientais relacionados aos resíduos sólidos, incluindo áreas contaminadas, e respectivas medidas saneadoras;

XIX – periodicidade de sua revisão, observado prioritariamente o período de vigência do plano plurianual municipal.

§ 1º O plano municipal de gestão integrada de resíduos sólidos pode estar inserido no plano de saneamento básico previsto no art. 19 da Lei nº 11.445, de 2007, respeitado o conteúdo mínimo previsto nos incisos do *caput* e observado o disposto no § 2º, todos deste artigo.

§ 2º Para Municípios com menos de 20.000 (vinte mil) habitantes, o plano municipal de gestão integrada de resíduos sólidos terá conteúdo simplificado, na forma do regulamento.

§ 3º O disposto no § 2º não se aplica a Municípios:

I – integrantes de áreas de especial interesse turístico;

II – inseridos na área de influência de empreendimentos ou atividades com significativo impacto ambiental de âmbito regional ou nacional;

III – cujo território abranja, total ou parcialmente, Unidades de Conservação.

§ 4º A existência de plano municipal de gestão integrada de resíduos sólidos não exime o Município ou o Distrito Federal do licenciamento ambiental de aterros sanitários e de outras infraestruturas e instalações operacionais integrantes do serviço público de limpeza urbana e de manejo de resíduos sólidos pelo órgão competente do Sisnama.

§ 5º Na definição de responsabilidades na forma do inciso VIII do *caput* deste artigo, é vedado atribuir ao serviço público de limpeza urbana e de manejo de resíduos sólidos a realização de etapas do gerenciamento dos resíduos a que se refere o art. 20 em desacordo com a respectiva licença ambiental ou com normas estabelecidas pelos órgãos do Sisnama e, se couber, do SNVS.

§ 6º Além do disposto nos incisos I a XIX do *caput* deste artigo, o plano municipal de gestão integrada de resíduos sólidos contemplará ações específicas a serem desenvolvidas no âmbito dos órgãos da administração pública, com vistas à utilização racional dos recursos ambientais, ao combate a todas as formas de desperdício e à minimização da geração de resíduos sólidos.

§ 7º O conteúdo do plano municipal de gestão integrada de resíduos sólidos será disponibilizado para o Sinir, na forma do regulamento.

§ 8º A inexistência do plano municipal de gestão integrada de resíduos sólidos não pode ser utilizada para impedir a instalação ou a operação de empreendimentos ou atividades devidamente licenciados pelos órgãos competentes.

§ 9º Nos termos do regulamento, o Município que optar por soluções consorciadas intermunicipais para a gestão dos resíduos sólidos, assegurado que o plano intermunicipal preencha os requisitos estabelecidos nos incisos I a XIX do *caput* deste artigo, pode ser dispensado da elaboração de plano municipal de gestão integrada de resíduos sólidos.

Seção V
Do Plano de Gerenciamento de Resíduos Sólidos

Art. 20. Estão sujeitos à elaboração de plano de gerenciamento de resíduos sólidos:

I – os geradores de resíduos sólidos previstos nas alíneas "e", "f", "g" e "k" do inciso I do art. 13;

II – os estabelecimentos comerciais e de prestação de serviços que:

a) gerem resíduos perigosos;

b) gerem resíduos que, mesmo caracterizados como não perigosos, por sua natureza, composição ou volume, não sejam equiparados aos resíduos domiciliares pelo poder público municipal;

III – as empresas de construção civil, nos termos do regulamento ou de normas estabelecidas pelos órgãos do Sisnama;

IV – os responsáveis pelos terminais e outras instalações referidas na alínea "j" do inciso I do art. 13 e, nos termos do regulamento ou de normas estabelecidas pelos órgãos do Sisnama e, se couber, do SNVS, as empresas de transporte;

V – os responsáveis por atividades agrossilvopastoris, se exigido pelo órgão competente do Sisnama, do SNVS ou do Suasa.

Parágrafo único. Observado o disposto no Capítulo IV deste Título, serão estabelecidas por regulamento exigências específicas relativas ao plano de gerenciamento de resíduos perigosos.

Art. 21. O plano de gerenciamento de resíduos sólidos tem o seguinte conteúdo mínimo:

I – descrição do empreendimento ou atividade;

II – diagnóstico dos resíduos sólidos gerados ou administrados, contendo a origem, o volume e a caracterização dos resíduos, incluindo os passivos ambientais a eles relacionados;

III – observadas as normas estabelecidas pelos órgãos do Sisnama, do SNVS e do Suasa e, se houver, o plano municipal de gestão integrada de resíduos sólidos:

a) explicitação dos responsáveis por cada etapa do gerenciamento de resíduos sólidos;

b) definição dos procedimentos operacionais relativos às etapas do gerenciamento de resíduos sólidos sob responsabilidade do gerador;

IV – identificação das soluções consorciadas ou compartilhadas com outros geradores;

V – ações preventivas e corretivas a serem executadas em situações de gerenciamento incorreto ou acidentes;

VI – metas e procedimentos relacionados à minimização da geração de resíduos sólidos e, observadas as normas estabelecidas pelos órgãos do Sisnama, do SNVS e do Suasa, à reutilização e reciclagem;

VII – se couber, ações relativas à responsabilidade compartilhada pelo ciclo de vida dos produtos, na forma do art. 31;

VIII – medidas saneadoras dos passivos ambientais relacionados aos resíduos sólidos;

IX – periodicidade de sua revisão, observado, se couber, o prazo de vigência da respectiva licença de operação a cargo dos órgãos do Sisnama.

§ 1º O plano de gerenciamento de resíduos sólidos atenderá ao disposto no plano municipal de gestão integrada de resíduos sólidos do respectivo Município, sem prejuízo das normas estabelecidas pelos órgãos do Sisnama, do SNVS e do Suasa.

§ 2º A inexistência do plano municipal de gestão integrada de resíduos sólidos não obsta a elaboração, a implementação ou a operacionalização do plano de gerenciamento de resíduos sólidos.

§ 3º Serão estabelecidos em regulamento:

I – normas sobre a exigibilidade e o conteúdo do plano de gerenciamento de resíduos sólidos relativo à atuação de cooperativas ou de outras formas de associação de catadores de materiais reutilizáveis e recicláveis;

II – critérios e procedimentos simplificados para apresentação dos planos de gerenciamento de resíduos sólidos para microempresas e empresas de pequeno porte, assim consideradas as definidas nos incisos I e II do art. 3º da Lei Complementar nº 123, de 14 de dezembro de 2006, desde que as atividades por elas desenvolvidas não gerem resíduos perigosos.

Art. 22. Para a elaboração, implementação, operacionalização e monitoramento de todas as etapas do plano de gerenciamento de resíduos sólidos, nelas incluído o controle da disposição final ambientalmente adequada dos rejeitos, será designado responsável técnico devidamente habilitado.

Art. 23. Os responsáveis por plano de gerenciamento de resíduos sólidos manterão atualizadas e disponíveis ao órgão municipal competente, ao órgão licenciador do Sisnama e a outras autoridades, informações completas sobre a implementação e a operacionalização do plano sob sua responsabilidade.

§ 1º Para a consecução do disposto no *caput*, sem prejuízo de outras exigências cabíveis por parte das autoridades, será implementado sistema declaratório com periodicidade, no mínimo, anual, na forma do regulamento.

§ 2º As informações referidas no *caput* serão repassadas pelos órgãos públicos ao Sinir, na forma do regulamento.

Art. 24. O plano de gerenciamento de resíduos sólidos é parte integrante do processo de licenciamento ambiental do empreendimento ou atividade pelo órgão competente do Sisnama.

§ 1º Nos empreendimentos e atividades não sujeitos a licenciamento ambiental, a aprovação do plano de gerenciamento de resíduos sólidos cabe à autoridade municipal competente.

§ 2º No processo de licenciamento ambiental referido no § 1º a cargo de órgão federal ou estadual do Sisnama, será assegurada oitiva do órgão municipal competente, em especial quanto à disposição final ambientalmente adequada de rejeitos.

CAPÍTULO III
DAS RESPONSABILIDADES DOS GERADORES E DO PODER PÚBLICO

Seção I
Disposições Gerais

Art. 25. O poder público, o setor empresarial e a coletividade são responsáveis pela efetividade das ações voltadas para assegurar a observância da Política Nacional de Resíduos Sólidos e das diretrizes e demais determinações estabelecidas nesta Lei e em seu regulamento.

Art. 26. O titular dos serviços públicos de limpeza urbana e de manejo de resíduos sólidos é responsável pela organização e prestação direta ou indireta desses serviços, observados o respectivo plano municipal de gestão integrada de resíduos sólidos, a Lei nº 11.445, de 2007, e as disposições desta Lei e seu regulamento.

Art. 27. As pessoas físicas ou jurídicas referidas no art. 20 são responsáveis pela implementação e operacionalização integral do plano de gerenciamento de resíduos sólidos aprovado pelo órgão competente na forma do art. 24.

§ 1º A contratação de serviços de coleta, armazenamento, transporte, transbordo, tratamento ou destinação final de resíduos sólidos, ou de disposição final de rejeitos, não isenta as pessoas físicas ou jurídicas referidas no art. 20 da responsabilidade por danos que vierem a ser provocados pelo gerenciamento inadequado dos respectivos resíduos ou rejeitos.

§ 2º Nos casos abrangidos pelo art. 20, as etapas sob responsabilidade do gerador que forem realizadas pelo poder público serão devidamente remuneradas pelas pessoas físicas ou jurídicas responsáveis, observado o disposto no § 5º do art. 19.

Art. 28. O gerador de resíduos sólidos domiciliares tem cessada sua responsabilidade pelos resíduos com a disponibilização adequada para a coleta ou, nos casos abrangidos pelo art. 33, com a devolução.

Art. 29. Cabe ao poder público atuar, subsidiariamente, com vistas a minimizar ou cessar o dano, logo que tome conhecimento de evento lesivo ao meio ambiente ou à saúde pública relacionado ao gerenciamento de resíduos sólidos.

Parágrafo único. Os responsáveis pelo dano ressarcirão integralmente o poder público pelos gastos decorrentes das ações empreendidas na forma do *caput*.

Seção II
Da Responsabilidade Compartilhada

Art. 30. É instituída a responsabilidade compartilhada pelo ciclo de vida dos produtos, a ser implementada de forma individualizada e encadeada, abrangendo os fabricantes, importadores, distribuidores e comerciantes, os consumidores e os titulares dos serviços públicos de limpeza urbana e de manejo de resíduos sólidos, consoante as atribuições e procedimentos previstos nesta Seção.

Parágrafo único. A responsabilidade compartilhada pelo ciclo de vida dos produtos tem por objetivo:

I – compatibilizar interesses entre os agentes econômicos e sociais e os processos de gestão empresarial e mercadológica com os de gestão ambiental, desenvolvendo estratégias sustentáveis;

II – promover o aproveitamento de resíduos sólidos, direcionando-os para a sua cadeia produtiva ou para outras cadeias produtivas;

III – reduzir a geração de resíduos sólidos, o desperdício de materiais, a poluição e os danos ambientais;

IV – incentivar a utilização de insumos de menor agressividade ao meio ambiente e de maior sustentabilidade;

V – estimular o desenvolvimento de mercado, a produção e o consumo de produtos derivados de materiais reciclados e recicláveis;

VI – propiciar que as atividades produtivas alcancem eficiência e sustentabilidade;

VII – incentivar as boas práticas de responsabilidade socioambiental.

Art. 31. Sem prejuízo das obrigações estabelecidas no plano de gerenciamento de resíduos sólidos e com vistas a fortalecer a responsabilidade compartilhada e seus objetivos, os fabricantes, importadores, distribuidores e comerciantes têm responsabilidade que abrange:

I – investimento no desenvolvimento, na fabricação e na colocação no mercado de produtos:

a) que sejam aptos, após o uso pelo consumidor, à reutilização, à reciclagem ou a outra forma de destinação ambientalmente adequada;

b) cuja fabricação e uso gerem a menor quantidade de resíduos sólidos possível;

II – divulgação de informações relativas às formas de evitar, reciclar e eliminar os resíduos sólidos associados a seus respectivos produtos;

III – recolhimento dos produtos e dos resíduos remanescentes após o uso, assim como sua subsequente destinação final ambientalmente adequada, no caso de produtos objeto de sistema de logística reversa na forma do art. 33;

IV – compromisso de, quando firmados acordos ou termos de compromisso com o Município, participar das ações previstas no plano municipal de gestão integrada de resíduos sólidos, no caso de produtos ainda não inclusos no sistema de logística reversa.

Art. 32. As embalagens devem ser fabricadas com materiais que propiciem a reutilização ou a reciclagem.

§ 1º Cabe aos respectivos responsáveis assegurar que as embalagens sejam:

I – restritas em volume e peso às dimensões requeridas à proteção do conteúdo e à comercialização do produto;

II – projetadas de forma a serem reutilizadas de maneira tecnicamente viável e compatível com as exigências aplicáveis ao produto que contêm;

III – recicladas, se a reutilização não for possível.

§ 2º O regulamento disporá sobre os casos em que, por razões de ordem técnica ou econômica, não seja viável a aplicação do disposto no *caput*.

§ 3º É responsável pelo atendimento do disposto neste artigo todo aquele que:

I – manufatura embalagens ou fornece materiais para a fabricação de embalagens;

II – coloca em circulação embalagens, materiais para a fabricação de embalagens ou produtos embalados, em qualquer fase da cadeia de comércio.

Art. 33. São obrigados a estruturar e implementar sistemas de logística reversa, mediante retorno dos produtos após o uso pelo consumidor, de forma independente do serviço público de limpeza urbana e de manejo dos resíduos sólidos, os fabricantes, importadores, distribuidores e comerciantes de: (Regulamento)

I – agrotóxicos, seus resíduos e embalagens, assim como outros produtos cuja embalagem, após o uso, constitua resíduo perigoso, observadas as regras de gerenciamento de resíduos perigosos previstas em lei ou regulamento, em normas estabelecidas pelos órgãos do Sisnama, do SNVS e do Suasa, ou em normas técnicas;

II – pilhas e baterias;

III – pneus;

IV – óleos lubrificantes, seus resíduos e embalagens;

V – lâmpadas fluorescentes, de vapor de sódio e mercúrio e de luz mista;

VI – produtos eletroeletrônicos e seus componentes.

§ 1º Na forma do disposto em regulamento ou em acordos setoriais e termos de compromisso firmados entre o poder público e o setor empresarial, os sistemas previstos no *caput* serão estendidos a produtos comercializados em embalagens plásticas, metálicas ou de vidro, e aos demais produtos e embalagens, considerando, prioritariamente, o grau e a extensão do impacto à saúde pública e ao meio ambiente dos resíduos gerados.

§ 2º A definição dos produtos e embalagens a que se refere o § 1º considerará a viabilidade técnica e econômica da logística reversa, bem como o grau e a extensão do impacto à saúde pública e ao meio ambiente dos resíduos gerados.

§ 3º Sem prejuízo de exigências específicas fixadas em lei ou regulamento, em normas estabelecidas pelos órgãos do Sisnama e do SNVS, ou em acordos setoriais e termos de compromisso firmados entre o poder público e o setor empresarial, cabe aos fabricantes, importadores, distribuidores e comerciantes dos produtos a que se referem os incisos II, III, V e VI ou dos produtos e embalagens a que se referem os incisos I e IV do *caput* e o § 1º tomar todas as medidas necessárias para assegurar a implementação e operacionalização do sistema de logística reversa sob seu encargo, consoante o estabelecido neste artigo, podendo, entre outras medidas:

I – implantar procedimentos de compra de produtos ou embalagens usados;

II – disponibilizar postos de entrega de resíduos reutilizáveis e recicláveis;

III – atuar em parceria com cooperativas ou outras formas de associação de catadores de materiais reutilizáveis e recicláveis, nos casos de que trata o § 1º.

§ 4º Os consumidores deverão efetuar a devolução após o uso, aos comerciantes ou distribuidores, dos produtos e das embalagens a que se referem os incisos I a VI do caput, e de outros produtos ou embalagens objeto de logística reversa, na forma do § 1º.

§ 5º Os comerciantes e distribuidores deverão efetuar a devolução aos fabricantes ou aos importadores dos produtos e embalagens reunidos ou devolvidos na forma dos §§ 3º e 4º.

§ 6º Os fabricantes e os importadores darão destinação ambientalmente adequada aos produtos e às embalagens reunidos ou devolvidos, sendo o rejeito encaminhado para a disposição final ambientalmente adequada, na forma estabelecida pelo órgão competente do Sisnama e, se houver, pelo plano municipal de gestão integrada de resíduos sólidos.

§ 7º Se o titular do serviço público de limpeza urbana e de manejo de resíduos sólidos, por acordo setorial ou termo de compromisso firmado com o setor empresarial, encarregar-se de atividades de responsabilidade dos fabricantes, importadores, distribuidores e comerciantes nos sistemas de logística reversa dos produtos e embalagens a que se refere este artigo, as ações do poder público serão devidamente remuneradas, na forma previamente acordada entre as partes.

§ 8º Com exceção dos consumidores, todos os participantes dos sistemas de logística reversa manterão atualizadas e disponíveis ao órgão municipal competente e a outras autoridades informações completas sobre a realização das ações sob sua responsabilidade.

Art. 34. Os acordos setoriais ou termos de compromisso referidos no inciso IV do caput do art. 31 e no § 1º do art. 33 podem ter abrangência nacional, regional, estadual ou municipal.

§ 1º Os acordos setoriais e termos de compromisso firmados em âmbito nacional têm prevalência sobre os firmados em âmbito regional ou estadual, e estes sobre os firmados em âmbito municipal. (Vide Decreto nº 9.177, de 2017)

§ 2º Na aplicação de regras concorrentes consoante o § 1º, os acordos firmados com menor abrangência geográfica podem ampliar, mas não abrandar, as medidas de proteção ambiental constantes nos acordos setoriais e termos de compromisso firmados com maior abrangência geográfica. (Vide Decreto nº 9.177, de 2017)

Art. 35. Sempre que estabelecido sistema de coleta seletiva pelo plano municipal de gestão integrada de resíduos sólidos e na aplicação do art. 33, os consumidores são obrigados a:

I – acondicionar adequadamente e de forma diferenciada os resíduos sólidos gerados;

II – disponibilizar adequadamente os resíduos sólidos reutilizáveis e recicláveis para coleta ou devolução.

Parágrafo único. O poder público municipal pode instituir incentivos econômicos aos consumidores que participam do sistema de coleta seletiva referido no *caput*, na forma de lei municipal.

Art. 36. No âmbito da responsabilidade compartilhada pelo ciclo de vida dos produtos, cabe ao titular dos serviços públicos de limpeza urbana e de manejo de resíduos sólidos, observado, se houver, o plano municipal de gestão integrada de resíduos sólidos:

I – adotar procedimentos para reaproveitar os resíduos sólidos reutilizáveis e recicláveis oriundos dos serviços públicos de limpeza urbana e de manejo de resíduos sólidos;

II – estabelecer sistema de coleta seletiva;

III – articular com os agentes econômicos e sociais medidas para viabilizar o retorno ao ciclo produtivo dos resíduos sólidos reutilizáveis e recicláveis oriundos dos serviços de limpeza urbana e de manejo de resíduos sólidos;

IV – realizar as atividades definidas por acordo setorial ou termo de compromisso na forma do § 7º do art. 33, mediante a devida remuneração pelo setor empresarial;

V – implantar sistema de compostagem para resíduos sólidos orgânicos e articular com os agentes econômicos e sociais formas de utilização do composto produzido;

VI – dar disposição final ambientalmente adequada aos resíduos e rejeitos oriundos dos serviços públicos de limpeza urbana e de manejo de resíduos sólidos.

§ 1º Para o cumprimento do disposto nos incisos I a IV do *caput*, o titular dos serviços públicos de limpeza urbana e de manejo de resíduos sólidos priorizará a organização e o funcionamento de cooperativas ou de outras formas de associação de catadores de materiais reutilizáveis e recicláveis formadas por pessoas físicas de baixa renda, bem como sua contratação.

§ 2º A contratação prevista no § 1º é dispensável de licitação, nos termos do inciso XXVII do art. 24 da Lei nº 8.666, de 21 de junho de 1993.

CAPÍTULO IV
DOS RESÍDUOS PERIGOSOS

Art. 37. A instalação e o funcionamento de empreendimento ou atividade que gere ou opere com resíduos perigosos somente podem ser autorizados ou licenciados pelas autoridades competentes se o responsável comprovar, no mínimo, capacidade técnica e econômica, além de condições para prover os cuidados necessários ao gerenciamento desses resíduos.

Art. 38. As pessoas jurídicas que operam com resíduos perigosos, em qualquer fase do seu gerenciamento, são obrigadas a se cadastrar no Cadastro Nacional de Operadores de Resíduos Perigosos.

§ 1º O cadastro previsto no *caput* será coordenado pelo órgão federal competente do Sisnama e implantado de forma conjunta pelas autoridades federais, estaduais e municipais.

§ 2º Para o cadastramento, as pessoas jurídicas referidas no *caput* necessitam contar com responsável técnico pelo gerenciamento dos resíduos perigosos, de seu próprio quadro de funcionários ou contratado, devidamente habilitado, cujos dados serão mantidos atualizados no cadastro.

§ 3º O cadastro a que se refere o *caput* é parte integrante do Cadastro Técnico Federal de Atividades Potencialmente Poluidoras ou Utilizadoras de Recursos Ambientais e do Sistema de Informações previsto no art. 12.

Art. 39. As pessoas jurídicas referidas no art. 38 são obrigadas a elaborar plano de gerenciamento de resíduos perigosos e submetê-lo ao órgão competente do Sisnama e, se couber, do SNVS, observado o conteúdo mínimo estabelecido no art. 21 e demais exigências previstas em regulamento ou em normas técnicas.

§ 1º O plano de gerenciamento de resíduos perigosos a que se refere o *caput* poderá estar inserido no plano de gerenciamento de resíduos a que se refere o art. 20.

§ 2º Cabe às pessoas jurídicas referidas no art. 38:

I – manter registro atualizado e facilmente acessível de todos os procedimentos relacionados à implementação e à operacionalização do plano previsto no *caput*;

II – informar anualmente ao órgão competente do Sisnama e, se couber, do SNVS, sobre a quantidade, a natureza e a destinação temporária ou final dos resíduos sob sua responsabilidade;

III – adotar medidas destinadas a reduzir o volume e a periculosidade dos resíduos sob sua responsabilidade, bem como a aperfeiçoar seu gerenciamento;

IV – informar imediatamente aos órgãos competentes sobre a ocorrência de acidentes ou outros sinistros relacionados aos resíduos perigosos.

§ 3º Sempre que solicitado pelos órgãos competentes do Sisnama e do SNVS, será assegurado acesso para inspeção das instalações e dos procedimentos relacionados à implementação e à operacionalização do plano de gerenciamento de resíduos perigosos.

§ 4º No caso de controle a cargo de órgão federal ou estadual do Sisnama e do SNVS, as informações sobre o conteúdo, a implementação e a operacionalização do plano previsto no *caput* serão repassadas ao poder público municipal, na forma do regulamento.

Art. 40. No licenciamento ambiental de empreendimentos ou atividades que operem com resíduos perigosos, o órgão licenciador do Sisnama pode exigir a contratação de seguro de responsabilidade civil por danos causados ao meio ambiente ou à saúde pública, observadas as regras sobre cobertura e os limites máximos de contratação fixados em regulamento.

Parágrafo único. O disposto no *caput* considerará o porte da empresa, conforme regulamento.

Art. 41. Sem prejuízo das iniciativas de outras esferas governamentais, o Governo Federal deve estruturar e manter instrumentos e atividades voltados para promover a descontaminação de áreas órfãs.

Parágrafo único. Se, após descontaminação de sítio órfão realizada com recursos do Governo Federal ou de outro ente da Federação, forem identificados os responsáveis pela contaminação, estes ressarcirão integralmente o valor empregado ao poder público.

CAPÍTULO V
DOS INSTRUMENTOS ECONÔMICOS

Art. 42. O poder público poderá instituir medidas indutoras e linhas de financiamento para atender, prioritariamente, às iniciativas de:

I – prevenção e redução da geração de resíduos sólidos no processo produtivo;

II – desenvolvimento de produtos com menores impactos à saúde humana e à qualidade ambiental em seu ciclo de vida;

III – implantação de infraestrutura física e aquisição de equipamentos para cooperativas ou outras formas de associação de catadores de materiais reutilizáveis e recicláveis formadas por pessoas físicas de baixa renda;

IV – desenvolvimento de projetos de gestão dos resíduos sólidos de caráter intermunicipal ou, nos termos do inciso I do *caput* do art. 11, regional;

V – estruturação de sistemas de coleta seletiva e de logística reversa;

VI – descontaminação de áreas contaminadas, incluindo as áreas órfãs;

VII – desenvolvimento de pesquisas voltadas para tecnologias limpas aplicáveis aos resíduos sólidos;

VIII – desenvolvimento de sistemas de gestão ambiental e empresarial voltados para a melhoria dos processos produtivos e ao reaproveitamento dos resíduos.

Art. 43. No fomento ou na concessão de incentivos creditícios destinados a atender diretrizes desta Lei, as instituições oficiais de crédito podem estabelecer critérios diferenciados de acesso dos beneficiários aos créditos do Sistema Financeiro Nacional para investimentos produtivos.

Art. 44. A União, os Estados, o Distrito Federal e os Municípios, no âmbito de suas competências, poderão instituir normas com o objetivo de conceder incentivos fiscais, financeiros ou creditícios, respeitadas as limitações da Lei Complementar nº 101, de 4 de maio de 2000 (Lei de Responsabilidade Fiscal), a:

I – indústrias e entidades dedicadas à reutilização, ao tratamento e à reciclagem de resíduos sólidos produzidos no território nacional;

II – projetos relacionados à responsabilidade pelo ciclo de vida dos produtos, prioritariamente em parceria com cooperativas ou outras formas de associação de catadores de materiais reutilizáveis e recicláveis formadas por pessoas físicas de baixa renda;

III – empresas dedicadas à limpeza urbana e a atividades a ela relacionadas.

Art. 45. Os consórcios públicos constituídos, nos termos da Lei nº 11.107, de 2005, com o objetivo de viabilizar a descentralização e a prestação de serviços públicos que envolvam resíduos sólidos, têm prioridade na obtenção dos incentivos instituídos pelo Governo Federal.

Art. 46. O atendimento ao disposto neste Capítulo será efetivado em consonância com a Lei Complementar nº 101, de 2000 (Lei de Responsabilidade Fiscal), bem como com as diretrizes e objetivos do respectivo plano plurianual, as metas e as prioridades fixadas pelas leis de diretrizes orçamentárias e no limite das disponibilidades propiciadas pelas leis orçamentárias anuais.

CAPÍTULO VI
DAS PROIBIÇÕES

Art. 47. São proibidas as seguintes formas de destinação ou disposição final de resíduos sólidos ou rejeitos:

I – lançamento em praias, no mar ou em quaisquer corpos hídricos;

II – lançamento **in natura** a céu aberto, excetuados os resíduos de mineração;

III – queima a céu aberto ou em recipientes, instalações e equipamentos não licenciados para essa finalidade;

IV – outras formas vedadas pelo poder público.

§ 1º Quando decretada emergência sanitária, a queima de resíduos a céu aberto pode ser realizada, desde que autorizada e acompanhada pelos órgãos competentes do Sisnama, do SNVS e, quando couber, do Suasa.

§ 2º Assegurada a devida impermeabilização, as bacias de decantação de resíduos ou rejeitos industriais ou de mineração, devidamente licenciadas pelo órgão competente do Sisnama, não são consideradas corpos hídricos para efeitos do disposto no inciso I do *caput*.

Art. 48. São proibidas, nas áreas de disposição final de resíduos ou rejeitos, as seguintes atividades:

I – utilização dos rejeitos dispostos como alimentação;

II – catação, observado o disposto no inciso V do art. 17;

III – criação de animais domésticos;

IV – fixação de habitações temporárias ou permanentes;

V – outras atividades vedadas pelo poder público.

Art. 49. É proibida a importação de resíduos sólidos perigosos e rejeitos, bem como de resíduos sólidos cujas características causem dano ao meio ambiente, à saúde pública e animal e à sanidade vegetal, ainda que para tratamento, reforma, reúso, reutilização ou recuperação.

TÍTULO IV
DISPOSIÇÕES TRANSITÓRIAS E FINAIS

Art. 50. A inexistência do regulamento previsto no § 3º do art. 21 não obsta a atuação, nos termos desta Lei, das cooperativas ou outras formas de associação de catadores de materiais reutilizáveis e recicláveis.

Art. 51. Sem prejuízo da obrigação de, independentemente da existência de culpa, reparar os danos causados, a ação ou omissão das pessoas físicas ou jurídicas que importe inobservância aos preceitos desta Lei ou de seu regulamento sujeita os infratores às sanções previstas em lei, em especial às fixadas na Lei nº 9.605, de 12 de fevereiro de 1998, que "dispõe sobre as sanções penais e administrativas derivadas de condutas e atividades lesivas ao meio ambiente, e dá outras providências", e em seu regulamento.

Art. 52. A observância do disposto no *caput* do art. 23 e no § 2º do art. 39 desta Lei é considerada obrigação de relevante interesse ambiental para efeitos do art. 68 da Lei nº 9.605, de 1998, sem prejuízo da aplicação de outras sanções cabíveis nas esferas penal e administrativa.

Art. 53. O § 1º do art. 56 da Lei nº 9.605, de 12 de fevereiro de 1998, passa a vigorar com a seguinte redação:

"Art. 56. ....

§ 1º Nas mesmas penas incorre quem:

I – abandona os produtos ou substâncias referidos no *caput* ou os utiliza em desacordo com as normas ambientais ou de segurança;

II – manipula, acondiciona, armazena, coleta, transporta, reutiliza, recicla ou dá destinação final a resíduos perigosos de forma diversa da estabelecida em lei ou regulamento.

...." (NR)

Art. 54. A disposição final ambientalmente adequada dos rejeitos, observado o disposto no § 1º do art. 9º, deverá ser implantada em até 4 (quatro) anos após a data de publicação desta Lei.

Art. 55. O disposto nos arts. 16 e 18 entra em vigor 2 (dois) anos após a data de publicação desta Lei.

Art. 56. A logística reversa relativa aos produtos de que tratam os incisos V e VI do *caput* do art. 33 será implementada progressivamente segundo cronograma estabelecido em regulamento.

Art. 57. Esta Lei entra em vigor na data de sua publicação.

Brasília, 2 de agosto de 2010; 189º da Independência e 122º da República.

LUIZ INÁCIO LULA DA SILVA
Rafael Thomaz Favetti
Guido Mantega
José Gomes Temporão
Miguel Jorge
Izabella Mônica Vieira Teixeira
João Reis Santana Filho
Marcio Fortes de Almeida
Alexandre Rocha Santos Padilha

Este texto não substitui o publicado no *DOU* de 3.8.2010

atlas

www.grupogen.com.br

2018

Pré-impressão, impressão e acabamento

GRÁFICA SANTUÁRIO

grafica@editorasantuario.com.br
www.editorasantuario.com.br

Aparecida-SP